Die deutsche Hausindustrie.

Erster Band.

Schriften

des

Vereins für Socialpolitik.

XXXIX.

Die deutsche Hausindustrie.

Erster Band.

Leipzig,
Verlag von Duncker & Humblot.
1889.

Litteratur, heutige Zustände

und

Entstehung der deutschen Hausindustrie.

Nach den vorliegenden gedruckten Quellen.

Von

Professor Dr. **Wilhelm Stieda.**

Leipzig,

Verlag von Duncker & Humblot.

1889.

Inhaltsverzeichnis.

Erster Abschnitt.

Die Litteratur über die Hausindustrie.

Zweiter Abschnitt.

Die heutigen Zustände in der Hausindustrie.

Dritter Abschnitt.

Die Entstehung der Hausindustrie.

Erster Abschnitt.

Die Litteratur über die Hausindustrie.

§ 1. Die Schriften der Theoretiker.

Moritz Mohl. — O. Schwarz. — David Born. — Schmoller. — K. Marx. — Die Wiener Weltausstellung von 1873 und Th. Richter. — Der internationale statistische Kongreß in Budapest von 1876 und M. Wirth, Kerkapolyi, Herich, Buschen, Salomon, Ernst Engel. — Ad. Held. — Lexis. — Schönberg. — Roscher. — H. Grothe. — Stellmacher.

Bis vor kurzem ist diejenige gewerbliche Unternehmungsform, welche man als Hausindustrie zu bezeichnen pflegt, von Theorie und Praxis wenig berücksichtigt worden. Obwohl schon früh nachweisbar, wurde sie doch selten zum Gegenstand der Forschung gemacht und nahm man im allgemeinen wenig Notiz von ihr. Man machte sich das Wesen derselben kaum klar, würdigte ihre Bedeutung für das nationale Wirtschaftsleben nicht und selbst weit verbreitete Lehrbücher, übergingen sie vollständig mit Stillschweigen. Das bekannteste derselben, von K. H. Rau, spricht in den ersten Auflagen z. B. gar nicht von ihr und erwähnt sie in der letzten (von 1869) nur ganz nebenher[1]. Sogar ein den Gewerben speciell gewidmetes Werk, die allgemeine Gewerbslehre von A. Emminghaus[2], kennt zwar die Erscheinung[3], geht aber nicht darauf ein, sie im Zusammenhange mit anderen Unternehmungsformen zu betrachten.

Schon Moritz Mohl in seinem Buche „Über die württembergische Gewerbsindustrie“[4], in welchem er die Notwendigkeit einer Hebung der Industrie und die Tauglichkeit des Landes für dieselbe auseinandersetzt, widmet unserem Gegenstande einige Aufmerksamkeit. Er betont, daß der Manufakturbetrieb in Württemberg sich in verschiedenen Formen ausgebildet hat, „Formen, welche keineswegs allgemein die des kleinen Gewerbetriebs sind

[1] § 398a. — [2] Berlin 1868. — [3] S. 295, 296. — [4] Stuttgart und Tübingen 1828. 408 S. 8°.

noch sein konnten" [1], für die er indes besondere Benennungen nicht in Vorschlag bringt. Er unterscheidet zunächst Fabrikation im kleinen und Fabrikation im großen, wobei dann dasjenige Arbeitsverhältnis, das man heute als Hausindustrie bezeichnet, als eine Art der ersteren Abteilung angegeben wird [2]. Nachdem er nun verschiedene Beispiele angeführt und einzelne württembergische Industrieen charakterisiert hat, bemerkt er, daß die Formen, „unter welchen die übrigen (also die bisher noch nicht namhaft gemachten) Gewerbe in Württemberg betrieben werden, im allgemeinen die der Nebenbeschäftigung, des handwerksmäßigen Betriebes und der Fabrikation im großen" seien [3].

Kann diese Einteilung als eine klare auch nicht bezeichnet werden, wie denn die „Nebenbeschäftigung" als eine besondere Unternehmungsform nicht aufzufassen ist, so muß doch festgehalten werden, daß Mohl die drei wesentlichen Formen: „Handwerk, Hausindustrie und Fabrik" durchaus treffend auseinanderhält und schildert.

Die Fabrikation im kleinen arbeitet ganz auf eigene Rechnung, unabhängig von Fabrikanten und Verlegern. Ihre Vertreter beschäftigen einen oder einige Gesellen und Jungen und ihre Familie. Die Strumpfwirker, Zeugmacher, Flanellweber und Strumpfstricker, die er als Beispiele für diesen Typus aufstellt, kaufen ihre Wolle selbst ein, lassen sie von ihrer Familie oder dem Wollspinner spinnen, verarbeiten sie zu Hause und „verschleißen das Fabrikat zum Teil im Hause oder mittelst Bestellung im einzelnen", teilweise setzen sie es an Kleinhändler ab, vorzugsweise aber bringen sie es auf die inländischen Märkte. Der auswärtige Absatz ist sehr unbedeutend. Nur selten beziehen sie Märkte im benachbarten Auslande und fremde Messen [4]. Gewöhnlich sind diese Gewerbetreibenden im Besitze von etwas Grundeigentum, das ihnen ihren Bedarf an Kartoffeln und Brotfrucht liefert [5].

Hiervon zu unterscheiden ist ein zweites „dem Verhältnis des Fabrikarbeiters zum Fabrikanten sich annäherndes Verhältnis" [6]. Hier wird nicht mehr für eigene Rechnung gearbeitet, sondern für die eines Fabrikanten oder einzelner Meister. So in der Strumpfwirkerei in der Nähe von Kalw, in der Strumpfweberei von Ebingen, Metzingen 2c., der Zeugmacherei, Bortenwirkerei, den Manchesterwebereien von Ebingen, Metzingen, Göppingen, Kalw, Rohrdorf u. s. w. In diesen Gewerben und Orten bildet das Verhältnis von Façonsarbeitern zu Verlegern die Regel. Nicht immer, aber in den

[1] S. 185. — [2] S. 187, 199. — [3] S. 221. — [4] S. 187. — [5] S. 190. — [6] S. 191.

meisten Fällen giebt der Verleger dem Façonmeister das Garn zu der Ware, so daß der letztere „auch der Form nach sein bloßer Lohnarbeiter ist". Das Handwerkszeug dagegen, mit dem der Façonmeister arbeitet, ist sein Eigentum. Den wohlhabenderen Façonmeistern steht, sofern sie einiges Kapital haben, der inländische Markt für den näheren Absatz offen; die Mehrzahl arbeitet aber für „den entfernteren Debit" den Verlegern in die Hände, die nicht selten aus den reicheren Meistern des Handwerks hervorgegangen sind. Vor dem im Fabrikgebäude beschäftigten Arbeiter hat ein solcher kleiner Gewerbsmann manches voraus. Er arbeitet zu Hause, hat seine Familie und seine Kinder um sich; niemand befiehlt ihm bei der Arbeit; seine Anstrengung ist sein Vorteil und wenigstens scheinbar Produkt seines freien Willens. Aber trotzdem ist seine Lage keine beneidenswerte. Seine Aussichten auf Erlangung von Wohlstand sind nie groß. Die von den Messen heimkehrenden Verleger drücken, indem sie die Ergebnisse des Meßverkehrs möglichst ungünstig darstellen, die Preise, und der Lohn dieser Klasse von Arbeitern steht in der Regel unter dem Lohne der Fabrikarbeiter. „Wenn eine Stockung im Absatze eintritt, so ist keine Klasse von Erwerbsarbeitern hülfloser als die, welche auf eigene Rechnung oder um Lohn für Verleger oder Kaufleute arbeitet." „Der Kaufmann oder Verleger verliert nichts, indem er aufhört dem Erwerbsarbeiter seine Fabrikate abzukaufen — kein Fabrikgebäude steht ihm leer, keine Maschinen werden ihm überflüssig, keine Gewerbseinrichtung unbrauchbar" [1].

Endlich wendet sich Mohl zu der Fabrikation im großen, als deren Typus er die Spinnerei durch Maschinen aufstellt. Hier giebt er freilich kein so scharf umrissenes Bild von dem Wesen derselben wie bei den anderen Unternehmungsformen, sondern beschränkt sich darauf, den fabrikmäßigen Betrieb gegen die Vorwürfe in Schutz zu nehmen, die ihm gemacht seien. Vor allen Dingen läßt er sich angelegen sein, die wirtschaftliche Bedeutung der Maschinen ins rechte Licht zu rücken. Demnach gewinnt es den Anschein, als ob er das Kennzeichen der Fabrik hauptsächlich im Gebrauche von Maschinen sieht [2].

Die Anregung, die Mohl in seinem Buche der Frage nach der zweckmäßigsten Unternehmungsform bot — er selbst stand auf dem Boden, daß die Großindustrie den Vorzug verdiene [3] —, scheint gänzlich unbeachtet geblieben zu sein. Wenigstens dauert es 40 Jahre, bis wieder ein Schriftsteller die Verschiedenheit der Unternehmungsform einer theoretisch-praktischen Be-

[1] S. 192—199. — [2] S. 200—234. — [3] Vergl. namentlich S. 234—242.

sprechung unterzieht und dabei dann namentlich der Hausindustrie eingehende Beachtung schenkt, nämlich O. Schwarz in einer Abhandlung über „Die Betriebsformen der modernen Großindustrie“[1]. — Er erklärt die Hausindustrie folgendermaßen[2]: „Als die Form des decentralisierten Großbetriebs ist sie diejenige Betriebsart, wobei ein für den großen Markt bestimmter und daher in Masse zu produzierender Artikel nicht im geschlossenen Etablissement, sondern in den zerstreut liegenden Behausungen zahlreicher Arbeiter verfertigt wird. Diese sind bald in den Wohnräumen selbst, bald in einer im Hause befindlichen Werkstätte allein oder mit wenigen Gehülfen thätig, wobei nicht die Maschine und die Benützung einer Naturkraft, sondern das Werkzeug und die Geschicklichkeit des Arbeiters die Hauptrolle spielen.“

Unter den mannigfach verschiedenen Gestaltungen des hausindustriellen Betriebs nimmt Schwarz drei Hauptformen an:

1. Der hausindustrielle Betrieb auf Grundlage des Kaufsystems. Darunter ist diejenige Organisation verstanden, bei welcher der Hausindustrielle aus eigenen Mitteln die Bestellungen verschiedener Auftraggeber ausführt, kein Lohnarbeiter im Dienste eines Arbeitgebers ist. Er verkauft seine Produkte teils direkt teils durch Vermittelung von Zwischenhändlern, sogenannten Faktoren, Ferchern u. s. w. an einen Kaufmann, der in vielen Fällen die Ware in seinem Hause nur sortieren und verpacken, mehrfach auch ihr die letzte Vollendung geben läßt. Dieses System kommt besonders bei solchen Industriezweigen vor, in denen die Anfertigung des einzelnen Artikels der Arbeitsteilung nur wenig Raum gewährt.

2. Der hausindustrielle Betrieb durch selbständige Lohnarbeiter. Der Hausindustrielle arbeitet hier zwar regelmäßig mit seinem eigenen Handwerkszeug, allein mit fremdem Rohmaterial. Er verkauft keine fertigen Produkte, sondern steht zu dem Arbeitgeber, der ihm den Rohstoff brachte, im Lohnverhältnis. Dieser Arbeitgeber ist entweder ein Fabrikant, ein Fabrikverleger oder ein Faktor, bezw. größerer Meister von der Art der beim Kaufsysteme vorkommenden. Dieser Modus tritt da ein, wo der Betrieb in der Kette einer arbeitsteiligen Industrie ein Glied ist, wo ein Artikel durch mehrere Werkstätten gehen muß, ehe er marktfähig wird, ein Übergang, den der Verleger vermittelt, wobei er die Produkte eines jeden Teilarbeiters einer technischen Prüfung zu unterwerfen pflegt.

---

[1] Zeitschrift für die gesamte Staatswissenschaft 1869. Bd. 25 S. 535—629. —
[2] a. a. O. S. 546—549, 616—623.

3. Der hausindustrielle Betrieb durch unselbständige Lohnarbeiter. Die Hausindustriellen stehen im ausschließlichen Dienste eines Arbeitgebers und empfangen von diesem sowohl Werkzeug wie Rohmaterial. Der Arbeitgeber ist dabei der Fabrikant im eigentlichen Sinne des Wortes, der innerhalb und außerhalb seines Etablissements Personen beschäftigt, welche sich eben nur durch diesen Umstand des Zuhause- oder Inderfabrikarbeitens von einander unterscheiden.

Als wesentliche Kennzeichen der Hausindustrie erscheinen hiernach: 1. die Massenproduktion für den Absatz im großen; 2. die Arbeit in den eigenen Behausungen der Arbeiter; 3. keine oder nur geringe Benutzung von Maschinen und Naturkräften; 4. keine direkte Berührung mit dem Konsumenten der Erzeugnisse.

So viel umfassend und scharfsinnig diese Aufstellung über das Wesen der Hausindustrie ist, befriedigt sie doch nicht vollständig. Der Unterschied derselben von anderen Unternehmungsformen, von Handwerk und Fabrik, geht nicht deutlich genug hervor. Mit ersterem hat die Hausindustrie die Arbeit in den eigenen Behausungen der Arbeiter und die geringe Anwendung von Maschinen (Punkt 2 und 3), mit letzterer die Massenproduktion für den Absatz im großen und das Fehlen einer Berührung mit den Konsumenten (Punkt 1 und 4) gemeinsam. Die geringe Benutzung von Maschinen trifft überdies für die Gegenwart nicht mehr zu, wie denn gewisse Zweige der Hausindustrie — z. B. die Stickerei in Sachsen, in der Ostschweiz und Vorarlberg, die neuerdings fast ausschließlich mit der Stickmaschine arbeitet[1] — ohne Maschinen kaum gedacht werden können.

Auch muß es fraglich erscheinen, ob es richtig ist, den „hausindustriellen Betrieb auf Grundlage des Kaufsystems" wirklich zur Hausindustrie zu rechnen. Sofern diese mit eigenen Mitteln thätigen Arbeiter den Absatz ihrer Produkte ausschließlich bei einem Geschäfte oder einem Vermittler suchten, würden sie meines Erachtens allerdings Hausindustrielle sein. Nagelschmiede, welche das Stabeisen selbst kaufen, die fertigen Nägel an den Händler abtreten, Kistenmacher, welche Holz für ihre eigene Rechnung anschaffen und die Kisten an Fabriken und Geschäfte liefern, u. s. w. wären als Hausindustrielle anzusehen. Aber es bleibt zu berücksichtigen, daß derartige Persönlichkeiten auch an die Konsumenten direkt absetzen, daß sie mit ihren Erzeugnissen hausieren gehen, kurz, daß sie den Absatz auf mehrfache Weise finden und damit als selbständige Gewerbeunternehmer, als Handwerker erscheinen.

[1] Bein, die Industrie des sächsischen Voigtlandes. 2. Teil S. 263 und 392. Wartmann, Industrie und Handel des Kantons St. Gallen 1870 S. 556–560.

Schwarz' Auffassung von der Hausindustrie geht demnach einerseits zu weit, indem der sogenannte hausindustrielle Betrieb auf Grundlage des Kaufsystems ein hausindustrieller Betrieb nicht immer ist; andererseits ist sie zu eng, indem sie die mit Maschinen arbeitenden Betriebe als hausindustrielle nicht angesehen wissen will.

Einige Jahre vor Schwarz hatte David Born auf die Bedeutung der Hausindustrie in Deutschland in einem Artikel der Hildebrandschen Jahrbücher für Nationalökomie über die deutsche Exportindustrie [1] hingewiesen, freilich ohne diese Bezeichnung zu brauchen und ohne bei einer begrifflichen Auseinandersetzung sich aufzuhalten. Born unterschied zwischen der centralisierten und der individualisierten Industrie. Die erstere, wie die Baumwollspinnerei, der Hüttenbetrieb, der Eisenbahntransport, bedürfe des großen Kapitales, welches von Aktionären leicht zusammengebracht werde. Die individualisierte Industrie aber gestatte dem Arbeiter schon mit mäßigen Ersparnissen mit Hülfe der Genossenschaft oder Kreditvereine selbständig zu arbeiten. Diese mannigfaltige, die Selbständigkeit des einzelnen fördernde individualisierte Industrie ist es, deren Pflege er für Deutschland besonders empfiehlt. „Wir würden freilich weniger ‚Cotton Lords‘, aber mehr wohlhabenden Mittelstand unter unseren Industriellen erzeugen. Auf den Arbeitern dieser Industriezweige lastet nicht der Fluch des ‚Müssens‘, sondern der Segen des freien ‚Willens‘. Der in der Fabrikkaserne beschäftigte Arbeiter läßt beim Eintritt, wie in Dantes Hölle, die Hoffnung zurück; er hat beim besten Lohne niemals Aussicht ein selbständiger Eigentümer, Meister, Fabrikant, man nenne es wie man will, werden zu können. Mit dem Bankerott der großen Spinnerei oder mit dem Abbrennen derselben sind gleich so viele Hunderte für längere Zeit brotlos. Anders bei der individualisierten Industrie“ [2].

Diese individualisierte Industrie ist nun nichts anderes als die später sogenannte Hausindustrie. Als Beispiele derselben führt er die Spielwaren-, Glas- und Porzellanfiguren-Verfertigung im Thüringerwald an, und rät er neben diesen die Erzeugung von Böttcherwaren, von Möbeln, von Stutzuhren in Gang zu bringen. Unsere Gebirgsgegenden, wie der Thüringerwald, das Riesengebirge, das Erzgebirge, der Harz, der Schwarzwald, seien zur Aufnahme derartiger individualisierter Industrieen besonders geeignet. Er wünscht dieselben mehr als bisher begünstigt zu sehen, weil sie Exportartikel liefern.

Sieht man davon ab, daß Born die Bedeutung der individualisierten

---

[1] Bd. 1 Jahrgang 1863 S. 147—153. — [2] a. a. O. S. 151.

Industrie zu hoch anschlägt, denn bei einer industriellen Krisis würden ihre Arbeiter in gleicher Weise leiden wie die Fabrikarbeiter, ja vermutlich noch mehr, so hat er doch das Wesen derselben, nämlich ihre Thätigkeit für den Export, richtig betont. Es ist eben kein Handwerk, das für die Befriedigung örtlicher Bedürfnisse thätig ist, sondern eine Form, die ihren Absatz außerhalb des Produktionsortes und selbst des Landes, welchem der letztere angehört, sucht.

Schmoller in seiner Schrift „Zur Geschichte der deutschen Kleingewerbe im 19. Jahrhundert“ [1] giebt keine eigentliche Erklärung der Hausindustrie. Er erwähnt ihr Vorkommen schon am Ende des vorigen Jahrhunderts, wo sie fast die allgemeine Form war, in der die gesamte Eisen- und Gewerbeindustrie sich bewegte [2]. „Die wohlhabenderen Meister“, so charakterisiert Schmoller die Zustände, „arbeiteten auf eigene Rechnung und verkauften an die Verleger; die ärmeren erhielten den Rohstoff vom Verleger und hatten die fertige Ware abzuliefern [3]. Von der modernen Hausindustrie sagt er, daß ihre geschäftliche Organisation je nach dem erforderlichen Bildungsgrad, dem Verdienst, den technischen Hülfsmitteln, die notwendig sind, eine verschiedene Gestalt annimmt. Je höher nach diesen Merkmalen eine Geschäftsbranche steht, desto mehr werden die kleinen Meister selbständige Unternehmer, Eigentümer von Rohstoff und Maschinen sein, nur den Verkauf und etwa die letzte Vollendung und Verpackung dem Verleger überlassen. Je tiefer Bildungsgrad, Geschicklichkeit und Verdienst der betreffenden Arbeiter stehen, desto leichter hört der selbständige Besitz der Arbeitsmittel und der selbständige Einkauf des Rohmaterials auf [4]. Den Übergang von der Hausindustrie zum Fabrikbetrieb sieht er dann angezeigt, wenn große Maschinen nötig sind, die sich der kleine Meister nicht wohl halten kann. „Die Maschinenweberei wird nur schwer in die Hütte des kleinen Mannes einkehren.“ Schmoller ist aber dabei der Ansicht, daß die Hausindustrie, die so viele moralische und sociale Vorzüge hat, sich auch in Zukunft werde halten können und die Prophezeihung ihres Unterganges nicht begründet sei [5].

Auch in seinem einige Jahre später veröffentlichten Vortrag über „Die Entwickelung und die Krisis der deutschen Weberei im 19. Jahrhundert“ [6] berührt Schmoller die hausindustrielle Unternehmungsform mehrfach. Er stellt 4 Formen der sich entwickelnden Weberei auf, nämlich [7]:

[1] Halle 1870. — [2] Vergl. seine Schilderung der Organisation a. a. O. S. 541—542. — [3] a. a. O. S. 30. — [4] a. a. O. S. 204. — [5] a. a. O. S. 205. — [6] Berlin 1873. In Holtzendorff und Oncken „Deutsche Zeit- und Streitfragen“, Jahrgang II Heft 25. — [7] a. a. O. S. 9.

1. die Produktion als Nebenbeschäftigung des Tagelöhners oder Bauers, auch Handwerkers im eigenen Hause, vorzugsweise für den eigenen Bedarf, daneben auch zum Verkaufe.

2. Die gewerbsmäßige Lohnweberei für Kunden, welche dem Weber das Garn übergeben.

3. Die handwerksmäßige Weberei auf eigene Gefahr für lokalen Absatz und den Vertrieb auf Wochen- und Jahrmärkten.

4. die Weberei für den Absatz im großen. Sie tritt als Hausindustrie auf, indem entweder der Weber für den Fabrikanten das diesem gehörige Garn verwebt und nur den Weblohn verdient oder indem der Weber auf eigene Gefahr eigenes Garn verspinnt und seine Erzeugnisse dem Fabrikanten oder Kaufmann zu weiterem Vertriebe überläßt. Sie kann aber auch die Form der Hausindustrie ganz abstreifen und zu dem Betrieb in großen Fabriken übergehen.

Im vorigen Jahrhundert war die hausindustrielle Leinenweberei und Tuchmacherei stets in der Weise organisiert, daß kleine selbständige Unternehmer das Leinengarn oder das Wollengarn erwarben, daraus ganz bestimmte Stapelartikel anfertigten und diese dann auf den Märkten an die sogenannten Kaufleute abgaben, welche das Gewebe bleichen, färben, vollends zurichten ließen und in den Welthandel brachten[1]. Erst allmählich sind diese sogenannten Kaufweber in Lohnweber verwandelt worden, bei denen das Geschäftsverhältnis das folgende ist. Ein Faktor läßt sich vom Kaufmann oder Fabrikanten das Garn zu einem bestimmten Auftrage zumessen und überträgt die Ausführung desselben gegen festen Lohn den Webern. Wo derselbe arbeiten läßt und was er dem Weber zahlt, darum kümmert sich der Kaufmann nicht. Der Kaufmann hält sich an den Faktor und macht diesem bei ungenügend ausgeführten Bestellungen Abzüge am vereinbarten Preis, worauf dieser seinerseits am Lohne, den er dem Weber zahlen soll, sich schadlos zu halten pflegt[2]. Anders war die Entwickelung in der Baumwollenindustrie, wo der bloße Händler, der das fertige Produkt vom Weber kaufte, wie in der Leinenindustrie, nicht ausreichte und daher es stets der Kaufmann war, welcher für das Garn sorgte, es aus dem Auslande bezog oder selbst spinnen ließ, es zum Verweben austhat und hernach die Versendung der Ware wie den Vertrieb derselben übernahm. Bei dieser Art der Lohnweberei zeigte sich die Faktorenwirtschaft in womöglich noch schlimmerem Lichte als bei der Leinenindustrie[3].

Auch in diesem Vortrage hält Schmoller an der Ansicht fest — gewiß

---

[1] a. a. O. S. 22. — [2] a. a. O. S. 25. — [3] a. a. O. S. 28, 29.

ein durchaus sympathischer Gedanke —, daß trotz der laut gewordenen Auffassung, die Hausindustrie könne sich nun einmal in der Hauptsache nicht halten, dieselbe unter bestimmten Verhältnissen noch heute möglich sei, die alten socialen Vorzüge mit etwas veränderter Organisation und mit technischem Fortschritt vereinigend[1].

Eingehende Aufmerksamkeit wendet Karl Marx der Hausindustrie zu, die er auf Grund englischer Erfahrungen charakterisiert[2]. Die sogenannte moderne Hausindustrie, ausgeübt in den Privatwohnungen der Arbeiter oder in kleinen Werkstätten, hat nach ihm[3] mit der altmodischen, die unabhängiges städtisches Handwerk, selbständige Bauernwirtschaft und vor allem ein Haus der Arbeiterfamilie voraussetzt, nichts gemein als den Namen. Sie sei jetzt verwandelt in das auswärtige Departement der Fabrik, der Manufaktur oder des Warenmagazins. Neben den Fabrikarbeitern, Manufakturarbeitern und Handwerkern, die es in großen Massen räumlich konzentriert nnd direkt kommandiert, bewegt das Kapital durch unsichtbare Fäden eine andere Armee in den großen Städten und über das flache Land zerstreuter Hausarbeiter. Als Beispiel verweist er auf die Hemdenfabrik der Herren Tillie zu Londonderry (Irland), die 1000 Fabrikarbeiter und 9000 auf dem Lande befindliche Hausarbeiter beschäftigt. In dieser Hausarbeit ist die Ausbeutung (Exploitation) sehr stark und wird durch eine Reihe räuberischer Parasiten, die sich zwischen Arbeitgeber und die Arbeiter drängt, befördert. Die Hausarbeit kämpft mit Maschinen- oder wenigstens Manufakturbetrieb.

Von der Organisation des Hausindustriebetriebs entwirft er nach den in den Zweigen der Spitzenfabrik und Strohflechterei gesammelten Daten folgendes Bild[4]. Das letzte Zurechtmachen der maschinenmäßig fabrizierten Spitzen — das sogenannte Lace Finishing — wird in „Mistress Houses“, die von Weibern gehalten werden und in denen 10—40 Arbeiterinnen zusammenkommen, oder in Privatwohnungen von einzelnen Frauen und ihren Kindern betrieben. In beiden Fällen erhalten die Frauen die Aufträge von Fabrikanten, Besitzern von Warenmagazinen u. s. w. Bei der Spitzenklöppelei bilden die cottages der Ackerbautagelöhner in der Regel die Arbeitslokale, in denen Frauen und Kinder arbeiten.

Man bekommt hieraus ein scharf umrissenes Bild von der Hausindustrie, das an folgenden wesentlichen Merkmalen zu erkennen ist: 1. Arbeit

---

[1] a. a. O. S. 31. — [2] Das Kapital. Kritik der politischen Ökonomie. 2. verb. Aufl. Hamburg 1872. — [3] a. a. O. S. 484. — [4] a. a. O. S. 490 ff.

zu Hause oder in kleinen Werkstätten, 2. Arbeit ohne Maschinen, 3. Arbeit für Rechnung eines Geschäfts, 4. Arbeit durch Vermittelung von Zwischenpersonen zwischen Arbeitgeber und -nehmer. Den sogenannten hausindustriellen Betrieb auf Grundlage des Kaufsystems rechnet Marx nicht dazu. Man hat es nach seiner Auffassung in der Hausindustrie nur mit unselbständigen Lohnarbeitern zu thun, die statt in der Fabrik außerhalb derselben beschäftigt werden. Was er die altmodische Hausindustrie nennt, fällt mit dem Begriff des kleinen Handwerks zusammen. Die Arbeit in Werkstätten, wo 20—40 Personen thätig sind, oder in den „lace-schools" (Spitzenschulen), in denen die Meisterin 18 Mädchen beschäftigt, als Hausindustrie aufgefaßt zu sehen, befremdet zunächst. Indes ist dies doch ganz richtig, weil solche Betriebe keine selbständigen ökonomischen Unternehmungen sind, also als Fabriken nicht angesehen werden können. Sie arbeiten nicht für eigene Rechnung, sondern für fremde — auf die Gefahr eines Geschäftsmannes, der Rohmaterial liefert und für Absatz sorgt. Seinerseits wird die ganze Arbeit einer aus der Mitte der Frauen, der Meisterin, übergeben, die ihrerseits Gehülfinnen heranzieht.

Einen weiteren Fortschritt in der Erkenntnis des Begriffes der Hausindustrie bahnte die Wiener Weltausstellung vom Jahre 1873 an. Durch sie kam der Ausdruck „nationale Hausindustrie" auf. Das Programm für Gruppe XXI forderte zu einer Ausstellung von Erzeugnissen der „nationalen Hausindustrie" auf, deren Wesen aber mehr angedeutet als bestimmt wurde. In diese Kategorie sollten vorzugsweise Gegenstände eingereiht werden, welche vom Volke selbst für den eigenen Gebrauch im Hause hergestellt werden. Aber, fährt das Programm fort, auch „andere Gegenstände, wenn nicht gerade fabrikmäßig, doch gewerblich für denselben Zweck gearbeitet, würden ebenfalls in den Bereich dieser Ausstellung fallen, sobald sie in Technik oder Form originell und denjenigen, welche sie erzeugen oder für deren Gebrauch sie geschaffen werden, erblich und eigentümlich sind". Dieser Erweiterung wird aber nach einer anderen Seite wieder eine Beschränkung zu teil, sofern nur dasjenige in den Rahmen dieser Ausstellung passend schien, was ein künstlerisches Interesse biete, sei es ein modern künstlerisches oder ein geschichtlich künstlerisches. Der Art nach sollten die hier aufzunehmenden Gegenstände vorzugsweise bestehen in Poterieen, Geweben und Nadelarbeiten, Schmuckarbeiten in Metall, Schnitzereien und verschiedenen Geräten, wie Korb- und Strohflechtereien, Matten, mannigfach ornamentierte Möbel u. dgl. m.

Die nationale Hausindustrie würde hiernach sein: die Anfertigung gewerblicher Gegenstände im Hause zu eigenem Gebrauche von Gegenständen ꝛc., die ein ethnographisches und künstlerisches Interesse zugleich bieten müssen. Von dieser nationalen Hausindustrie schied nun Professor Carl Th. Richter in seinem Berichte über die Gruppe XXI[1] jene andere, „die eigentlich nichts anderes bedeute als die Auflösung eines großen geschäftlichen Unternehmens in einzelne Zweige und Teile der Arbeit, welche dann wieder das Haus oder besser der Arbeiter inmitten seiner Häuslichkeit durchzuführen und zu leisten übernimmt". Für diese Art der Hausindustrie schlug er eine Benennung nicht vor. Sie ist später die „neue" und auch die „fabriksmäßige" genannt worden. Jedenfalls ist sie diejenige Form, welche die Schriftsteller vor Richter — Mohl, Schwarz, Schmoller, Born, Marx — ins Auge gefaßt hatten. Richter zählt zu ihr beispielsweise die zahlreichen Zweige der Erzeugung von Eisen- und Stahlwaren, der feineren Sorten der Messerschmied- und Nadlerarbeiten, Erzeugnisse der Korbflechterei, der Kinderspielwarenindustrie, die Glaswarenfabrikation, insbesondere die vielfach geartete Böhmens, die den Weltmarkt beherrschende Goldwarenfabrikation von Hanau und Pforzheim, die Spitzenindustrie.

Beide Arten der Hausindustrie waren in der erwähnten Gruppe schwach vertreten. Auf die letztere hatte das Programm überhaupt kein Gewicht gelegt, obwohl, wie Richter betont, „es gerade von unendlichem Werte für die Erkenntnis unserer modernen Industrie gewesen wäre, einmal klar und deutlich zu erkennen, wie wenig eigentlich die Dampfmaschine allmächtig ist und wie zahlreiche Industrieen, die auf dem Markte als große kompakte Körper erscheinen, in der Herstellung ihres Produktes in tausend und abertausend Hände sich auflösen, die am häuslichen Herde beschäftigt sind". Trotz dieses Fiaskos scheint es doch ein Gewinn, daß in dem Berichte die Trennung der beiden so verschiedenen Arten der Hausindustrie ausgesprochen ist. Denn es ist klar, daß für das Wirtschaftsleben eines Volkes sie ganz verschiedene Bedeutung haben und ein Gesetz beispielsweise, das zum Schutze der hausindustriellen Arbeiter erlassen würde, nur die der letzteren Kategorie meinen könnte.

Freilich darf nicht übersehen werden, daß dieser Begriff der nationalen Hausindustrie in gewissem Sinne ein irreführender ist. Die nationale Hausindustrie ist nichts anderes als die Hausarbeit, die zur Zeit einer geringer entwickelten gewerblichen Thätigkeit den Familienbedarf an Gewerbsprodukten ganz oder teilweise hervorbringt. Diese aber soll eben nur den häuslichen Bedarf decken; sie ist nicht für den Verkauf thätig, weder für den lokalen

---

[1] Die nationale Hausindustrie. In „Offizieller Ausstellungsbericht, herausg. durch die Generaldirektion der Weltausstellung". Wien 1874 Heft 73.

noch für den Export. Alle Kennzeichen einer Hausindustrie fehlen ihr. In den Beschäftigungen der Hausfrauen oder weiblichen Mitglieder des Haushalts, wie Stricken, Wäschenähen, Kleidermachen u. s. w., dauert sie fort und wird voraussichtlich nie ganz erlöschen. Diese Art gewerblicher Thätigkeit als „Hausindustrie“ zu bezeichnen, bleibt immerhin willkürlich, zumal in dem Sinne und der Beschränkung, wie ihn das Programm der Weltausstellung aufstellte.

Übrigens schlug der Gedanke Wurzel und in den Vorlagen, welche dem internationalen statistischen Kongresse zu Budapest im Jahre 1876 bezüglich der Erhebung der Statistik der Hausindustrie unterbreitet wurden, wurde diese Auseinanderhaltung gleichfalls vorgenommen.

Max Wirth, der Verfasser der einen Denkschrift[1], unterscheidet die alte traditionelle und die neue Hausindustrie. Erstere sei so alt wie das Menschengeschlecht selbst und an der Scheide dieses Jahrhunderts durch die Erfindung der Werkzeug- und Fabrikationsmaschinen zu Grunde gegangen. Die letztere arbeite unter der Leitung großer Unternehmer, Fabrikanten oder Großhändler für den Weltmarkt. Die Arbeiter sind in der Regel gleichzeitig Landwirte, doch giebt es auch Gewerbe, welche in den Städten hausindustriell betrieben werden. Die Unternehmer liefern entweder den Hausindustriellen den Rohstoff, z. B. Garn an die einzelnen Handweber, oder kaufen ihnen ihre für eigene Rechnung hergestellten Produkte ab, z. B. bei der Fabrikation von Tabletteriewaren. In beiden Fällen, von welchen der letztere seltener ist als der erstere, sind sie es, welche den Absatz auf dem Weltmarkte besorgen. Es kommt auch vor, daß die Unternehmer von den Arbeitern zu Hause nur Teile der zu verkaufenden Erzeugnisse anfertigen lassen. Diese werden dann in den geschlossenen Etablissements (Fabriken) mit den anderen auf ähnliche Weise oder mittelst Maschinen hergestellten zusammengesetzt. Für diese Einteilung in alte und neue Hausindustrie gilt dasselbe, was eben über die nationale Hausindustrie gesagt wurde. An der „neuen“ Hausindustrie hebt im übrigen Wirth richtig hervor, daß sie für den Export thätig sei. Doch fehlt die Betonung anderer charakteristischer Momente. Die gleichzeitige Beschäftigung des Hausindustriellen in der Landwirtschaft ist ein unwesentliches Moment. Die Heranziehung auch der Gewerbetreibenden zur Hausindustrie, welche ihre Produkte auf eigene Rechnung

---

[1] „Zur Statistik der Hausindustrie“ im „Programme du 9 ième congrès international de statistique à Budapest 1876“. Sektion V S. 3—20.

und Gefahr anfertigen, geht nach den oben erwähnten Ausführungen (bei Schwarz) teilweise zu weit.

Eine eigentümliche Charakterisierung der Hausindustrie lernen wir in dem anderen Memoire, dessen Verfasser Kerkapolyi ist, kennen[1]. Auch Kerkapolyi unterscheidet zwei Arten der Hausindustrie, die sich aber mit den von Wirth aufgestellten nicht decken. Er nimmt nämlich eine Hausindustrie als Nebenbeschäftigung der ackerbautreibenden Bevölkerung (occupation accessoire) und eine andere als regelmäßigen gewerblichen Beruf (occupation constante des artisans) an. Die erstere sei ein Fortschritt, die letztere bekunde einen Verfall. Für den Ackerbauer ist die Hausindustrie ein Mittel zum Gedeihen, für den Gewerbetreibenden ist sie das letzte Asyl gegen den Pauperismus. Als das Wesen der Hausindustrie bezeichnet er, daß mehrere Arbeitszweige sich in der Hand eines Mannes finden, daß ferner keine industrielle Arbeitsteilung bei ihr üblich ist und sie sich mehr nach den Gesetzen des Ackerbaus als nach denen richtet, welche die eigentliche Industrie regieren. Sie bedarf keiner großen Kapitalien; sie läuft kein Risiko.

Wie hieraus ersichtlich, ist die Hausindustrie als Nebenbeschäftigung mehr eine Form der Hausarbeit als eine gewerbliche Unternehmungsform. Sie kann nur als eine Thätigkeit aufgefaßt werden, welche auf die Befriedigung der Familienbedürfnisse bedacht ist. Auf die Hausindustrie als regelmäßiger Beruf passen die erwähnten Kennzeichen gar nicht. Kerkapolyi hat also eine viel zu viel umfassende Vorstellung von dem Wesen der Hausindustrie und diejenige Unternehmungsform, welcher diese Benennung zukäme, gar nicht gewürdigt.

Der Berichterstatter der fünften Sektion, Herich, suchte die Ansichten beider Gutachten zu verschmelzen. Er sprach von drei Formen, in welchen Hausindustrie vorzukommen pflege[2]. Er unterschied: 1. die im Schoße der Familie für den täglichen Bedarf des Hauses arbeitende — die Hausindustrie innerhalb der Familie (industrie de famille, industrie du foyer), wo, wie er sich später in den Verhandlungen ausdrückte „der Papa ein sogenannter Tausendkünstler ist, die Hausfrau in unermüdlicher Thätigkeit allen Bedürfnissen in Küche und Keller gerecht wird, ohne auf den Markt angewiesen zu sein[3]; 2. die alte nationale oder traditionelle In=

[1] Mémoire sur la statistique de l'industrie à domicile. a. a. O. S. 20 u. ff. — [2] Neuvième session du congrès international de statistique à Budapest. Rapports et Résolutions S. 104. — [3] Compte-Rendu de la neuvième session du congrès international de statistique. 2ième partie. Travaux du congrès S. 409.

dustrie, die eine Nebenbeschäftigung ackerbautreibender Personen ist; 3. die für Rechnung eines Unternehmers oder eines Fabrikanten im Hause betriebene Anfertigung von Produkten — die fabrikmäßige Hausindustrie (industrie à domicile de fabrique). An dieser Dreiteilung hielt der Kongreß schließlich fest, indem er erklärte, daß die erste Art der Hausindustrie sich statistisch überhaupt nicht erfassen ließe und man seine Aufmerksamkeit bei einer Enquete über die Hausindustrie demgemäß den beiden anderen Arten zuwenden müßte.

In den Verhandlungen, welche diesem Beschlusse vorausgingen, ergab sich die interessante Thatsache, daß in verschiedenen Ländern die Hausindustrie nicht dasselbe bedeute. Die Vertreter Rußlands und Ungarns — Buschen und Herich — schlossen sich der Auffassung an, daß man unter Hausindustrie keine Hauptbeschäftigung, sondern nur eine stets mit Landwirtschaft verbundene Form der gewerblichen Thätigkeit verstehen müsse. Sie unterschieden demgemäß 1. die Hausindustrie, die als Nebenbeschäftigung einer zunächst agrikolen Bevölkerung erscheint, und 2. diejenige, welche die prinzipale konstante Beschäftigung der Familie bildet[1]. Dagegen hob der Vertreter Frankreichs, Salomon, hervor, daß in seiner Heimat die erstere Art der Hausindustrie nicht üblich sei. Die Erklärung, die er dann von der französischen Hausindustrie — industrie à domicile, industrie en chambre — gab, ermangelte freilich charakteristischer Momente. Jedermann, der zu Hause bei sich gewerblich arbeite, werde ein Hausindustrieller genannt. Die Hausindustrie sei eine Industrie, die mit kleinen Maschinen und Werkzeugen ausgeübt werde[2]. Viel schärfer umrissen war das von dem Vertreter Preußens, Dr. Engel, unter Hinweis auf die im Frühjahr 1876 in Preußen versuchte Enquete zur Erfassung der Hausindustrie gezeichnete Bild. Er wollte unter Hausindustrie diejenigen gewerblichen Unternehmungs- bezw. Betriebsformen verstanden wissen, bei welchen ein Handlungshaus von selbständigen oder unselbständigen, aber in eigener Behausung arbeitenden Gewerbetreibenden Waren oder Teile von Waren nach bestimmten Vorschriften oder Mustern gegen Stückbezahlung anfertigen läßt und in der Regel auch die Rohstoffe zu den Waren oder Warenteilen liefert[3]. Während also in Rußland und Ungarn unter Hausindustrie die gewerbliche Beschäftigung von Bauern verstanden wird, erscheint dieselbe in Deutschland und Frankreich als eine besondere gewerbliche Unternehmungsform, die wenigstens in Deutschland dadurch charakteristisch ist, daß sie

[1] Travaux du congrès S. 407. — [2] a. a. O. S. 417, 428. — [3] a. a. O. S. 413.

nicht im geschlossenen Etablissement, sondern in den Behausungen vieler auf Rechnung eines sogenannten Fabrikverlegers betrieben wird.

Eine sehr klare Vorstellung von dem Wesen der Hausindustrie findet man bei A. Held in einem in der Berliner Singakademie am 21. Febr. 1880 gehaltenen Vortrag[1]. Ein kaufmännisches Unternehmen — so beschreibt er die Hausindustrie — liefert einer Anzahl mechanischer Arbeiter, die sich, namentlich wenn sie außer ihren Frauen und unerwachsenen Kindern noch Gehülfen haben, Meister nennen und die nötigen Werkzeuge teils selbst besitzen teils entleihen, Rohstoff und nimmt ihnen das fertige Produkt zu vorher festgesetztem Preise ab, um es als Großhändler auf dem großen Markte zu verkaufen. Zwischen den mechanisch Arbeitenden und den Konsumenten tritt eine kapitalistische Macht als selbständiges Element, von welcher der Arbeiter abhängig wird und welche auf einen größeren als den lokalen Absatz spekuliert. Der Arbeiter arbeitet in seinem Hause, behält noch Freiheit der Zeiteinteilung, Geschlossenheit des Familienlebens und bleibt Herr der Technik. Die Arbeitsteilung innerhalb jeder Arbeitsstätte wird geringer, dafür entwickelt sich Arbeitsteilung unter den verschiedenen Hausindustriellen, die demselben Kaufmann dienen. Ähnlich drückt sich Held über die Hausindustrie in der socialen Geschichte Englands aus[2], indem er zu genauerer Bestimmung hinzufügt, „der Hausindustrielle verkauft keine Produkte mehr auf dem Markt, sondern Arbeitsleistungen an einen bestimmten Lohnherrn".

Hier scheinen mir alle Punkte berührt, die für die Hausindustrie wesentlich sind — die Massenproduktion, die Arbeit im Hause, die abhängige Lage vom Großkapital, die Arbeit nicht auf eigene Gefahr und nicht für den Konsumenten, sondern für Rechnung eines Kaufmanns oder eines Fabrikanten. Gegen das Handwerk grenzt Held die Hausindustrie ab, giebt aber Übergänge und Mittelglieder zu, die sich z. B. in Hausindustriellen zeigen, welche zugleich für Konsumenten direkt thätig sind. So kämen z. B. Schneider vor, die teils auf Bestellung von Konsumenten, teils für ein Kleidermagazin arbeiten. Von der Verwendung von Maschinen spricht Held nicht, scheint mithin dieselbe nicht für ein wesentliches Moment zu halten. Dagegen schiebt er mit in den Vordergrund als wesentlich, daß der Hausindustrielle nicht Produkte, sondern Leistungen verkaufe. Auch macht er auf die in socialer Beziehung wichtige Unterscheidung aufmerksam,

---

[1] Abgedruckt in „Zwei Bücher zur socialen Geschichte Englands", herausg. v. G. F. Knapp. Leipzig 1881 S. 671 ff. — [2] a. a. O. S. 543.

ob die Hausindustrie als intermittierender Nebenerwerb oder als ausschließlicher Lebensberuf betrieben wird[1].

Den Gesichtspunkt, daß der Hausindustrielle keine Produkte, sondern nur Leistungen verkaufe, betont auch Lexis in seiner Abhandlung über den Handel[2]. Er sagt, daß die Hausindustrie im eigentlichen Sinne des Wortes eine ähnliche Abhängigkeit der Arbeit von dem Kapital bedinge wie der Fabrikbetrieb. Hausindustrielle Meister, die bis zu einem gewissen Grade Kapitalisten seien, können doch als selbständige Fabrikationsunternehmer nicht angesehen werden, weil sie nicht eigenes Material verarbeiten. „Solange ihm der Rohstoff nur von einem anderen Unternehmer zur Verarbeitung übergeben wird, gehört das Produkt in keiner Herstellungsphase ihm selbst; er verkauft also nur Arbeit und nicht eine materielle Ware." Die für Verleger und Exporteure thätigen Meister, welche das Material aus eigenen Mitteln bestreiten, bezeichnet Lexis dagegen als selbständige Gewerbeunternehmer, die der Hausindustrie im eigentlichen Sinne nicht mehr angehören.

Der letztere Gewerbetreibende würde sich decken mit dem von Schwarz als „Hausindustrieller auf Grundlage des Kaufsystems" gekennzeichneten, und wir haben schon oben gesehen, daß wir diesen nur bedingt zur Hausindustrie rechnen dürfen. Insofern ist demnach der Auffassung von Lexis und Held zuzustimmen. Bedenken erregt nur, daß Lexis den Verkauf von Arbeit statt der materiellen Ware als das entscheidende Merkmal ansieht und jene anderen Meister, die den Rohstoff selbst liefern, niemals als Hausindustrielle anerkennt. Sowie vorhin geltend gemacht wurde, daß „Hausindustrielle auf Grundlage des Kaufsystems" nur unter Umständen wirklich Hausindustrielle sind, so müssen hier diese Umstände auch gegen Lexis eingewendet werden. Ob dem Meister das zu verarbeitende Rohmaterial von einem Geschäft zugeht oder ob er es sich auf eigene Kosten anschafft, ist gleichgültig. Beide Erscheinungen können wir auch beim Handwerk wahrnehmen, ohne daß dessen Charakter als Unternehmungsform geändert wird. Der Weber auf dem Lande erhält das Garn von dem Kunden, für welchen er die Leinwand herstellen soll, der Schneider das Tuch zu dem Rock, welchen der Kunde bestellt, wogegen der Schuhmacher die bestellten Stiefel aus selbstgeliefertem Leder macht, der Schlosser das Eisen zu seinen Arbeiten vorrätig hat u. s. w. Gleichwohl hat man es in allen diesen Fällen mit „Handwerkern" zu thun. So scheint mir nun

[1] a. a. O. S. 544. — [2] Schönbergs Handb. der politischen Ökonomie. 2. Aufl. Bd. 2 S. 674.

auch bei den Hausindustriellen der Nachdruck nicht auf dem Besitz des Rohstoffs zu liegen, sondern auf der Art des Absatzes. Der Hausindustrielle bietet nicht mehr Kundenarbeit, sondern verkauft an ein Geschäft oder arbeitet für dasselbe. Sofern also es Meister giebt, welche mit eigenem Material für Verleger oder Exporteure thätig sind, ohne gleichzeitig auch Kundenarbeit zu liefern, würde ich sie zur „Hausindustrie" zählen.

Die Auffassung von Lexis hat bei der Berufszählung von 1882 im Deutschen Reiche, welche die Hausindustriellen gleichsam als dislozierte Fabrikarbeiter betrachtet hat, Berücksichtigung erfahren. Kleinbetriebe, die eigenes Material zum Verkauf an ein Geschäft verarbeiten, wurden zum Handwerk gerechnet. Nur diejenigen, die zu Hause in der eigenen Wohnung für ein fremdes Geschäft arbeiten, zu Hause für fremde Rechnung thätig sind, — d. h. den Rohstoff von diesem Geschäft geliefert bekommen, galten als Hausindustrielle. Die Berufszählung hat aber den Begriff der Hausindustrie so eng gefaßt vermutlich deshalb, weil es in der Praxis unmöglich wird, alle die Übergänge und Zwischenstufen zwischen Handwerk und Hausindustrie statistisch genau zu erfassen. Jene Kleinbetriebe, die eigenes Material verarbeiten, mögen eben bald an die Kunden direkt, bald an Geschäfte absetzen. Thäten sie das letztere ausschließlich, so läßt sich kein Grund absehen, warum sie nicht gleich den anderen Meistern, welchen der Rohstoff geliefert wird, als „Hausindustrielle" gelten sollen.

Nach der Anlage seiner Abhandlung konnte bei Lexis die Hausindustrie nur gestreift werden. Ausführlichere Behandlung läßt Schönberg selbst in seinem Handbuche ihr zu teil werden[1]. Die Hausindustrie ist nach ihm die gewerbliche Produktion, bei welcher die Arbeiter in ihren eigenen Räumen für größere Unternehmer Gewerbsprodukte des Massenkonsums herstellen. Die Hausindustriellen arbeiten in der Stadt oder auf dem Lande, allein oder mit Hülfspersonen, in ihrer Wohnung oder in einer Werkstätte bei derselben, mit eigenen oder fremden Werkzeugen, im Hauptberufe oder im Nebenberufe. Als einzelne Betriebsformen hält er auseinander: 1. ein größerer Unternehmer liefert den Arbeitern das Rohmaterial, schreibt Art und Form der Produkte vor, zahlt für die fertigen einen Stücklohn und stellt teuere Werkzeuge selbst; 2. der Arbeiter liefert den Rohstoff selbst, ist aber im übrigen ebenso abhängig vom Fabrikanten wie im ersten Falle; 3. der Arbeiter steht im ausschließlichen Dienste des Fabrikunternehmers, empfängt Werkzeug und Rohmaterial von demselben

[1] 2. Aufl. 2. Bd. S. 392 § 6–8.

und unterscheidet sich von dem Fabrikarbeiter nur durch die Arbeit zu Hause statt in der Fabrik. Die beiden letzteren Formen bezeichnet Schönberg als die selteneren, die erste als die hauptsächlich vorkommende. Die gewerbliche Produktion kleinerer Handwerksmeister, die für Unternehmer auf Bestellung arbeiten, aber das Material selbst liefern, auch nicht für einen Unternehmer allein thätig sind, sondern von verschiedenen Seiten erhaltene Bestellungen ausführen, diese Produktion, die man also schon mit dem Schwarzschen hausindustriellen Betrieb auf Grundlage des Kaufsystems identifizieren kann, rechnet Schönberg nicht zur Hausindustrie, obwohl, wie er erwähnt, dies häufig geschieht.

Mit dieser Auffassung kann man sich in der Hauptsache einverstanden erklären. Schönberg legt, wenn ich ihn richtig verstehe, Gewicht auf die Herstellung von Massenartikeln, deren Absatz durch einen Unternehmer, die Arbeit im Hause, als die entscheidenden Merkmale für die Hausindustrie, und räumt den anderen Faktoren (Lieferung der Rohstoffe, der Werkzeuge durch den Unternehmer u. s. w.) die Bedeutung nebensächlicher Erkennungszeichen ein. Nur hätte bei dieser Ansicht in konsequenter Entwickelung derselben betont werden müssen, daß unter Umständen auch die gewerbliche Produktion kleiner Handwerksmeister (eben jenes Kaufsystem) zur Hausindustrie wird, wie oben auseinandergesetzt wurde.

Roscher giebt in seiner Nationalökonomik des Gewerbefleißes[1] keine Erklärung von der Hausindustrie. Er bezeichnet sie unter der Benennung „Hausmanufaktur" als eine Mittelstufe zwischen der Fabrik und dem Handwerk, deren Hauptaufgabe es sei, für den Handel zu arbeiten. Der Arbeiter bleibt bei dieser Thätigkeit in seiner Wohnung, bedient sich der Mithülfe von Familiengliedern oder wohl auch bezahlter Gehülfen. Den kaufmännischen Vertrieb der Ware besorgt ein Kapitalist. Der letztere ist es, welcher den Arbeitern Muster, Rohstoff, Werkzeuge und Vorlagen liefert, sie durch Zwischenpersonen überwachen läßt und an den erhaltenen Waren die letzte Appretur vor dem Verkaufe vornimmt. Kostbare Maschinen sind beim Haussystem kaum möglich. Der Betrieb sieht der eigentlichen Fabrik, der Hausindustrielle dem unselbständigen Lohnarbeiter ähnlich.

Damit steht Roscher auf demselben Boden, auf welchem Held, Lexis, Schönberg wurzeln, und hat das Wesen der Hausindustrie bis auf einen Punkt durchaus zutreffend geschildert. Diese eine Abweichung betrifft den Nachdruck, welchen Roscher auf die Nichtanwendbarkeit von Maschinen in der Hausindustrie zu legen scheint. Wenigstens geht dies aus der Bezeich-

[1] Stuttgart 1881. S. 541.

nung „Hausmanufaktur" hervor, welche doch andeuten soll, daß mehr mit der Hand als mit der Maschine gearbeitet wird. In dieser Bezeichnung ist ein unwesentliches Moment zu einem hauptsächlichen Erkennungszeichen für diese Unternehmungsform gewählt worden.

Dr. Hermann Grothe in seinem Buche „Der Einfluß des Manchestertums auf Handwerk und Hausindustrie, gezeigt an dem Ergehen der Hand- und Hausweberei"[1] bietet keine theoretischen Betrachtungen über die verschiedenen Unternehmungsformen, sondern stellt auf statistischer Grundlage den Kampf zwischen der Fabrik- und Hausweberei dar. Er erbringt den Nachweis, daß der Handwebstuhl auch heute noch existenzberechtigt ist, und deckt den schädlichen Einfluß des Manchestertums auf die Hausindustrie auf. Ohne daß direkt gegen sie zu Felde gezogen wurde, mußte sie doch zurückstehen, weil für das Manchestertum nur Maschinenarbeit wichtig war und durch die Arbeit in geschlossenen Fabrikräumen schneller und mehr verdient werden konnte. Fälschungen der Erzeugnisse, wie die Belastung der Wollgewebe mit Mungo, der Baumwollgewebe mit Chinaclay, Mehl, Stärke und Mineralstoffen, der Seide mit Eisen, Gerbstoff und Campeche, sowie andere Kunstgriffe, die in der Weberei eine Zeitlang üblich waren, konnten bequemer in der Fabrik als in den Räumen der einzelnen Meister vorgenommen werden, die vielleicht gar in rechtlicher Gesinnung sich gegen derartige Neuerungen gesträubt hätten. So ging überall da, wo das Manchestertum seine Grundsätze nachdrücklich zur Geltung zu bringen wußte, die Hausweberei mehr und mehr zurück. Die noch vorhandene zu erhalten, sie wenn möglich weiter auszudehnen, dafür tritt Grothe mit Entschiedenheit ein. Der Handwebstuhl hat sich in Deutschland für alle Gebild- und Musterweberei, für den größten Teil der Seidenindustrie, der Plüsch-, Krimmer- und Shawlsindustrie erhalten, während er in der Tuch- und Buckskinweberei, gemischten Wollweberei, Halbleinen- und Leinenweberei, sowie in der Baumwollweberei zurückgegangen ist. Ähnlich liegt der Fall in Frankreich und in anderen Ländern. Grothe stellt S. 326—327 ein Verzeichnis aller dem Handwebstuhl zur Zeit noch reservierten Gewebe auf. Darauf gestützt, befürwortet er die harmonische Nebeneinanderstellung des Handwebstuhles und des mechanischen Webstuhls. Er denkt daran, die Hausweber so auszurüsten, daß sie in den Stand gesetzt werden, die Konkurrenz mit dem mechanischen Stuhl erfolgreicher aufnehmen zu können. Durch Begründung von Fachschulen und Eröffnung von Lehrwerkstätten, durch Verbesserung der Webstuhlkonstruktionen,

[1] Berlin 1884. Vergl. meine Besprechung in den „Grenzboten" 1885. 2. Bd. S. 185—193.

durch Schauanstalten und Ämter zur Verifikation von Maß und Gewicht u. a. m. glaubt er das Ziel erreichen zu können. Insbesondere der Einbürgerung von Kleinmotoren redet er das Wort. Diese bieten, wie er meint, eine bedeutende Produktionsfähigkeit, aber auch die Möglichkeit, die Produktion ohne erhebliche Verluste einzuschränken. In der Weberei käme es darauf an, aus dem Handwebstuhl einen Webstuhl herauszubilden, der als ein halb mechanischer oder ganz mechanischer Stuhl dem Handwerker und dem Kleinbetrieb dienen kann. Dieser muß dann durch eine billige und bequem zu benutzende Kraftquelle in der Werkstatt des Kleinmeisters so erfolgreich in Bewegung gesetzt werden können, wie seinesgleichen in der Großindustrie. Der Bandstuhl, der seit drei Jahrhunderten unter fortgesetzter Verbesserung der Details angewandt wird, der sowohl mit Kurbel durch den Arbeiter wie mit Motorenbetrieb in Thätigkeit gesetzt werden kann, ist ein Beispiel für die Richtung, in welcher sich verbesserte Webstuhlkonstruktionen und dienstbar gemachte Kraftquellen miteinander verbinden müssen.

So erscheint also auch bei Grothe die uns schon mehrfach aufgestoßene Anschauung von der Lebensfähigkeit der Hausindustrie, und es ist belehrend, von einem Technologen die Richtung angedeutet zu sehen, in welcher sogar eine Ausdehnung dieser Unternehmungsform mit Erfolg zu erwarten ist.

Eine förmliche „Theorie“ der Hausindustrie findet man in Stellmachers Inauguraldissertation „Ein Beitrag zur Darstellung der Hausindustrie in Rußland“ [1]. Diese verdienstliche Schrift, die auf Grund russischer Quellen ein anschauliches Bild von der Hausindustrie im Alexandrowschen Kreise des Gouvernements Wladimir entwirft und damit die russischen Verhältnisse überhaupt charakterisiert, macht den Versuch, in einem der Darstellung des Thatsächlichen vorausgehenden „theoretischen Teil“ die verschiedenen bekannten Ansichten und Auffassungen zu einer einheitlichen Lehre zusammenzufassen. Stellmacher unterscheidet zwei Hauptgruppen gewerblicher Unternehmungsformen, Kleinindustrie und Großindustrie. Die erstere stellt die Waren gewöhnlich auf direkte Bestellung der unmittelbaren Konsumenten am Orte her und setzt sie an diese direkt im Detail ab. Das ländliche Kleingewerbe, das städtische Handwerk, die sogenannten Wandergewerbe roher Kulturstufen gehören zu ihr. Die Großindustrie dagegen ist Massenproduktion, welche Waren in großer Menge anfertigt, ohne die vorhandenen Bedürfnisse der einzelnen genau zu kennen. Sie setzt nur im

---

[1] Riga 1886. Leipziger Promotionsschrift.

großen ab und ruft die Hülfe des Händlers für den Vertrieb ihrer Waren herbei. Sie zerfällt ihrerseits 1. in den sogenannten Fabrikbetrieb und 2. den hausindustriellen Betrieb. Ersterer ist örtliche Konzentration des gesamten Produktionsprozesses im geschlossenen Etablissement (so auch Schwarz). „Mit dem Namen Hausindustrie bezeichnen wir aber diejenige gewerbliche Betriebsart, wobei zahlreiche, oft eine Bevölkerungsgruppe bildende Arbeiter, welche sämtlich derselben Volksschicht angehören, in ihren zerstreut liegenden Behausungen oder in ihnen gehörenden kleinen Werkstätten mit Hülfe von Familienangehörigen oder Lohnarbeitern für den Absatz im großen bestimmte Waren anfertigen." Die Hausindustrie ist also, wenn wir den Kern dieser etwas schwerfälligen Auseinandersetzung festhalten, eine Unternehmungsform, welche im Gegensatz zu dem geschlossenen Etablissement in den Wohnungen der Arbeiter ausgeübt wird.

Innerhalb der Hausindustrie hält Stellmacher ferner auseinander 1. den hausindustriellen Betrieb auf Grundlage des Kaufsystems und 2. den hausindustriellen Betrieb auf Grundlage des Lohnsystems, indem er die schon von Schwarz hervorgehobenen Unterscheidungsmerkmale aufs neue vorbringt. Im ersteren Falle verkauft der Hausindustrielle „materielle Ware", im letzteren „Arbeit". Als eine Unterart dieser beiden Formen stellt er endlich die unselbständigen hausindustriellen Lohnarbeiter hin, „welche als Gehülfen, Gesellen, Lehrlinge im ausschließlichen Dienste eines hausgewerblichen Meisters oder Fabrikanten stehen und im Hause oder in der Werkstatt dieses arbeiten, von dem sie in allen Rohstoff und in den weitaus meisten Fällen die Geräte und Werkzeuge erhalten".

In Bezug auf die Auseinanderhaltung von Kaufsystem und Lohnsystem ist dasselbe geltend zu machen, was schon mehrfach, namentlich bei Schwarz, bemerkt ist. Stellmacher giebt übrigens selbst zu, daß im praktischen Leben beide Formen ineinander übergehen, wie denn z. B. manche Hausindustrielle teils aus ihnen übergebenem Material, teils aus ihrem eigenen Waren anfertigen. Häufiger wird wohl der andere Fall sein, daß der sogenannte Hausindustrielle auf Grundlage des Kaufsystems zugleich Handwerker ist, d. h. Kundenarbeit liefert. Ein Fortschritt gegenüber Schwarz läßt sich darin wahrnehmen, daß er die bei Schwarz getrennten hausindustriellen Betriebe durch selbständige und unselbständige Lohnarbeiter zu *einer* Form, nämlich der auf Grundlage des Lohnsystems überhaupt, vereinigt. Die Annahme einer Unterart zu jeder seiner beiden Formen Kaufsystem und Lohnsystem, nämlich die der unselbständigen Lohnarbeiter, scheint mir jedoch unzulässig, da ich in dem Arbeitsverhältnis derselben eine bestimmte Unternehmungsform nicht verkörpert finden kann. Der Geselle, welcher in der Werkstätte eines

Handwerksmeisters thätig ist, ist eben Handwerker. Also wird man auch die Gehülfen eines Hausindustriellen nicht anders wie als Hausindustrielle schlechtweg bezeichnen können. Zweifelhaft könnte man höchstens gegenüber denjenigen Personen werden, die für einen Hausindustriellen, von welchem sie den Rohstoff bekommen, in ihrer eigenen Behausung thätig sind. Indes selbst diese scheinen mir nichts anderes als Hausindustrielle auf Grundlage des Lohnsystems zu sein, nur daß der Arbeitgeber selbst wieder eine von einem andern abhängige Persönlichkeit ist.

Was Stellmacher im übrigen zur Charakteristik der Hausindustrie im allgemeinen (S. 19—23) vorbringt, scheint mir durchaus richtig.

Schließlich sei auf diejenige Erklärung hingewiesen, welche ich unter Aufnahme einer von Professor Gustav Schmoller in seinen Straßburger Vorlesungen über Gewerbepolitik gegebenen Definition[1] in einem Aufsatze „Die neuesten Forschungen über den Stand der Hausindustrie in Rußland"[2] aufgestellt habe. Unter Hausindustrie verstehe ich diejenige gewerbliche Thätigkeit, welche zu Hause nicht auf Bestellung von Kunden am Ort und für den lokalen Absatz, sondern regelmäßig für ein Geschäft oder für den Export, überhaupt für den Vertrieb im großen arbeitet. Das Unterscheidende der Hausindustrie vom Handwerk liegt in der Art des Absatzes und das Unterscheidende von der Fabrik in dem Ort der Beschäftigung der Arbeiter. Mit dem Handwerk hat die Hausindustrie die geringe Ausdehnung, die unbedeutende Verwendung von Hülfspersonen, mit der Fabrik die Großartigkeit des Vertriebs der fertigen Produkte, die nicht auf den Geschmack des einzelnen berechnet sind, sondern sich an jedermann wenden, gemeinsam. Ob dem Hausindustriellen das zu verarbeitende Rohmaterial seitens eines Geschäftes zugeht oder ob er es selbst liefert, das halte ich für ein nebensächliches Moment. Diejenigen kleinen Meister, welche zu Hause eigenes Material zum Verkauf an Geschäfte verarbeiten, würden meines Erachtens als Hausindustrielle anzusehen sein, immer vorausgesetzt, daß sie ausschließlich oder fast ausschließlich für den Unternehmer thätig sind. Ich betone mithin die Gestaltung der Absatzverhältnisse als das charakteristische Moment der Hausindustrie. Gerade durch sie wird die große ökonomische Abhängigkeit des Hausindustriellen, seine meist gedrückte Lage hervorgerufen. Der kleine

[1] Herr Professor Schmoller gestattet mir die in seinen Vorlesungen (1874/75) aufgestellte Definition hier wiederzugeben. „Unter Hausindustrie versteht man diejenige gewerbliche Thätigkeit, die in der Familie (zu Hause) oder auch in kleinen Werkstätten handwerksmäßig nicht für den lokalen Absatz, sondern für den Vertrieb im großen arbeitet." — [2] Russische Revue Bd. 22. S. 193—230.

Meister, der direkt für den Konsumenten thätig ist, wird gleichfalls sehr oft eine kärgliche Existenz fristen, er wird vielleicht wenig verdienen, aber er wird wenigstens nicht von dem ihm zukommenden Lohn einen Teil in die Taschen anderer wandern sehen. Dagegen wird der Hausindustrielle beeinträchtigt und an seinem Arbeitslohne gekürzt dadurch, daß nicht nur der Kaufmann, der Fabrikant für den von ihm übernommenen Absatz der Erzeugnisse eine Vergütung verlangt, sondern auch in nicht wenigen Fällen sich zwischen Unternehmer und Arbeiter eine Zwischenperson, der Faktor, Fercher u. s. w., einstellt. Gerade das ist der Krebsschaden der Hausindustrie. Hier zeigt sich klar, wie Lexis sagt[1], daß das Übergewicht des Kapitals über die Arbeit keineswegs immer dadurch bedingt ist, daß das erstere sich im Besitze des Produktionswerkzeugs und Rohstoffs befindet, sondern daß es oft lediglich als Vermittler des Absatzes in einer wesentlich kaufmännischen Rolle den kleineren Produzenten und indirekt den diesen unterstehenden Lohnarbeitern seine Bedingungen diktieren kann. Diese Bedeutung, welche die Absatzvermittelung für die Hausindustrie hat, verleiht ihr neben dem Umstande, der in ihrer Bezeichnung ausgedrückt liegt, das eigentümliche Gepräge.

Ist diese Vorstellung von der Hausindustrie im allgemeinen die richtige, so gestaltet sich dieselbe für Rußland allerdings anders, und es muß zwischen einer westeuropäischen und slavischen Hausindustrie unterschieden werden. Die oben erwähnte Auseinanderhaltung der Hausindustrie verschiedener Länder, wie sie auf dem internationalen statistischen Kongreß vorgenommen wurde, hat in der That einiges für sich. Jene Verbindung der Hausindustrie mit der Landwirtschaft, welche im Westen Europas nicht gerade häufig ist, ist im Osten fast immer vorhanden. In Rußland giebt es kaum eine Hausindustrie, die für sich allein, unabhängig von der Bestellung des Bodens, betrieben wird. Vielmehr sind es stets Bauern, welche ein Gewerbe gleichzeitig ausüben. Unter der Hausindustrie in Rußland müßte man demnach verstehen diejenige gewerbliche Thätigkeit, welche von einer Person, die zugleich der Landwirtschaft obliegt, nicht auf Bestellung von Kunden am Ort und für den lokalen Absatz, sondern für ein Geschäft oder für den Export, überhaupt für den Vertrieb im großen ausgeübt wird. Der Unterschied gegen das städtische Handwerk liegt hier nach der Seite der Vereinigung mit dem Ackerbau, gegen das Landhandwerk in der Art des Absatzes.

Wie russischerseits das Wesen der Hausindustrie aufgefaßt wird, das auseinanderzusetzen gehört nicht mehr hierher. Interessenten darf ich auf meine genannte Abhandlung verweisen.

[1] a. a. O. S. 674.

Überblickt man alle die vorstehend nacheinander aufgeführten Erklärungen der Hausindustrie seitens der Männer, die als Theoretiker bezeichnet worden sind, weil sie nicht aus eigener Anschauung Hausindustrie schildern, sondern über sie im allgemeinen sprechen, ohne ihre persönlichen Erfahrungen dabei zur Grundlage zu machen, so wird man gewahr, daß allerdings im Wortlaut eine Einigkeit über den Begriff der Hausindustrie noch nicht erzielt ist, aber das Wesen derselben doch von fast allen richtig verstanden und gezeichnet wird. Nur die auf der Wiener Weltausstellung und auf dem internationalen statistischen Kongreß geltend gemachten Auffassungen — abgesehen von der Ernst Engels — schießen über das Ziel hinaus, sofern eine neue Nomenklatur geschaffen werden sollte und die Begriffe „Hausarbeit“ und „Hausindustrie“, die doch miteinander nichts zu thun haben, in zu nahen Zusammenhang gebracht wurden. Im übrigen findet man, daß mit mehr oder weniger Deutlichkeit, mit mehr oder weniger Strenge die charakteristischen Eigentümlichkeiten dieser Unternehmungsform gegenüber der handwerks- oder fabrikmäßigen festgehalten erscheinen. Diese aber sind Massenproduktion, Arbeit im Hause, Absatz außerhalb des Produktionsortes durch Vertrieb im großen. Die gelungensten Erklärungen sind wohl die von Schmoller und Held. Von einer Beeinflussung der Schriftsteller untereinander liegen keine Zeugnisse vor, und es läßt sich bei den einzelnen nicht erkennen, ob sie an einen ihrer Vorgänger und an welchen besonders sie sich angeschlossen haben. Während in dem Schönbergschen Handbuche auch die theoretischen Aufsätze Erwähnung finden, nimmt Roscher nur auf die praktischen Schilderungen von Hausindustrieen Rücksicht, auf die er zur Erhärtung seiner Behauptungen sich bezieht. Die eingehendsten theoretischen Auseinandersetznngen lieferten Schwarz und Stellmacher. Dem ersteren gebührt das große Verdienst, zuerst auf das Wesen dieser Unternehmungsform hingewiesen und dieselbe in einer Weise begrenzt zu haben, die noch heute in mehr als einer Beziehung als zutreffend bezeichnet werden muß. Stellmacher bietet einen guten zusammenfassenden Überblick über die Leistungen seiner Vorgänger, ohne in den eigenen Aufstellungen wesentlich Neues zu bieten.

§ 2. Die Schriften der Praktiker.

Ad. von Daniels 1808. — Alex. Schneer und C. G. Kries 1844/45. — Meitzen 1849. — Bruno Hildebrand 1864. — Mülmann. — Jacobi 1857. — Bavaria. — Julius Schmidt 1869. — Ed. Tobisch, Ad. Held, Trenkle 1874. — v. Hirschfeld 1874/75. — Barthold und Fürstenau, Nöggerath 1876. — Gewerbeindustrie ꝛc. des Meininger Oberlandes (anonym) 1876/78. — Alex. Ziegler 1878. — Alphons Thun 1879. — Em. Sax 1882/88. — Schnapper-Arndt 1883. — Louis Bein 1884. — Karl Kärger 1886. — Frankenstein 1887. — de Vries und Focken 1881. — Muschelindustrie des Vogtlandes 1883. — Georg Schanz 1884. — Alfred Zimmermann 1885. — Handels- und Gewerbekammerberichte. — Mitteilungen aus den Jahresberichten der mit Beaufsichtigung der Fabriken betrauten Beamten.

Wie aus dem ersten Paragraphen ersichtlich, ist eine völlige Übereinstimmung über den Begriff „Hausindustrie“ noch nicht erzielt. Demgemäß treten auch in den Schilderungen und Beschreibungen einzelner hausindustrieller Zweige merkliche Abweichungen darin zu Tage, welche Unternehmungsformen eigentlich zur Hausindustrie gerechnet werden und welche nicht.

An derartigen Monographieen über einzelne Hausindustrieen oder die sämtlichen Hausindustrieen einer bestimmten Gegend herrscht bis jetzt noch Mangel. Bis vor kurzem war weder der Versuch gemacht, die ganze Hausindustrie im Deutschen Reiche statistisch zu erfassen, noch auch den praktischen Verhältnissen einzelner Zweige eingehende Aufmerksamkeit zugewandt worden. Vor 12 Jahren mußte Viktor Böhmert auf dem internationalen statistischen Kongreß die Wichtigkeit und Notwendigkeit solcher Arbeiten noch besonders betonen. Hauptgruppen und Haupttypen in verschiedenen Gegenden und Gemeinden, wo sich die Hausindustrie eigentümlich entwickelt habe und einen ganz besonderen Charakter einer Gegend bilde, sollten nach seiner Ansicht herausgegriffen und beschrieben werden. Es müssen, so sagte er, die Kulturverhältnisse, die ländlichen Zustände, die Fabriks- und Handwerksverhältnisse, das ganze Bevölkerungsverhältnis dargelegt werden[1]. Trotzdem diese ohne Zweifel richtige Auffassung einen Widerspruch in der Versammlung nicht fand, hat es doch geraume Zeit gedauert, bis sich Persönlichkeiten fanden, die sie in praxi zu bethätigen geneigt waren und auf Grundlage eigener über längere oder kürzere Zeit ausgedehnter Beobachtungen die gewünschten Schilderungen unternahmen. Die Zahl derselben hat sich in der letzten Zeit gemehrt und wir besitzen gegenwärtig dank dem Eifer, mit

[1] Travaux du congrès de Budapest S. 418, 419.

dem diese Forscher ihrer Aufgabe sich hingaben, einige höchst bemerkenswerte Untersuchungen. Indes, wie sehr dieselben unsere Erkenntnis gefördert haben, der Wunsch nach vollständigerer Erfassung dieser Erscheinungen liegt nahe genug, und so kann man dem Verein für Soicalpolitik nur danken, daß er die weitere Sammlung von Material in die Hand genommen hat.

Der erste dieser von mir als „Praktiker" (weil sie eine auf Augenschein und praktische Erfahrung gegründete Schilderung hausindustrieller Zustände geben) bezeichnete Schriftsteller, ist meines Wissens Adam v. Daniels in seiner Schrift: „Vollständige Beschreibung der Schwert-, Messer- und übrigen Stahlfabriken zu Solingen im Herzogthume Berg", die im Jahre 1802 als Manuskript gedruckt, 6 Jahre später[1] dem Buchhandel übergeben wurde. Daniels, damals Stadtschultheiß in Düsseldorf, gebraucht zwar den Ausdruck „Hausindustrie" nicht, sondern spricht von Fabrik- und von Handwerkverfassung. Aber er charakterisiert diejenige Unternehmungsform, die er beschreibt, genau nach den Erkennungszeichen, die wir heute für die Hausindustrie als maßgebend ansehen, so daß ein Zweifel nicht entstehen kann. Die Bezeichnung „Fabrik" faßt er im weitesten Sinne und sie bedeutet ihm die gewerbliche und kommerzielle Thätigkeit schlechthin. Zu den „Fabrikanten" rechnet er sowohl die privilegierten Kaufleute als auch die Handwerksleute. „Beide Klassen haben gleichen Anteil an der Fabrike. Die ersteren lassen die Materialien kommen, teilen diese unter die Handwerksleute aus und lassen die Arbeit von denselben stückweis verfertigen"[2]. Der Absatz der produzierten Messer, Klingen u. s. w. wird nicht am Orte gesucht, sondern mit Hülfe der Kaufleute in weiter Ferne. „Diese Waren gehen nicht nur durch ganz Europa, sondern auch in großer Menge nach anderen Weltteilen, hauptsächlich nach Ost- und Westindien, nach den amerikanischen Kolonieen, nach der Barbarey (sic!) und Arabien"[3]. Die Festsetzung der Lohnverhältnisse ist Gegenstand mannigfacher Verhandlungen zwischen beiden interessierten Parteien und die Art der Lohnzahlung läßt bereits Auswüchse erkennen, wie sie noch heute dem hausindustriellen System ankleben und nicht ganz haben beseitigt werden können. Solange der Handwerker seine Erzeugnisse selbst verkaufte, scheint Veranlassung zur Klage über unzureichenden Gewinn nicht vorhanden gewesen zu sein. Die Handwerker, die mit ihren Leistungen aufeinander angewiesen waren, bezahlten sich gegenseitig hinlänglich. Der Schwertfeger verkümmerte dem Schleifer oder Schmied seinen Lohn nicht, und wenn Uneinigkeiten vorkamen, so entschied das Gericht der Sechsmanne. Als nun aber zu Ende des 17. Jahrhunderts der Handel sich soweit aus-

[1] Düsseldorf 1808. J. H. C. Schreiner. — [2] S. 48. — [3] S. 49.

dehnte, daß die handelnde Klasse von der arbeitenden sich völlig absonderte und „einen besonderen und vornehmeren Teil der Fabrik unter dem Namen von privilegierter Kaufmannschaft darstellte, worunter sich nun mehrere Handwerker begaben, die sich durch ihren Fleiß soviel erworben hatten, daß sie nun die Arbeit völlig beiseite setzen und sich dem ausländischen Handel einzig und allein widmen konnten"[1], änderte sich das Bild. Die Handwerker wünschten bald den Lohn einseitig zu erhöhen und die Kaufleute weigerten sich des. Überdies nahmen die letzteren die Gewohnheit an, den Arbeitslohn statt in barem Gelde in Waren auszuzahlen. Bereits Verordnungen aus den Jahren 1654 und 1687[2] verbieten den Gebrauch der Bezahlung mit „Winkelswaren" anstatt baren Geldes, mit Ausnahme der Handwerksmaterialien, welche der Arbeiter brauchte, wie Stahl, Eisen, Kohlen, Öl, Schmirgel, Pockholz, Knochen u. s. w. Diese Artikel durfte der Kaufmann dem Handwerker gegen billige Preise auf den verdienten Lohn in Abrechnung bringen. Solche Zustände bedangen wiederholte Vereinbarungen über die Lohnhöhe zwischen beiden Parteien — die sogenannten Lohnsatzordnungen, die aber allen Übelständen nicht abzuhelfen vermochten.

Nach dem Erscheinen von Daniels' Schrift vergeht eine lange Zeit, ohne daß in der Litteratur auf das Vorkommen derartiger Unternehmungsformen wie in Solingen auch an anderen Orten hingewiesen wird. Dann sind es endlich die hausindustriellen Weber, denen sich die Aufmerksamkeit zuwendet. Bowring in seinem Bericht über den deutschen Zollverband[3] sucht die Zahl der Webstühle derjenigen Personen in Preußen zu bestimmen, die eigentlich Ackerbau treiben — „welche das Manufakturleben mit dem landwirtschaftlichen vereinigen", und der Lage der Weber sind die beiden kleinen Schriften von Alex. Schneer und C. G. Kries gewidmet. Der erstere erstattete an das Komitee des Vereins zur Abhülfe der Not unter den Webern und Spinnern in Schlesien einen Bericht über „Die Not der Leinenarbeiter in Schlesien und die Mittel ihr abzuhelfen"[4], der letztere schrieb über „Die Verhältnisse der Spinner und Weber in Schlesien"[5].

Der schlesische Leinenweber ist nach Schneer ein Handwerker oder Fabrikant mit Gehülfen und Gesinde, der das Garn selbständig einkauft und an Markttagen die Leinewand an Kaufleute verkauft. Ob gleichzeitig Absatz an Kunden stattfindet, wird nicht erwähnt, ist aber wahrscheinlich.

An diese beiden Arbeiten, die kurz nacheinander erschienen, schloß sich Meitzens Doktordissertation über die Uhrenindustrie des Schwarzwaldes[6].

---

[1] a. a. O. S. 102. — [2] a. a. O. S. 106. — [3] Deutsch von Buek, Berlin 1840. — [4] Berlin 1844. — [5] Breslau 1845. — [6] 1849.

Damit wäre dann für beinahe zwei Jahrzehnte das Interesse völlig erschöpft gewesen, wenn nicht einige meist freilich in Kürze gehaltene Schilderungen einzelner Industrieen oder Bezirke in größeren Werken allgemeineren Inhalts, nicht speciell der Hausindustrie gewidmeten Büchern vorhanden wären. So beschrieb Bruno Hildebrand die Wollenindustrie Apoldas in seinen Jahrbüchern[1]. Die Wirkermeister in Apolda haben ihre Wirkerstühle in ihren eigenen Wohnungen, erhalten Muster und Garne von dem Fabrikanten und fertigen mit ihren Gesellen und Lehrlingen die bestellten Waren für die accordierten Preise in ihrem Hause an, so daß dem Fabrikanten nur die Anfertigung der Muster und die Arbeit der Prüfung, Sortierung, Appretierung, Etikettierung und Verpackung der fertigen Waren zufällt. Der Fabrikant ist Fabrikunternehmer, der die Garne aus den Spinnereien bezieht und die Waren durch die Wirker anfertigen läßt, und zugleich Kaufmann, der die Fabrikate als Großhändler selbst vertreibt. Hildebrand „rühmt als unverkennbare Vorzüge" dieser Apoldaer Hausindustrie, daß sie das Familienleben der arbeitenden Klassen nicht zerstöre, den Eltern die Pflege ihrer Kinder nicht unmöglich mache und vielen Witwen und Waisen Nahrung gewähre, die ohne sie der öffentlichen Armenunterstützung anheimfallen würden. Eine Schattenseite erblickt er in den sittlichen Gefahren, welchen die alleinstehenden und arbeitenden Wirkermädchen ausgesetzt sind.

Auf die Kleineisen- und Stahlwarenindustrie in Remscheid und Solingen lenkte Otto von Mülmann in seiner Statistik des Regierungsbezirks Düsseldorf[2] das Interesse. Die Arbeitsteilung hat hier zur Trennung der Arbeiter nach ihren Leistungen als Schmiede, Schleifer, Härter, Ätzer, Damascierer, Polierer und Fertigmacher geführt. Alle diese arbeiten für die sogenannten „Fabrikanten", die in ihrer eigenen Werkstätten nur die Prüfung und letzte Vollendung der Waren vornehmen. Den Rohstoff liefert der „Fabrikant" nur dann, wenn es weniger auf schöne geschmackvolle Form als auf innere Güte ankommt, wie bei Messern, Scheren u. dergl. Den Vertrieb besorgen diese Fabrikanten nicht selbst, sondern derselbe liegt, besonders in der Remscheidter Industrie, ganz in den Händen einiger Handlungshäuser, der „Fabrikkaufleute", die den Absatz im großen nach allen Ländern der Welt vermitteln und selten selbst fabrizieren lassen. Mit Ausnahme der Fertigmacher, welche in Remscheid und Solingen selbst ihren Sitz haben, wohnen die Arbeiter in den umliegenden Dörfern und

---

[1] Bd. 2 (1864) S. 310—312. — [2] Als dritter Teil der Gewerbestatistik von Preußen. 1864—1867. 2 Bände.

verbinden mit ihrer gewerblichen Thätigkeit den Betrieb von Landwirtschaft. Die Ware muß auf diese Weise nicht nur durch mehrere Hände, sondern auch von einem Ort zum andern, wobei sie jedoch zur Prüfung immer wieder in das Haus des Fabrikanten kommt, so daß dieser mit den einzelnen Arbeitern direkte Fühlung behält.

Über die in den Kreisen Altena und Hagen einheimische Schmiedeindustrie hatte schon früher sich L. H. W. Jacobi in der Statistik des Regierungsbezirks Arnsberg geäußert[1]. Mit nur geringen Abweichungen von der oben geschilderten Organisation erscheint die dortige Fabrikation gleichfalls in der Form der Hausindustrie. Die Vermittelung des sogenannten „Fabrikanten" fällt hier fort, indem der Kaufmann in direkten Verkehr mit dem Arbeiter d. h. dem selbständigen Handwerksmeister tritt, die Kontrolle der Arbeit und die etwaige Lieferung des Rohmaterials selbst übernimmt. Wenn nach dem jedesmaligen Arbeitsverhältnis der Schmied das Material selbst liefern muß, so entnimmt er es notgedrungen vom Kaufmann, welcher ihm Bestellungen giebt, wird aber hierbei nicht selten an seinem bedungenen Lohne verkürzt. Jacobi betonte die Notwendigkeit des Überganges dieser zunächst auf reiner Handarbeit beruhenden Industrie zum Fabrik- und Maschinenbetrieb. Dies scheint in der That eingetroffen zu sein, denn nach der Reichsgewerbestatistik waren im Regierungsbezirk Arnsberg unter 6628 Industriellen, welche sich mit der Verfertigung von eisernen Stiften, Nägeln, Schrauben, Nieten, Ketten, Drahtseilen u. s. w. befaßten, nur noch 823 Hausindustrielle[2]. In der Verfertigung von eisernen Kurzwaren und unter den Zeug-, Kessel- und Sensenschmieden waren unter 9865 Gewerbetreibenden 1327 Hausindustrielle[3].

Gleichfalls kleineren Schilderungen hausindustrieller Distrikte begegnet man in dieser Zeit in der Bavaria, Landes- und Volkskunde des Königreichs Bayern. Die oberfränkische Baumwollenweberei, Stickereiindustrie und Korbflechterei, sowie die Verhältnisse des Nürnberg-Fürther Industriebezirks fanden Berücksichtigung[4].

Den Mittelpunkt der ersteren bildet Hof, für dessen Fabrikanten unter Vermittelung von Faktoren besonders die Bezirke von Selb, Rößlau und Marktleuthen arbeiten. Die Weber, welche den Namen „Meister" führen,

---

[1] Als 1. Band der Gewerbestatistik von Preußen 1857. — [2] Statistik des Deutschen Reichs. N. F. Bd. 7 I S. 123. — [3] ebenda I S. 135. — [4] 1864—65 Bd. 3, I. Abth. Oberfranken, S. 456. Aufsatz v. Fentsch; über Nürnberg schrieb Dr. Beeg. Nach einem Citat bei Schwarz, Tübinger Zeitschrift Bd. 25 S. 566, 587, 599, 611.

sind thatsächlich nur Hülfsarbeiter der Fabrikanten, für welche sie samt und sonders beschäftigt sind. Von ihnen erhalten sie das Webematerial; ein beträchtlicher Teil der Landmeister arbeitet nicht einmal auf eigenen Stühlen, sondern erhält dieselben vom Fabrikanten, so daß er in gewerblicher Beziehung die Rolle eines Gesellen spielt, welcher im Stücklohn arbeitet.

Von dem Nürnberg-Fürther Industriebezirk sagt Dr. Beeg, daß die Erzeugung eines großen Teils der Waren fabrikartig, aber doch auch zugleich handwerksmäßig vor sich geht. Für viele kleine Handwerksartikel hat sich dabei ein eigentümliches Absatzverhältnis ergeben, indem der Kaufmann des Orts den Absatz vermittelnd eintritt. Er empfängt die auswärtigen Aufträge und bestellt ihre Ausführung bei den verschiedenen Werkstätten. Seine Thätigkeit ist aber nicht als die eines bloßen Kommissionärs anzusehen, denn er läßt vieles auf Spekulation anfertigen, hält häufig Lager und versorgt die Gewerbsleute gelegentlich mit neuen Mustern. Er ist also gewissermaßen Fabrikherr, obwohl die für ihn arbeitenden Personen unabhängige Leute sind, die seine Aufträge annehmen oder ablehnen können. Solche Verleger giebt es sowohl in Nürnberg wie in Fürth.

Die oberfränkische Korbflechterei [1] ist in den Ämtern Lichtenfels, Bamberg und Kronach konzentriert. Die frühere Selbständigkeit der Arbeiter ist insofern in die Brüche gegangen, als der Vertrieb der Waren von einigen größeren Kapitalbesitzern übernommen ist. Diese heißen zwar „Fabrikanten“, haben aber nur den kaufmännischen Teil des Geschäfts in Händen. Sie sorgen für den Bezug des Rohmaterials, welches teilweise aus Schlesien, Brandenburg, selbst von Frankreich kommt, und liefern dasselbe den „Kleinarbeitern“ zum Kaufe oder gegen Abzug am Lohn. Die Waren werden nur zum kleinern Teile in Deutschland verkauft; sehr viel wird nach der Schweiz, nach Frankreich, Spanien, Belgien, Holland und Schweden ausgeführt.

Erst im Jahre 1868 kam eine „hausindustrielle“ Arbeit zum Vorschein — die Geschichte der Serpentin-Industrie zu Zöblitz im sächsischen Erzgebirge von Julius Schmidt [2] — und nun dauerte es wieder mehrere Jahre, bis aufs neue die Aufmerksamkeit auf die Pflanzstätten der Hausindustrie in Sachsen, in den Rheinlanden, auf dem Schwarzwalde hingewiesen wurde. Der sächsischen Hausindustrie überhaupt galten Professor Ed. Tobisch' „Industrielle Wanderungen im Erzgebirge“ [3]. Professor Adolf Held skizzierte in Reisebriefen an die Redaktion der Konkordia [4] die Lage der hausindustriellen Handweber in sächsischen Städten,

[1] Vergl. weiter unten S. 34 Sax' Schrift. — [2] Dresden 1868. — [3] Reichenberg 1874. — [4] Jahrg. 1874. S. 61, 80.

der Posamentierer und der Spitzenklöppelei sowie verwandter Arbeit in Städtchen und Dörfern des Erzgebirges. Er fand die socialen Verhältnisse der ersteren allerdings beschwerlich, in den letzteren aber im ganzen zufriedenstellend. Dem Schwarzwalde galt Trenkles Geschichte der Schwarzwälder Industrie von ihrer frühesten Zeit bis auf unsere Tage[1]. Einen Zweig der sächsischen Hausindustrieen beschrieben Barthold und Fürstenau in ihrer Schrift über „Die Fabrikation musikalischer Instrumente und einzelner Bestandteile derselben im Königlich-Sächsischen Vogtlande[2]. Auf die rheinische Hausindustrie wies G. v. Hirschfeld in mehreren Artikeln in der „Konkordia", Jahrgang 1874 und 1875,[3] hin. Er bezeichnete als Hausindustrie diejenige gewerbliche Thätigkeit, bei welcher der Arbeiter in seiner Wohnung beschäftigt ist und also in der doppelten Eigenschaft des Arbeiters (seinem Arbeitgeber gegenüber) und des kleinen Unternehmers (im Verhältnis zu den bei ihm weiter beschäftigten Gehülfen) auftritt. Seine Schilderungen erstreckten sich auf die Weberei, die Wirkerei, Riemendreherei, Eisenindustrie. Die erstere wurde ausführlich in eingehenden Tabellen statistisch dargestellt; die letzteren wurden kürzer behandelt. Der Verfasser urteilt im ganzen günstig über die Hausindustrie. Als ein hauptsächlicher Vorzug erscheint ihm die Lokalisierung der Industrie und das örtliche Nebeneinanderbestehen verschiedenartiger Industriezweige, welches bei eintretenden ungünstigen Konjunkturen einen schnellen Übergang der Arbeiter zu verwandten Beschäftigungen gestatte und dadurch nicht nur die Industrie selbst diese ungünstigen Konjunkturen und Stockungen leichter überwinden lasse, sondern auch dem Arbeiterstande eine gesicherte Existenz für den Fall derartiger Kalamitäten gewährleiste[4]. Über die Aussichten der Hausindustrie auf weiteres Fortbestehen bemerkt er, daß die Hausweberei auf Baumwolle und Wolle sich zu Gunsten der Fabrikweberei erheblich verringere, dagegen im Gebiete der Seiden- und Sammetbranche, der Bandwirkerei, der Riemendreherei, der Eisenindustrie eher eine Erweiterung derselben sich wahrnehmen lasse.

Die Achat-Industrie im Oldenburgischen Fürstentum Birkenfeld fand in G. A. Nöggerath einen Darsteller[5]. Seit sehr alter Zeit, etwa seit dem 15. Jahrhundert, hat die Verarbeitung der in der Umgegend von Oberstein und Idar gefundenen Achate begonnen. Neuerdings — seit 1834 — wird der Rohstoff aus Brasilien importiert. In der älteren

---

[1] Karlsruhe 1874. — [2] Leipzig 1876. — [3] Jahrg. 1874. S. 140, 145, 148, 152, 160, 169, 179; Jahrg. 1875. S. 6, 9, 13. — [4] Jahrg. 1874. S. 145. — [5] Berlin 1876. In Virchow u. Holtzendorffs Vorträgen, 11. Serie, Heft 264.

Periode scheinen die Schleifer und Bohrer mit den von ihnen angefertigten Produkten hausieren gegangen zu sein. Schon im Jahre 1780 aber bilden die mittlerweile aufgekommenen Goldschmiede, welche die geschliffenen Achate in Silber und Tombak faßten, einen eigenen Handelsstand, der bei den selbständigen Meistern arbeiten ließ und mit den Fabrikaten die Frankfurter und Leipziger Messe bezog. Diese Unternehmungsform ist dann die herrschende geworden. Den Absatz der Waren vermitteln Obersteiner Kaufleute, entweder in dem sie direkt bei den Hausindustriellen bestellen oder jeweilig größere Massen aufkaufen. Nach einer neueren Mitteilung[1] sollen seit dem Frühjahr 1883 infolge des veränderten Modegeschmacks die Schleifmühlen allmählich stehen bleiben, so daß man es hier mit einer abwärtsgehenden Hausindustrie zu thun hat.

Neben Schwarzwald und Sachsen kam schließlich die thüringische Hausindustrie zur Geltung. In der Schrift „Gewerbe, Industrie und Handel des Meininger Oberlandes in ihrer historischen Entwicklung", von der bis jetzt m. W. nur 5 Lieferungen ausgegeben sind, wurde sie zuerst geschildert[2]. Schwerdts industrielles und kommerzielles Thüringen, das schon im Jahre 1867 erschien, ging nicht eigentlich auf die Charakterisierung hausindustrieller Verhältnisse ein, sondern ist mehr als ein Nachweis der gesamten thüringischen gewerblichen Produktion zu betrachten. Die thüringische Meerschaum-Industrie fand in Alex. Zieglers Geschichte des Meerschaums mit besonderer Berücksichtigung der betreffenden Industrie zu Ruhla in Thüringen[3] ihren Darsteller, nachdem gelegentlich in den Mitteilungen aus dem Statistischen Bureau des Herzoglichen Staatsministeriums zu Gotha bereits im Jahre 1866 auf die in Ruhla und 8—10 umliegenden Dörfern seit dem Jahre 1833 einen Aufschwung nehmende Tabakspfeifen-Industrie hingewiesen und die Statistik der Fabrikation und des Exports aufgestellt worden war. Die Entwicklung dieser Industrie in Thüringen ist um so merkwürdiger, als alle Grundbedingungen fehlen. Der Meerschaum muß aus Kleinasien, der Bernstein von der Ostsee, Weichselrohr aus Baden bei Wien, Messingblech aus Augsburg oder Kassel, Harze aus den ostindischen Wäldern, Cedernholz vom Libanon, Bruyereholz aus den Pyrenäen, Birken- und Buchsbaumholz aus Schweden herbeigeschafft werden.

Diese älteren Werke zur Charakteristik der Hausindustrie in Deutschland lassen, soviel Belehrung man ihnen auch im einzelnen entnehmen

---

[1] Kölnische Zeitung 1883 Nr. 164 Drittes Blatt v. 15. Juni. — [2] Hildburghausen 1876—78. — [3] 1. Aufl. Dresden 1878, 2. Aufl. ebenda 1883.

mag, im ganzen zu wünschen übrig. Sie bieten nicht im Böhmertschen Sinne Vollbilder einzelner Hausindustrieen oder der Hausindustrieen ganzer Bezirke. Einige von ihnen sind geschichtlich; andere erscheinen fast als Nachschlagebücher; dritte berühren nur die technischen, weniger oder gar nicht die wirtschaftlichen Seiten. Erst im letzten Jahrzehnt sind Untersuchungen veröffentlicht worden, die nach allen Richtungen vollkommen befriedigen und getreue vollständige Schilderungen der fraglichen Unternehmungsform geliefert haben. Diese neueren Werke zeichnen sich durch liebevolle Versenkung und große Hingabe an den Gegenstand aus, den sie in thunlichster Ausdehnung zu erfassen bemüht gewesen sind. Die Autoren derselben haben ihre Studien an Ort und Stelle gemacht und geben teils ihre eigenen Beobachtungen und Eindrücke wieder, teils die aus der Befragung ortskundiger Männer gewonnene Belehrung und die aus archivalischen Forschungen gezogene Kunde. Sie verfolgen die geschichtliche Entwicklung des betreffenden Industriezweiges, sie schildern in ausführlicher Weise die gegenwärtigen Zustände, sie suchen den Interessen der Nationalökonomie und der Technik gleichmäßig gerecht zu werden. Kurz in diesen neuen Schriften ist ein Material zusammengetragen, wie es besser und vollständiger zum Verständnis unserer Unternehmungsform kaum geboten werden könnte.

Der erste, der hier bahnbrechend aufgetreten ist, war Alphons Thun in seinem zweibändigen Werke „Die Industrie am Niederrhein und ihre Arbeiter“ [1]. Er schildert die Tuchindustrie im Aachener Bezirk, die linksrheinische Seiden- und Sammet-Industrie, die Baumwollen-Industrie in Gladbach und Rheydt, die Solinger und Remscheider Metallwaren-Industrie und die Textilindustrie in Elberfeld und Barmen. Zu der letzteren sind zu rechnen die Garnnahrung, d. h. das Bleichen und Zwirnen von Garn, die Zwirnerei, die Färberei, Leinen-, Baumwollen-, Seiden-, Wollen-Weberei und Weberei gemischter Stoffe, die Bandwirkerei und Riemendreherei. Bei ihm finden wir — was für seine Nachfolger nicht gilt — am Schluß einige Bemerkungen zur Systematik gewerblicher Unternehmungsformen [2]. Er sagt von der Hausindustrie, daß sie von kleinen selbständigen Meistern betrieben wird, die nicht Unternehmer, sondern Lohnarbeiter eines Kaufmanns oder Verlegers sind, der ihnen den Rohstoff liefert, die Muster angiebt und für sie die fertigen Waren vertreibt. Das Betriebskapital für den Ankauf der Materialien, den Verkauf von Waren, die Zahlung der

[1] Leipzig 1879 in den Schmollerschen Staats- und socialwissenschaftlichen Forschungen, Bd. II 1. Teil X, 218 S., 2. Teil VIII, 262 S. — [2] Teil 2 S. 241 und folgende.

Arbeitslöhne ist in das Eigentum der Unternehmer übergegangen, das Anlagekapital dagegen in Gestalt von Werkstätte und Werkzeug in Händen der Lohnarbeiter verblieben, die zugleich häufig einen altererbten oder aus der Landwirtschaft herübergeretteten außerindustriellen Besitz eines Häuschens und Gartens haben. Von der Hausindustrie führt die Entwicklung zur Fabrik. „Die oft mit der Wohnung vereinigten Werkstätten der Handwerker und hausindustriellen Meister sind klein, erweitern sich aber unmerklich zu Etablissements, deren Größe man durch die Arbeiterzahl und mechanischen Kräfte zu charakterisieren versucht. Ebenso fließend sind die Übergänge vom Hand- zum Maschinenbetrieb; völlig hat der letztere gesiegt, wo sowohl der Motor wie die Arbeits- und Werkzeugsmaschinen mechanisch sind“ [1]. Die Thunsche Vorstellung der Hausindustrie geht somit dahin, daß sie einen Kleinhandbetrieb repräsentiere, der in voller Abhängigkeit von einem Kaufmann oder Fabrikanten sich befindet.

Man wird dieser Auffassung sich in der Hauptsache anschließen können; es ist aber zu beachten, daß Thun der hausindustriellen Unternehmungsform scharfe Grenzen nicht zieht, sondern dieselben fließende sein läßt. Sie ist eine Übergangsform vom Handwerk zur Fabrikindustrie, die bald mehr von dem ersteren, bald mehr von der letzteren annimmt. Wenn er z. B. die Hausindustrie im wesentlichen als Handbetrieb kennzeichnet, so ist doch nach ihm nirgends die Benutzung von Maschinen als geradezu ausgeschlossen anzusehen. Irreführend ist die Bezeichnung „kleine selbständige Meister“, die auf den Hausindustriellen, sowie Thun ihn schildert, sowenig zu passen scheint wie auf den Fabrikarbeiter. Der Hausindustrieelle auf Grundlage des Kaufsystems (Schwarz) würde diese Benennung rechtfertigen; aber dieser würde nach Thuns Erklärung der Hausindustrie zu dieser gar nicht zu rechnen sein.

Der Hausindustrie in Thüringen und teilweise der im bayrischen Kreise Oberfranken vorhandenen sind die in langen Zwischenpausen von 1882 bis 1888 erschienenen wirtschaftsgeschichtlichen Studien von Dr. Emanuel Sax gewidmet [2]. Sax schildert die Holz- und Spielwaren-Industrie, die Schiefergriffel- und -tafelindustrie und die Glasindustrie im Meininger Oberlande (Kreis Sonneberg), die Meerschaumindustrie in Ruhla, die Holzschnitzerei und Korkindustrie im Eisenacher Oberlande, die Korbflechterei im Koburgischen, die Phosphorzündhölzcheninidustrie in Neustadt am Rennsteig, die Töpferei in Bürgel und die Korbwarenindustrie in Oberfranken. Wie

[1] a. a. O. S. 244. — [2] In Conrads Sammlung nationalökonomischer und statistischer Abhandlungen des staatswissenschaftlichen Seminars zu Halle, Band 2 Heft 7, 8, 9.

diese Aufzählung ergiebt, ist nicht die gesamte thüringische Hausindustrie zur Darstellung gelangt. Die Wirkwaren- und Textilindustrie von Apolda-Mühlhausen, die Waffenfabrikation und Kleineisenindustrie von Suhl, Schmalkalden und Zella-Mehlis, sowie einige andere kleinere Industriezweige fehlen. Von den geschilderten Gewerbszweigen sind zwei, nämlich die Zündhölzchenfabrikation und die Töpferei, nicht eigentlich als Hausindustrieen anzusehen, sofern die Abhängigkeit von einem Unternehmer oder Verleger fehlt. Die Leute kaufen auf eigene Rechnung ihren Rohstoff ein und vertreiben die fertigen Erzeugnisse selbständig im Umherziehen oder durch Befahren von Märkten. Allerdings kommt es bei den Töpfern vor, daß sie an Aufkäufer, meistens hessische Hausierer, en gros verkaufen, z. B. einen ganzen Brand in Bausch und Bogen ohne Rücksicht auf Zahl und Art der einzelnen Stücke oder die Reste der auf die Märkte gebrachten und nicht völlig abgesetzten Thonwaren. Wie weit die eine Art des Vertriebs, direkt an den Konsumenten, und wie weit die andere, nämlich an die Aufkäufer, reichen, geht aus der Darstellung nicht hervor und läßt sich wohl kaum genau ermitteln. Jedenfalls hat man es in diesen beiden Gewerben auf solche Weise mehr mit handwerksmäßigen als mit hausindustriellen Betrieben zu thun.

Die interessanten Einzelheiten, welche Sax bereits im ersten Hefte über die traurige Lage der Arbeiter mitteilte, riefen Entgegnungen seitens der Unternehmer hervor, die im Verein mit anderen Schriften angreifender resp. verteidigender Art zu einer förmlichen kleinen Litteratur anschwollen. Neue Thatsachen sind indes bei dieser Gelegenheit nicht zu Tage gefördert worden [1].

Der dritte in der Reihe, der die Hausindustrieen Deutschlands zum Gegenstande seiner Studien erwählte, war Dr. Schnapper-Arndt. Er lieferte eine Untersuchung über die Hausindustrie in einigen Taunusdörfern (Oberreifenberg, Niederreifenberg, Seelenberg, Schmitten und Arnoldshain), in denen Nagelschmiederei, Filetstrickerei, Drahtwarenfabrikation und Ver-

[1] Die Titel dieser hierhergehörenden Schriften sind: A. Fleischmann, Die Sonneberger Spielwaren-Hausindustrie und ihr Handel. Berlin 1883. 8° 56 S. Derselbe, Die Arbeiteragitatoren des Kathedersocialismus und die Sonneberger Spielwarenindustrie und ihr Handel. Berlin 1884. 8° 79 S. Freiwald Thüringer, Kommerzienrat Ad. Fleischmann als Nationalökonom und die Thüringer Hausindustrie. Leipzig 1883. 8° VIII, 35 S. Dr. Bruno Schönlank, Die Hausindustrie im Kreise Sonneberg in den „Socialpolitischen Zeit- und Streitfragen.“ Heft 8. München 1884. 8° 32 S.

fertigung von Friedhofskränzen aus Perlen betrieben wird[1]. Von diesen Gewerben ist das erstere handwerksmäßig organisiert. Die Nagelschmiede kaufen ihren Rohstoff, Eisen und Kohlen, auf eigene Rechnung und besorgen den Absatz nicht nur an Grossisten, sondern zum großen Teile an kleine Krämer und Gewerbsleute, denen sie ihre Produkte auf weite Entfernungen persönlich zubringen[2]. Der Absatz der Erzeugnisse der übrigen Industriezweige wird von einheimischen und auswärtigen Unternehmern, zum Teil unter Vermittelung von Zwischenspersonen (Filetmeister u. s. w.), besorgt und ist mehrfach außerhalb Deutschlands zu suchen. Wie denn z. B. die Friedhofskränze aus Perlen nach der Schweiz, Dänemark, Österreich, Italien und Spanien versandt werden[3].

Auf die sächsische Hausindustrie, die wie erwähnt verhältnismäßig früh Berücksichtigung erfuhr, hat Dr. Louis Bein in seinem umfangreichen zweibändigen Buche „Die Industrie des sächsischen Voigtlandes" zurückgegriffen[4]. Der erste Teil führt die Verhältnisse der Musikinstrumentenindustrie in den Ämtern Markneukirchen und Klingenthal (in einem Bezirke des südlichen Teils des Vogtlandes) vor, die in Anfertigung von Geigen, Mund- und Ziehharmonikas, Blasinstrumenten, Trommeln u. s. w. sowie in den für die Fabrikation erforderlichen Hülfsgewerben besteht. Auch ein in den 60er Jahren dieses Jahrhunderts eingegangenes Gewerbe, die Fabrikation von hölzernen Aufsteckkämmen, wird mitgeschildert[5]. Der zweite Teil behandelt die Textilindustrie in dem alten vogtländischen Kreis Sachsens, der in der gegenwärtigen Verwaltungseinteilung etwa das Gebiet der drei Amtshauptmannschaften Plauen, Auerbach und Ölsnitz umfaßt. Diese Industrie umfaßt die Anfertigung von Weißwaren (Baumwollspinnerei, Zwirnerei, Weberei, Stickerei, Konfektion, Bleiche, Appretur u. s. w.), von Wollwaren (Tuch-, Streich-, Halbwollwarenindustrie, Kammwollwaren, Walke, Färberei, Druckerei u. s. w.) und von baumwollenen Strümpfen und Tüchern. Letzterer Zweig ist in dem geschilderten Bezirk von untergeordneter Bedeutung.

Die hier beschriebenen Gewerbe sind nicht ausschließlich reine Hausindustrieen. Nur die Musikinstrumentenindustrie und die ganz unbedeutende Strumpfwarenfabrikation weisen diese Form nach; die erstere dabei in der Weise, daß die Hausindustriellen sich den Rohstoff selbst besorgen und auf

[1] Fünf Dorfgemeinden auf dem Hohen Taunus, in „Schmollers Staats- und socialwissenschaftliche Forschungen" Bd. IV Heft 2. Leipzig 1883. XIV, 322 S. — [2] a. a. O. S. 72. — [3] a. a. O. S. 97. — [4] Leipzig 1884, Duncker und Humblot. 1. Teil VI, 99 S. und 9 Tabellen; 2. Teil XII, 556 S. und 15 Tabellen. — [5] S. 17, 53.

eigene Rechnung verarbeiten, der Absatz aber ausschließlich durch Vermittelung der Großhändler vor sich geht[1]. Daß die Gewerbetreibenden ihre Instrumente selbst versenden, geschieht nur in geringerem Maße und nach näher gelegenen Gegenden. Die Spinnerei, Zwirnerei, Bleicherei, Appretur u. s. w. bei der Weißwarenindustrie gehen in geschlossenen Anstalten vor sich, jedoch wieder mit dem Unterschied, daß die ersteren auf eigene Rechnung und Gefahr arbeiten, die letzteren nur auf Bestellung d. h. für fremde Rechnung[2]. Die Weberei wird teils fabrikmäßig teils hausindustriell betrieben, wobei im letzteren Falle es ebensowohl vorkommt, daß der Unternehmer den Rohstoff liefert als daß er von den kleinen Webern die fertige Ware kauft. Zwischenhändler und Faktore spielen hierbei ihre Rolle[3]. Die Stickerei und Konfektion lassen alle drei Unternehmungsformen: Fabrik, Hausindustrie und Handwerk erkennen. Es wird sowohl in geschlossenen Anstalten gearbeitet als auch mit Hülfe der Faktore der Stoff zum Besticken nach vorgedruckten Mustern oder mit der Originalzeichnung den Stickern oder Stickerinnen ins Haus gegeben. Oder es werden wie in der Konfektionsbranche gewisse Arbeiten auf Rechnung des Unternehmers in hausindustrieller Thätigkeit, andere Arbeiten in denselben Gegenständen im geschlossenen Etablissement vorgenommen. Endlich gehen die kleinen Gewerbetreibenden mit ihren fertigen Weißwaren hausieren und setzen sie z. B. in den Sommermonaten an die Badegäste der verschiedenen Badeorte bis nach dem Rheine hin ab[4]. Die Herstellung der bunten baumwollenen Tücher (Treuener Tücher) ist wiederum handwerksmäßig und hausindustriell organisiert. Es befinden sich in Treuen 5 Handlungshäuser, welche die Fabrikation von baumwollenen Tüchern in Verbindung mit wollenen Tüchern für den Export im großen betreiben, aber daneben setzen die Handwerksmeister ihre Tücher auf Märkten und Messen selbst ab. Ganz ähnliche Verschiedenheiten der Unternehmungsform treten in der Wollwarenindustrie zu Tage. Die Tuch- und Streichgarnweberei trifft man in der Fabrik und in der Hausindustrie an. In letzterem Falle stellen — wenigstens in Lengefeld — die kleinen selbständigen Weber ihre Tuche für eigene Rechnung her und verkaufen sie in gewalktem, aber noch nicht fertig appretiertem Zustande an die größeren Tuchfabrikanten[5]. Dieselbe Doppelform findet sich in den Unternehmungen der Kammwollwarenindustrie, während die Hülfsgewerbe, wie Färberei, Druckerei, Appretur, nur in geschlossenen Etablissements ausgeübt werden.

---

[1] a. a. O. T. 1 S. 57, 59. — [2] a. a. O. T. 2 S. 336, 428. — [3] a. a. O. T. 2 S. 341, 342, 343. — [4] a. a. O. T. 2 S. 394, 398, 403, 408. — [5] a. a. O. T. 2 S. 445.

Eine theoretische Würdigung der verschiedenen Unternehmungsformen bietet Bein nicht. Wohl aber macht er gelegentlich seine Auffassung von dem Wesen der Hausindustrie geltend, die ich meinerseits vollkommen teile. Nach seiner Ansicht[1] ist für die Auseinanderhaltung des Handwerks- und Hausindustriesystems die Art des Bezugs des Rohstoffs, ob vom Großhändler geliefert oder auf eigene Rechnung gekauft, nicht wesentlich. Vielmehr liege der Schwerpunkt der Abgrenzung dieser zwei Begriffe in der Frage, ob die Gewerbetreibenden zugleich Händler sind oder nicht. In dem ersteren Falle, dem des direkten Absatzes an die Konsumenten, besitzt der Betrieb bei kleinerem Umfange handwerksmäßigen Charakter, bei größerem den des geschlossenen Etablissements. Im anderen Falle dagegen, wo der Absatz durch Vermittelung der Großhändler geschieht, gehört die Betriebsform der Hausindustrie an[2].

Gleichfalls mit den Zuständen der hausindustriellen Weberei beschäftigt sich Dr. Karl Kärgers Schrift: „Die Lage der Hausweber im Weilerthal“ [3], die auch deshalb Aufmerksamkeit verdient, weil sie die wenig bekannten und oft unrichtig beurteilten Industrieverhältnisse des Elsasses zur Anschauung bringt. Der Kanton Weiler umfaßt 18 Ortschaften mit 2939 Haushaltungen und 12 880 Bewohnern, unter welchen 223 Weberfamilien mit zusammen 4400 Seelen sind. Die Bevölkerung ist bis auf einige Ortschaften, in denen ein französisches Patois die Verkehrssprache bildet, eine deutschredende[4]. Beschäftigt werden alle diese Weber von den in der Stadt Markirch (St. Marie aux Mines) angesessenen Fabrikanten und zwar teils in Fabriken teils in ihren eigenen Behausungen, d. h. also nach dem hausindustriellen System. Die dritte sehr interessante Betriebsform — meines Wissens der elsässischen Weberei eigentümlich und in ähnlicher Weise in der russischen Hausindustrie vorkommend — scheint mir gleichfalls zur Hausindustrie gerechnet werden zu müssen, nämlich die Weberei in Werkstätten (Ateliers). Diese Werkstätten sind Gebäude, die von den Fabrikanten zur Aufstellung von Handwebstühlen entweder zu Eigentum erworben oder gemietet sind und in welchen nun eine ganze Anzahl von Webern sich zusammenfindet. Der Fabrikant sorgt hier allerdings für Beheizung, Beleuchtung und die Webstühle; auch wird durch einen Contremaitre oder Faktor die Arbeit beaufsichtigt, aber es gilt keine Fabrikordnung. Die Arbeiter werden in Stücklohn beschäftigt und können kommen und gehen, wie

[1] a. a. O. T. 1 S. 59. — [2] Vergl. zu dem Vorstehenden meinen Artikel in der Münchener Allgemeinen Zeitung 1885 Nr. 93 „Zur Lage der deutschen Hausindustrie“. — [3] Straßburg 1886 VI, 192 S. — [4] a. a. O. S. 15.

sie wollen. Zuspäterscheinen, Ausbleiben, Verlassen des Raumes wird nicht bestraft. Für den Fabrikanten scheint dieses System den Vorteil zu bieten, daß er in den Werkstattsräumlichkeiten von größerer Höhe auch Webstühle aufstellen kann, die man bei den Hauswebern nicht unterzubringen vermag, und auf diese Weise schwieriger herzustellende Gewebe arbeiten lassen kann, wogegen der Arbeiter die Anschaffung des Webstuhles und die Unkosten für Beleuchtung und Beheizung daheim erspart. Die Lohnsätze sind für die Atelierarbeiter dieselben wie für die Hausarbeiter. Übrigens sind diese Werkstätten nicht sehr verbreitet. Es giebt ihrer 5 im Weilerthal. Den größten Teil ihrer Gewebe lassen die Markirchner Fabrikanten durch Hausweber anfertigen, denen sie ein bestimmtes Quantum Garn übergeben, das zu einem bestimmten Gewebe verarbeitet werden muß, welches gegen Ausbezahlung des nach dem Stück berechneten Lohns an den Fabrikanten zurückgeliefert wird. Kundenarbeit kommt hier gar nicht vor. Der Weber bleibt mit seinem Absatze auf den ihn beschäftigenden Unternehmer angewiesen [1]. Neben der Weberei sind im Weilerthale auch andere Industrieen vorhanden, auf welche Kärger indes nicht eingeht, da keine von solchem Umfange ist und nicht die Bedeutung erlangt hat wie die Hausweberei [2].

Die thüringische Hausindustrie, die bereits in Sax einen anziehenden und sachgemäßen Darsteller gefunden hat, ist neuerdings durch eine Schrift von Kuno Frankenstein „Bevölkerung und Hausindustrie im Kreise Schmalkalden seit Anfang dieses Jahrhunderts“ [3] abermals beleuchtet worden. Doch schildert Frankenstein eine andere Gegend und andere Industrieen als Sax. Auch er charakterisiert nicht die gesamte Hausindustrie des seit 1866 zu Preußen (Reg.-Bez. Kassel) gehörenden Kreises Schmalkalden, sondern nur die wichtigste — die Kleineisenindustrie. Die sonst noch vorkommenden Gewerbe sind die Holzschnitzerei, Korbflechterei und Blasebalgfabrikation; sie beschäftigen nur eine relativ kleine Personenzahl. Die Kleineisenindustrie, die Frankenstein beschreibt, wird in der Stadt Schmalkalden, in Steinbach-Hallenberg und im Steinbacher Grunde, in Asbach, in Brotterode und Seligenthal ausgeübt. Ihre einzelnen Zweige sind die Ahlenfabrikation, die Striegelfabrikation, die Zangenfabrikation, die Herstellung von Feilen und Raspeln, die Nagelschmiederei, die Schlosserei, Zweckschmiederei, die Zeugschmiederei, die Herstellung von Schnallen, die Herstellung von Sporerartikeln und die Schleiferei. Als untergegangene Gewerbszweige erfahren die Messerschmiederei und die Herstellung von Waffen Berücksichtigung. Die Unternehmungsform ist

---

[1] a. a. O. S. 41, 45. — [2] a. a. O. S. 17. — [3] Tübingen 1887. XI, 283 S., in Fr. J. Neumanns Beiträge zur Geschichte der Bevölkerung in Deutschland seit dem Anfang dieses Jahrhunderts, Heft 2.

hauptsächlich eine hausindustrielle und nur gelegentlich eine handwerksmäßige oder eine fabrikmäßige. Die letztere Form insbesondere ist selten und wird nur bei der Ahlen- und Striegelfabrikation angetroffen, die in zwei größeren Etablissements mit gegen 400 Arbeitern vor sich geht[1]. Hier stößt man sonst auf Klein- oder Einzelbetrieb und auf Mittelbetrieb, der vielfach mit Maschinen thätig ist. Daß die Gewerbetreibenden ihre angefertigten Waren selbst vertreiben, scheint eine Seltenheit zu sein[2]. Gewöhnlich bestellen die Kaufleute, die behufs Aufträge auf Artikel der Kleineisenindustrie entweder selbst reisen oder Reisende halten, die Arbeiten bei den Gewerbetreibenden, indem sie diesen überlassen, sich das nötige Rohmaterial selbst zu verschaffen oder es ihnen liefern. Einige dieser Gewerbetreibenden hatten auch mit auswärtigen Häusern Geschäftsverbindungen angeknüpft, die jedoch nicht von langer Dauer geblieben sind[3]. Neuerdings hat eine Berlin-Eberswalder Firma mit den Nagelschmieden des Steinbacher Grundes Verträge auf Lieferung bestimmter Sorten Hufnägel abgeschlossen, die hoffentlich von längerem Bestande sind[4].

Die Ausdrücke „Handwerk" und „Hausindustrie" werden vom Verfasser nicht scharf genug auseinandergehalten, wodurch einige Unklarheit entsteht. Er spricht z. B. von einem Handwerk der Schlosser und Zeugschmiede, dem Nagelschmiedehandwerk u. s. w., während doch seine Schilderung erkennen läßt, daß man es hier mit einer hausindustriellen Organisation zu thun hat. Auf S. 192 heißt es „Solche Hülfe" — nämlich wie der Verfasser sie einige Zeilen vorher angedeutet hat — „ist ausgeschlossen in einigen handwerksmäßig betriebenen Zweigen der Kleineisenindustrie, die, wie insbesondere die hausindustrielle Ahlen- und Striegelfabrikation, sowie das Nagelschmiedegewerbe, der Konkurrenz teils einheimischer teils auswärtiger Fabrikindustrie unterliegen". Richtig ist, daß in den genannten Gewerbszweigen auf einen direkten Absatz der Erzeugnisse bei den Konsumenten nicht gerechnet werden kann, sondern derselbe mit Hülfe der Kaufleute vor sich geht, man es also mit der Unternehmungsform der Hausindustrie zu thun hat.

Auf Hausindustrieen in Ostfriesland macht das Werk von de Vries und Focken[5] aufmerksam. Besonders Leinenweberei ist hier zu Hause, in Emden, Leer und Jemgum, indes gegenwärtig entfernt nicht mehr von der Bedeutung wie vor 50 Jahren. Die früheren „Leinenreedereien" — Gesellschaften reicher Kaufleute, die für gemeinsame Rechnung die Ware bei den

---

[1] a. a. O. S. 85. — [2] a. a. O. S. 92. — [3] a. a. O. S. 93. — [4] a. a. O. S. 284. — [5] „Ostfriesland". Emden 1881.

vielen im Orte vorhandenen Webern verfertigen ließen — sind eingegangen. Noch jetzt sind indes Webereien über das ganze Land verbreitet. Außerdem wird das Stricken von Strümpfen, Unterhosen und Jacken, die Anfertigung von Heide- und Bentbesen, von Stroh- und Binsenmatten hausindustriell betrieben. Zum Teil gehen die Erzeuger mit ihren Artikeln hausieren, so daß wir hier mehr kleine Handwerker, vielfach auch keine eigentlichen Gewerbetreibenden, sondern nur Personen, die einer gewerblichen Beschäftigung im Nebenberuf in der von dem Hauptberuf nicht voll in Anspruch genommenen Zeit obliegen, vor uns haben.

Über die Muschelindustrie im Voigtlande belehrt ein Artikel der Berliner Allgemeinen Gewerbe-Zeitung vom Jahre 1885 [1]. Seit etwa 30 Jahren bearbeitet man in Adorf in der Nähe des Bades Elster die in den Flüssen und Bächen der Umgegend gefundenen Muscheln, neuerdings auch massenhaft aus dem mexikanischen, persischen u. s. w. Meerbusen in Europa eingeführte. Man fertigt Portemonnaies, Ohrringe, Broschen, Knopfgarnituren, Feuerzeuge, Aschenbecher u. dgl. m. an, das meiste auf Rechnung von Verlegern in hausindustrieller Weise.

Mehr der Vergangenheit der Hausindustrie als der Gegenwart ist Schanz reichhaltiges zweibändiges Buch „Zur Geschichte der Kolonisation und Industrie in Franken“ [2] zugewandt. Gleichwohl finden sich in den für das Werden und Vergehen von Hausindustrieen außerordentlich lehrreichen Auseinandersetzungen zum Schlusse auch einige Mitteilungen über zur Zeit noch bestehende Gewerbe, nämlich über die Nadelindustrie, die Weißmetallschlägerei, die Stahl-, Eisen- und Messingdrahtzieherei in Schwabach (im ehemaligen Fürstentum Ansbach). In ihnen treten uns die spärlichen Überreste einer durch Fabrikindustrie aufgesogenen Hausindustrie entgegen. Doch bietet, was sich erhalten hat, des Charakteristischen genug, um in dieser Aufzählung der Hausindustrieen Deutschlands nicht übergangen zu werden. In der Nadelindustrie geschieht die Beschäftigung von Heimarbeitern seitens der Fabriken oder der Nadlermeister in der Weise, daß man den Draht zur Verfertigung des Öhres den Hausindustriellen übergiebt. Diese arbeiten dann zum Teil nach uralter Manier mit dem Meißel und Hammer, zum Teil mit Stech- und Schlagmaschinen. Die sie beschäftigenden Nadlermeister und selbst zwei der Fabrikinhaber haben interessanterweise mit dem Verschleiß nichts zu thun, sondern arbeiten nur auf

[1] Nr. 22. — [2] Erlangen 1884 1. Teil XVIII, 428 S., 2. Teil X, 356 S. Auch u. d. T. „Bayerische Wirtschafts- und Verwaltungsstudien“ 1. Heft.

Bestellungen Nürnberger Kaufleute, so daß man die ersteren gleichfalls zu den Hausindustriellen rechnen darf (nach Schanz Ausdruck zu den Hausindustriellen im weiteren Sinne)[1].

In der Weißmetallschlägerei sind von 340 Personen, die sich mit ihr befassen, zwei Drittel Heimarbeiter. Die Mehrzahl von ihnen stellt nur Schawin dar, d. h. sie schlagen das Metall fein, welches zu Metallmehl (Brokat) verarbeitet wird. Sie arbeiten nicht ausschließlich mit der Hand, sondern seit zwei Jahren ist die Maschine eingedrungen. Diese Maschinenhämmer werden mit Gasmotoren, durch Wasserkraft und auch schon mit Dampfkraft in Bewegung gesetzt. Die Heimarbeiter kaufen ihr Metall selbstständig, lassen es strecken und verkaufen es, nachdem sie es verarbeitet, an Nürnberger und Schwabacher Händler. Einige arbeiten für die größeren Metallschläger[2].

Die Drahtzieherei wurde vor ungefähr 50 Jahren fast ausschließlich durch Hausindustrielle vollzogen. Man zählte drei Verleger und 28 Drahtzieher. Die Arbeit war folgendermaßen organisiert: Der Fabrikant oder Unternehmer nahm rohes Kupfer, ließ solches schmelzen, in Formen gießen, dann in Stangen von verschiedener Länge schmieden und diese nach erfolgter Versilberung durch Pferde- oder Wasserkraft bis zu einer gewissen Dünne ziehen. Dann bekamen die Drahtarbeiter diese Stangen und mußten sie so fein ziehen, als es der Fabrikant verlangte. Gegen denjenigen Lohn, welcher zwischen ihnen verabredet war, gaben sie den Draht zurück, und der Fabrikant hatte nun seinerseits für den Verkauf des Drahts auf merkantilem Wege zu sorgen[3]. Mit der Zeit ging diese Industrie vollständig zum konzentrierten Fabrikbetrieb mit Dampfkraft über und außerhalb der geschlossenen Etablissements werden jetzt nur wenige Heimarbeiter beschäftigt, indem alte Leute und Frauen zu Hause mit dem Aufspulen der fertigen Drähte betraut werden. Auch in der leonischen Drahtzieherei ist man zum Fabrikbetrieb geschritten; die wenigen Heimarbeiter, die noch beschäftigt werden, erhalten den Draht geliefert und müssen ihn ausgezogen zurückgeben. Der Verdienst der letzteren, da sie ganz feine Drähte nicht machen können, ist gegenüber dem der in der Fabrik beschäftigten Arbeiter niedriger[4].

Gleichfalls den Zuständen der Gegenwart nur kurze Betrachtungen widmend ist Alfred Zimmermanns „Blüte und Verfall des Leinengewerbes in Schlesien“[5], ein Buch, welches wie das von Schanz seinen hohen Wert in der Schilderung des Entwickelungsganges von Hausindustrieen

---

[1] a. a. O. S. 404, 405. — [2] a. a. O. S. 406—409. — [3] a. a. O. S. 412. — [4] a. a. O. S. 415, 416. — [5] Breslau 1885, XVII, 474 S. 8°.

besitzt. Die schlesische Leinenweberei zeigt die hausindustrielle Unternehmungsform von einer weniger gewöhnlichen Seite. Es herrscht bei ihr kein Verlagssystem, sondern die Weber beschaffen sich den Rohstoff selbst und verkaufen die fertige Ware an den Händler, der gewisse Manipulationen mit ihr vornehmen, sie bleichen und appretieren läßt und dann nach dem Lande der Bestimmung versendet. Dieses Kaufsystem hat viele Nachteile für die Weber zur Folge gehabt — unregelmäßigen und geringen Verdienst. Trotz aller Versuche zur Abhülfe ist man heute soweit gekommen, das einzige Mittel, der webenden Gebirgsbevölkerung zu helfen, darin zu erblicken, daß man die Kinder lohnenderen Erwerbszweigen zuführt, die hausindustrielle Weberei also auf den Aussterbeetat setzt[1].

Außer in den genannten Werken findet sich manches Material zur Charakteristik der hausindustriellen Organisation in den Jahresberichten verschiedener Handelskammern und Gewerbekammern sowie der Fabrikinspektoren. Die Auskünfte, wie sie in den ersteren über einzelne Zweige geboten sind, z. B. von den Handels- und Gewerbekammern in Dresden, Plauen, Zittau, den Handelskammern in Liegnitz, Nordhausen, München-Gladbach, Aachen, Sonneberg, von Oberfranken rc. rc., sind von den erwähnten Schriftstellern meist ausgiebig benutzt und im Zusammenhange verwertet worden. Die über die Lage der Handweberei in Glauchau-Meerane im Mai des Jahres 1881 angestellte Enquete, welche der Jahresbericht der Handels- und Gewerbekammer zu Chemnitz[2] veröffentlichte, hat in meinem Aufsatze „Aus dem Gebiete der Hausindustrie" in Schmollers Jahrbuch[3] und später in einer Litteraturbesprechung von Dr. Emanuel Sax „Zur Litteratur der Hausindustrie" in Conrads Jahrbüchern[4] Erörterung gefunden. Es handelt sich hier um eine abwärtsgehende Hausindustrie, die vor 20 Jahren noch eine ansehnliche war und nun mehr und mehr fabrikmäßig betrieben wird. Im Jahre 1863 war die Wollwarenindustrie auf 230 mechanischen Webstühlen und etwa 37 000 Handwebstühlen thätig; bis zum Jahre 1880 war die Zahl der ersteren auf 3595 gestiegen, die Zahl der letzteren auf 4835 gesunken. Die Not der Handweber ist nunmehr so groß, daß man den Gedanken erwägt, sie zur Landwirtschaft oder anderen Gewerben, die ausreichende Einnahmen abwerfen, überzuführen. Bei der gegenwärtigen Organisation der Hausindustrie bekommt der Weber vom Fabrikanten direkt oder durch den Faktor das Garn und hat gegen festen Weblohn das Gewebe zurückzuliefern.

---

[1] a. a. O. S. 445. — [2] 1887 in Kommission bei Eduard Focke. — [3] Bd. VII S. 1003 ff. — [4] N. F. Bd. 9 Jahrg. 1884 S. 55—57.

Die amtlichen Mitteilungen aus den Jahresberichten der mit Beaufsichtigung der Fabriken betrauten Beamten sind in doppelter Richtung wichtig. Einmal geben sie, wenn auch nicht vollständige, Auskunft über das Vorkommen von Hausindustrieen und zweitens lassen sie die schädlichen Seiten dieser Unternehmungsform deutlich hervortreten. Bein und Sax, in dem dritten Teile seiner Thüringischen Hausindustrie, haben sie gelegentlich benutzt. Ich selbst habe in meinem Aufsatze „Deutsche Fabrikzustände" [1], in dem Kapitel „Die Fabrikgesetzgebung und die Hausindustrie" [2], sie dazu verwertet, die Notwendigkeit einer Ausdehnung der ersteren auf das Gebiet der letzteren nachzuweisen. Es scheint nach diesen Mitteilungen eben Thatsache, daß die Verstöße gegen die Beschäftigung jugendlicher Arbeiter viel häufiger und die Einrichtungen zum Schutze für Leben und Gesundheit in den hausindustriellen Betrieben viel mangelhafter als in der Fabrikindustrie sind. Später hat Professor Elster [3] dasselbe Material gleichfalls zum Ausgangspunkt seiner Betrachtungen genommen, die ebenso in der Auffassung, die auch ich vertreten habe, gipfeln, daß die Erweiterung der Fabrikgesetzgebung auf die hausindustriellen Arbeiter eintreten müsse.

§ 3. Die Statistik der Hausindustrie.

Die Berufszählung im Deutschen Reich von 1882. — Stieda. — Strauß. — Kollmann. — Ad. Braun.

Liefern die bisher verzeichneten Schriften mehr oder weniger eingehende Detailschilderungen einzelner Hausindustrieen oder der Hausindustrieen einzelner Bezirke, so liegt in den Ergebnissen der Berufszählung von 1882 auch die statistische Erfassung der gesamten Hausindustrie im Deutschen Reich vor. Schon die statistische Kommission des Zollvereins hatte gelegentlich der Ausarbeitung von Erhebungsformularen für die Volks- und Gewerbezählung vor mehr als 10 Jahren die Ermittelung der sogenannten Hausindustrie in Anregung gebracht [4]. Aber als die erste Gewerbezählung im Deutschen Reich im Jahre 1875 vor sich ging, strich man die auf die Hausindustrie bezüglichen Fragen und ließ dieselbe unberücksichtigt. Der da-

[1] Preußische Jahrbücher. Jahrg. 1883. Bd. 51 S. 48—63. — [2] a. a. O. S. 54 ff. — [3] Die Fabrikinspektionsberichte und die Arbeiterschutzgesetzgebung in Deutschland. Conrads Jahrbücher für Nationalökonomie. N. F. Bd. 11 S. 392 bis 416. — [4] Preußische Statistik Bd. 40 S. 17.

malige Leiter der amtlichen Statistik Preußens, Ernst Engel, war mit diesem Vorgehen nicht einverstanden. Von der großen Wichtigkeit, welche der Unterscheidung der in geschlossenen Anstalten (Fabriken) beschäftigten Arbeiter und der Hausindustriearbeiter innewohnt, durchdrungen, strebte er die Durchführung derselben wenigstens in den preußischen Erhebungsformularen an. Zu diesem Zwecke befürwortete er in einem Bericht an den Minister des Innern unter Hinweis darauf, daß der „menschenreichste Teil der sogenannten Fabrikindustrie in Preußen Hausindustrie" sei, die Erkundigung über die letztere nicht außer acht zu lassen. Es empfahl sich aber damals nicht bezüglich der gewerbestatistischen Erhebungen über die Beschlüsse des Bundesrats hinauszugehen, und so wurde durch ministeriellen Erlaß vom 16. Juli 1875 entschieden, daß von den die Hausindustrie betreffenden Fragen auch für Preußen abzusehen sei.

Trotzdem kam es gegen Ende Dezember des Jahres 1875 doch zu einer Enquete über die preußische Hausindustrie. Es stellte sich nämlich, als das gewerbestatistische Material einzugehen begann, ein empfindlicher Nachteil heraus. Weil auf der Gewerbekarte nur nach der Zahl der innerhalb der Arbeitsräume u. s. w. beschäftigten Arbeitnehmer gefragt war, kamen die großen Hausindustrie-Unternehmungen oder Firmen nicht recht zur Geltung, während man über den Sitz derselben unterrichtet wurde. Diesem Übelstande abzuhelfen, wandte sich der Direktor der amtlichen Statistik Preußens mit einem Rundschreiben an die sämtlichen Handelskammern und kaufmännischen Korporationen der preußischen Monarchie und ersuchte dieselben zwei ausführlich gehaltene Fragebogen mit je 12 Fragen, von welchen der eine sich auf die hausindustriellen Arbeiter, der andere auf die Hausindustrie-Unternehmungen bezog, zu beantworten. Hierbei wurde unter Hausindustrie diejenige Unternehmungsform verstanden, wie sie Engel auf dem internationalen statistischen Kongreß begrenzt hatte[1].

Der verdienstlichen Absicht entsprach die Ausführung leider nur sehr unvollkommen. Von den etwa 1400 ausgesandten Erhebungsformularen blieb ein ansehnlicher Teil unbeantwortet. Gerade aus den gewerbereichsten dicht mit Hausindustrie besetzten Gegenden erfolgte die Antwort, daß die verlangte Auskunft nur mit großer Mühe erteilt werden könne. Man fordere seitens der amtlichen Statistik eine viel zu umfangreiche Arbeit, als daß sie bei dem Mangel an geeigneten Kräften sogleich unternommen werden könnte. Andere Stellen hatten freilich in ausreichender Weise geantwortet, aber bei der ungleichmäßigen Behandlung der Angelegenheit in den ver-

[1] Siehe oben S. 14.

schiedenen Kreisen und Provinzen konnte das eingelaufene Material nur bis zu einem gewissen Grade Wert beanspruchen und unterblieb die Verarbeitung desselben daher vollständig [1].

Außer in Preußen wurde auch in Elsaß-Lothringen nachträglich bei der Gewerbeaufnahme von 1875 die Hausindustrie ermittelt [2], weil man für diejenigen Industriezweige, welche eine größere Anzahl von Arbeitern in deren eigener Behausung beschäftigten, aus der allgemeinen Zählung ein unrichtiges Bild empfing. Indes wird auch dort zugegeben, daß die Resultate dieser Ermittelungen nicht als erschöpfend zu betrachten sind.

So hat denn die Berufszählung von 1882 das Verdienst, zum erstenmal eine Statistik der gesamten deutschen Hausindustrie geliefert zu haben. Zahl der Hausindustriellen, Alter, Geschlecht und Familienstand derselben ist nunmehr festgestellt worden. Ermittelt wurde die Hausindustrie in doppelter Weise. Einmal wurde in der Berufszählung bei der an jede Person zu richtenden Frage nach der Stellung im Berufe erforscht, ob die betreffende Persönlichkeit in der eigenen Wohnung für ein fremdes Geschäft, d. h. zu Hause für fremde Rechnung arbeite. Ferner war bei der mit der Berufszählung verbundenen Gewerbezählung, aus welcher die Gewerbestatistik hergestellt wurde, den Arbeitgebern die Frage vorgelegt, ob und wieviel Personen sie in Hausindustrie beschäftigen. Gleichzeitig wurden die Inhaber hausindustrieller Betriebe, sofern sie mit Motoren oder Gehülfen arbeiteten, besonders ermittelt, indem jeder derselben eine sogenannte Gewerbekarte auszufüllen hatte.

Es ist möglich, daß die Fassung der Frage „zu Hause für fremde Rechnung" manchen Handwerker, der auf Bestellung zu arbeiten pflegt, veranlaßt haben könnte sich als einen Hausindustriellen auszugeben. Jedoch ist es nicht wahrscheinlich, daß dadurch die Ergebnisse beeinträchtigt sind. Das Mißverständnis, an welches Sax wegen dieses Beisatzes „für fremde Rechnung" denkt [3], nämlich daß der Gefragte sich sagt: ich arbeite doch für eigene Rechnung und liefere nur an den Verleger statt den Vertrieb an die Kunden zu besorgen — bleibt m. E. ausgeschlossen. Denn die Gewerbestatistik hat eben als Hausindustrielle nur die dislozierten Fabrikarbeiter angesehen, diejenigen Individuen, die in völliger Abhängigkeit von einem Unternehmer statt in der Fabrik zu Hause arbeiten. Jene Kleinbetriebe, die gleichfalls zu Hause eigenes Material zum Verkauf an

---

[1] Vergl. für das Vorstehende Preußische Statistik Bd. 39 2. Hälfte an verschiedenen Stellen. — [2] Statistische Mitteilungen aus Elsaß-Lothringen 1881, Heft 15 S. 35. — [3] Die Hausindustrie in Thüringen, 3. T. S. 19 u. 20 Anmerkung 2.

ein Geschäft verarbeiten, wie z. B. die Korbflechterei und Nagelschmiederei in einigen elsaß-lothringischen Gemeinden, die Korbmacherei in Oberfranken, die Töpferei in Bürgel u. s. w. — Schwarz'[1] sogenannte hausindustrielle Betriebe auf Grundlage des Kaufsystems —, sind von ihr zum Handwerk gerechnet worden. Man ist, glaube ich, nicht berechtigt hieraus der Reichsstatistik einen Vorwurf zu machen und sie zu beschuldigen, daß die Statistik der Hausindustrie „wenig gelungen" sei, vor allem die Zahl der Hausindustriebetriebe „offenbar unrichtig" sei, wie Sax an der angezogenen Stelle thut. Der Begriff der Hausindustrie steht, wie aus den bisherigen Ausführungen wohl ersichtlich, nicht fest und wir haben oben darauf hingewiesen, daß man nur unter bestimmten Umständen jene eigenen Rohstoff verarbeitenden und an Geschäfte absetzenden Gewerbetreibenden als Hausindustrielle ansehen kann, nämlich wenn sie dies ausschließlich thun. Sofern sie gleichzeitig der Kundenarbeit obliegen, geht ihnen das hauptsächlichste Charakteristikum eines hausindustriellen Betriebes verloren. Eine genaue Auseinanderhaltung dieser Betriebe, je nachdem ob sie nur an ein Geschäft absetzen oder diese Art des Absatzes gleichzeitig mit der Kundenarbeit verbinden, wäre wohl für die Reichsstatistik ein Ding der Unmöglichkeit gewesen. Daher war es das einzig Richtige für sie, um nicht die Ergebnisse zu verwirren, den Begriff der Hausindustrie enger zu begrenzen.

Ein anderer Vorwurf, den Sax gegen die Reichsstatistik erhebt[2], ist in der Allgemeinheit, wie er geltend gemacht wird, jedenfalls auch nicht richtig und führt zu falschen Vorstellungen über die Anordnungen derselben bezüglich der Erhebung der Hausindustrie. „Ein anderer Übelstand ergiebt sich daraus", sagt er, „daß nicht sämtliche in den Hausbetrieben beschäftigten Personen verzeichnet werden, sondern nur diejenigen, welche ihre Hauptthätigkeit dem Gewerbe widmen; es werden also die nur nebenbei thätigen Personen, die doch für die Hausindustrie so charakteristisch sind und einen großen Teil, wenn nicht die Mehrzahl der hausindustriell Thätigen ausmachen, nur unter den Angehörigen der Haushaltung angeführt, wobei übrigens bezüglich der Einreihung in die eine oder die andere Kategorie notwendigerweise Willkür herrschen muß."

Gegen diese Behauptung muß darauf verwiesen werden, daß die Berufsstatistik ausdrücklich den Nebenberuf d. h. die nebensächliche Beschäftigung eines jeden befragten Individuums festzustellen sich angelegen sein ließ und demgemäß auch 31 093 Personen ermittelt hat, die der Hausindustrie im

---

[1] Vergl. oben S. 4. — [2] Gleichfalls a. a. O.

Nebenberufe obliegen, sowie die Gewerbestatistik 34 337 hausindustrielle Nebenbetriebe aufweist (d. h. Betriebe, in denen keine Person mit ihrer Hauptbeschäftigung thätig ist, die vielmehr nur eine oder mehrere Personen lediglich nebensächlich beschäftigen)[1]. Es sind somit alle hausindustriell (sowohl in Haupt- als auch in Nebenbeschäftigung) thätigen Personen, deren man habhaft werden konnte, als solche gezählt worden, und zuzugeben bleibt nur, daß man vermutlich nicht alle erfaßt hat. Wie die Reichsstatistik selbst hervorhebt[2], dürfte eben häufig genug die Deklaration der Nebenbeschäftigung, wenn diese nur im Winter stattfindet, unterblieben sein. Ebenso ist es nicht unwahrscheinlich, wie ich schon früher an einer anderen Stelle[3] begründet habe, daß mancher Familienvater die Erwerbsthätigkeit seiner Kinder verschwiegen haben könnte. Auf diese Weise mag die Gesamtzahl aller Hausindustriellen zu gering ausgefallen sein. Das sind aber Unvollkommenheiten, wie sie leicht jeder statistischen zum erstenmal ausgeführten Erhebung ankleben, während in den von Sax gelieferten kritischen Auseinandersetzungen ein Tadel gegen die Anordnung der Erhebung ausgesprochen erscheint.

Veröffentlicht sind die Ergebnisse der hausindustriellen Aufnahme in der Berufsstatistik und in der Gewerbestatistik des Deutschen Reichs[4]. An letzterer Stelle beschäftigt sich die Einleitung S. 80—89 speciell mit der Hausindustrie. Verarbeitungen dieser Daten sind außerdem geliefert worden von mir, gestützt auf die vorläufigen Resultate, in den Annalen des Deutschen Reichs[5] und in den Preußischen Jahrbüchern[6], sowie von Karl Strauß in Conrads Jahrbüchern für Nationalökonomie, gestützt auf die definitiven Ergebnisse[7]. Neuerdings hat dann Regierungsrat Dr. Kollmann in dem Deutschen Wochenblatt[8] die „Verbreitung und Lage der Hausindustrie in Deutschland" in zwei ansprechenden Artikeln erörtert, in denen er nicht nur die Ergebnisse der Berufszählung verwertet, sondern auch die gesamte Speciallitteratur über Hausindustrie heranzieht.

„Zur Statistik der Hausindustrie" ist eine Freiburger Inauguraldissertation von Adolf Braun[9] betitelt, die sich mit großem Fleiße angelegen sein läßt, ein Bild von der gesamten Hausindustrie der ganzen Welt — auch persische und amerikanische Hausindustrieen werden erwähnt —

[1] Statistik des Deutschen Reichs. N. F. Bd. 6 I. Teil S. 24*. — [2] a. a. O. S. 89*. — [3] Annalen des Deutschen Reichs 1884 S. 10. — [4] Statistik des Deutschen Reichs. N. F. Bd. 2 u. 6. — [5] „Die Hausindustrie im Deutschen Reiche" Jahrg. 1884 S. 1—11. — [6] Bd. 57 S. 235—245. — [7] N. F. Bd. 14 S. 51—65 Jahrg. 1887. — [8] Jahrg. 1888 Nr. 32 u. 33. — Ich bitte bei der hier eingehaltenen Reihenfolge in der Aufzählung der Aufsätze nicht übersehen zu wollen, daß dieselbe eine chronologische ist. — [9] Wien 1888. 41 S. 8°.

zu entwerfen. Vorzugsweise dienen dem Verfasser die Angaben der Reichsstatistik, doch weiß er auch über die außerdeutschen Hausindustrieen, insbesondere die schweizerische, zahlenmäßig zu berichten. Die Schrift bildet das Bruchstück einer größeren Arbeit über die Hausindustrie, die der Verfasser noch nicht für genügend durchgereift hält, um sie schon jetzt zu veröffentlichen.

§ 4. Die Litteratur der schweizerischen und österreichischen Hausindustrie.

Emminghaus. — Böhmert. — Strasburger. — Gustav Cohn. — Jahresberichte des Centralverbandes der Stickereiindustrie der Ostschweiz. — Wartmann. — Schlatter. — Kinkelin. — Dormizer und Schebeck. — Exner. — Kleinwächter. — Angerer. — Nekola. — Braf. — Singer. — Ad. Braun. — Jekelfalussi. — Braun u. Krejcsi.

Von den außerhalb Deutschlands vorkommenden Hausindustrieen interessiert uns hier nur die schweizerische und die österreichische, die schon öfter in der Litteratur, wenn auch nicht gerade sehr eingehende, Berücksichtigung erfahren haben.

Aus Emminghaus[1] „Die schweizerische Volkswirtschaft" lernen wir einen der hauptsächlichsten Vorzüge der Schweiz kennen, nämlich daß sie zwar ein Industrieland ist, aber keine Industriestädte besitzt, wie sie England z. B. aufzuweisen hat[2]. Ihre bedeutendsten Industriezweige gestatten zugleich Hausarbeit und fabrikmäßigen Betrieb oder sind gar durch erstere vorzugsweise repräsentiert. So die Gold- und Schmuckwarenindustrie, die Strohflechterei und Weberei, die Leinenweberei, die Uhrmacherei, die Weißfeinstickerei, die Spitzenklöppelei, die Holzschnitzerei. In der Seidenindustrie scheinen Hausindustrielle und Fabrikarbeiter ziemlich gleichmäßig vertreten (nach den für den Kanton Zürich mitgeteilten Daten zu schließen); in der Wollenindustrie, die überhaupt nicht ansehnlich ist, tritt die Hausindustrie sehr zurück. Eigentümlich ist dieser schweizerischen Hausindustrie, daß sie am meisten in landwirtschaftlichen Kantonen oder wenigstens fast überall in Verbindung mit einem landwirtschaftlichen Gewerbe auftritt[3]. Doch bleibt sie in solchen Fällen der Hauptberuf und, wie es scheint, hat in den letzten 25 Jahren, seit Emminghaus sein Buch schrieb, die Entwickelung einen derartigen Gang genommen, daß von dieser Verbindung der Hausindustrie und Landwirtschaft gegenwärtig nicht mehr viel wahrzunehmen ist. Den besonderen Verhältnissen dieser Hausindustrie und ihren Abweichungen in

[1] Dresden 1860. 2 Bde. — [2] Bd. 1 S. 157. — [3] a. a. O. S. 160.

der Organisation gegen die Gestaltung des Fabrikwesens schenkt Emminghaus keine Aufmerksamkeit. Er charakterisiert die genannten Industriezweige in ihrer geschichtlichen Entwickelung, ihrer ökonomischen Bedeutung und dem Stande ihrer Technik im allgemeinen[1].

In gleicher Weise ist Böhmerts Werk über die „Arbeiterverhältnisse und Fabrikeinrichtungen der Schweiz"[2] gehalten. Die schon bekannte Thatsache, daß viele Industriezweige auf Hausarbeit beruhen, wird aufs neue erwiesen, die Eigentümlichkeit derselben aber nur kurz gestreift[3]. Strasburgers Aufsatz über die Uhrenindustrie im Juragebirge und ihre weitreichende Arbeitsteilung[4] bietet auch nicht viel Belehrung, da er nur ein Auszug aus den einschlägigen Kapiteln bei Emminghaus ist. Mehrfach die gefährliche Seite der schweizerischen Hausindustrie, ihre socialen, wirtschaftlichen und gesundheitlichen Übelstände beleuchtend sind Gustav Cohns gelegentliche Bemerkungen in Conrads Jahrbüchern für Nationalökonomie[5]. Er zeigt auf Grundlage der Berichte eidgenössischer Fabrikinspektoren über die Durchführung des Fabrikgesetzes, wie die Kinder in unverhältnismäßigem Maße zur Hausarbeit herangezogen werden, die Innehaltung des elfstündigen Normalarbeitstages durch die überaus starke Vermehrung der Einzelstickmaschinen illusorisch gemacht wird und wie notwendig daher eine Ausdehnung der Fabrikgesetzgebung auf die Hausindustrie ist. Daß diesen Mißständen zum Teil durch private Hülfe die Spitze abgebrochen werden kann, erweisen die Jahresberichte des Centralverbandes der Stickereiindustrie der Ostschweiz und des Vorarlberg[6]. Die hausindustriellen Einzelsticker haben in ihrem Verbande die Einschränkung der täglichen Arbeitszeit auf 11 Stunden durchgesetzt, indem sie sich gegenseitig verpflichteten nicht mehr zu arbeiten. Diese Berichte sind auch nach anderer Richtung für das Wesen der Hausindustrie charakteristisch, sofern sie das Ferggertum, die Regulierung der Lohnverhältnisse u. a. m. erörtern[7].

Sehr viel Belehrung über die Hausindustrie im Kanton St. Gallen gewährt Dr. Wartmanns vortreffliches Buch über Industrie und Handel des Kantons St. Gallen 1867—1880[8]. Hausarbeit ist in diesem Bezirk

---

[1] Bd. 1 S. 233—297, 305. — [2] Zürich 1873. — [3] S. 35, 398, 399. — [4] In Hildebrands Jahrbüchern für Nationalökonomie, Bd. 18 S. 212—215. — [5] N. F. Bd. 3 S. 596; Bd. 8 S. 160; Bd. 13 S. 542. — [6] St. Gallen 1886 u. 1887. — [7] Vergl. meine Besprechung derselben in Schmollers Jahrb. 1888 Heft 2. S. 720. — [8] St. Gallen 1887. Der frühere Bericht „Industrie und Handel auf Ende 1866", St. Gallen 1875, sowie die Schrift „Die kaufmännische Korporation und das kaufmännische Direktorium in St. Gallen 1864—1880" waren mir leider nicht zugänglich.

üblich in der Baumwollweberei, der Stickerei, der Seiden- und der Wollindustrie. Die letztere ist unbedeutend und beschäftigt überhaupt nur gegen 200 Personen in und außer dem Hause. In der Baumwollweberei und Plattstichstickerei halten sich Hausindustrie und Fabrikindustrie das Gleichgewicht; in der Kettenstichstickerei und in der Seidenstoffweberei überwiegt die hausindustrielle Unternehmungsform, und die Fabrikation von Beuteltuch oder Seidengaze, wie die Müllerei es braucht, geht nur im hausindustriellen Betriebe vor sich. In der Baumwollweberei (weiße und bunte zusammen) werden 4443 Stühle in der mechanischen und 3245 in der Handweberei beschäftigt. Doch steht von den letzteren ein großer Teil nicht das ganze Jahr hindurch regelmäßig in Betrieb, sondern nur in den Wintermonaten. In der Seidenstoffweberei giebt es 250 Stühle in der mechanischen gegen 830 in der Handweberei. Die Kettenstichstickerei arbeitet mit 192 Maschinen in Fabriken und 148 Maschinen in Häusern der Arbeiter. Bei der Plattstichstickerei sind von 8355 Maschinen 1644 in den Händen von Einzelstickern, 2700 in kleineren Etablissements und 4011 in eigentlichen Fabriken. Auch die Ausrüsterei, d. h. das Aufmachen der Stickereien auf Karton, das Einlegen in Schachteln, das Etikettieren u. s. w., geht vielfach in hausindustrieller Weise vor sich. Es giebt neben den Ausrüstereien der größeren Exporthäuser 75 kleinere selbständige Ausrüstereigeschäfte mit 582 Arbeiterinnen, die für die Kaufleute diese Arbeiten ausführen. Die Ausschneiderei, d. h. das Zerschneiden und Ausklopfen der vom Stickstuhl kommenden Stücke in die abgepaßten Streifen, wie sie in den Handel gebracht werden, das Entfernen des Stickbodens bei spitzenartigen Stickereien u. s. w., verteilt sich gleichfalls in Privatwohnungen und gewährt alleinstehenden Frauenspersonen eine freilich kärgliche Existenz oder in bescheidenen Verhältnissen lebenden Familien einen willkommenen [1] Zuschuß zu den sonstigen Einnahmen.

Die Vermittelung zwischen dem die Ware bestellenden Kaufmann und den Arbeitern, die sie herstellen, übernehmen in der Hausindustrie die Fergger (Fertiger). Über deren Thätigkeit in den Webereibetrieben teilt Wartmann nichts mit, doch wird ihr Wirkungskreis kaum ein anderer als in der Stickerei sein, über die Wartmann sich ausführlich verbreitet. Die Fergger nehmen in dieser dem Kaufmann oder Fabrikanten die mit dem Stickmuster bedruckten Stickböden sowie das erforderliche Garn ab und liefern die gestickte Ware gegen vereinbarten Lohn zurück. Wo der Fergger seine Arbeiter fand und wie er mit ihnen verkehrte, das war lediglich seine Sache. Der wirkliche Arbeitgeber und Arbeitnehmer kennen sich gar nicht und der

[1] a. a. O. S. 185.

Arbeiter hat es nur mit dem Fergger zu thun, der ihm Lohnabzüge für ungenügende Ware macht, den Lohn überhaupt bestimmt u. s. w.[1]. In dieser Beziehung ist durch den eben genannten Centralverband der Stickereiindustrie in den letzten Jahren Wandel geschaffen, sofern der vertragsmäßig festgesetzte Minimallohn jedesmal dem letzten Übernehmer d. h. dem Arbeiter zukommen muß. An die fertige Ware legt dann der Kaufmann die letzte Hand an und setzt dieselbe am Orte oder durch Export ab[2]. Die Kaufleute, welche die St. gallischen Hausindustriellen beschäftigen, sitzen nur teilweise im Kanton selbst und nicht wenige geben auch von Appenzell und Zürich aus ihre Aufträge. Die Stadt St. Gallen ist aber doch der Centralplatz für die Ausgabe der Bestellungen und den Umsatz der Ware[3]. Mittwochs und Sonnabends, als den Markttagen, finden sich hier Fabrikanten, Fergger und zahlreiche Einzelsticker zusammen, um von den Kaufleuten Aufträge entgegenzunehmen oder, soweit die Sticker nicht bloße Lohnsticker sind, um den einheimischen und fremden Einkäufern die Muster vorzulegen.

Als Übelstände dieser so verbreiteten Hausindustrie betont Wartmann[4] die Gefahr der übermäßigen Ausnutzung der Kinder, da die Einzelstickereien dem Fabrikgesetze nicht unterstehen. Auch in gesundheitlicher Beziehung ist der Hausbetrieb im Nachteile gegenüber dem Fabrikbetrieb, da die Räumlichkeiten, in welcher die 1—2 Stickmaschinen der Hausindustrie untergebracht zu sein pflegen, nur dürftig sind. Endlich ist der fleißige Einzelsticker stets der Versuchung ausgesetzt, seine Arbeitszeit stark auszudehnen und dadurch auf den Ruin seiner Gesundheit hinzuarbeiten.

Über die Zahl der in der gesamten Textilindustrie mit Ausnahme der Seidenverarbeitung beschäftigten Hausindustriellen giebt die von Major Schlatter gelegentlich der schweizerischen Landesausstellung zu Zürich im Jahre 1883 aufgestellte schweizerische Industriekarte[5] Auskunft. Leider sind auf dieser die für die Schweiz außerdem wichtigen Hausindustrieen, wie Seidenposamentiererei, Taschen- und Spieluhrenindustrie, Strohflechterei, mechanische Stickerei, Spieldosenfabrikation, Bijouterie u. s. w., nicht für sich angegeben, sondern mit den Fabriken und Handwerksbetrieben gleicher Art zusammengezählt. Über die Baseler Seidenindustrie hat Kinkelin einige Zahlen veröffentlicht[6].

Die Gesamtzahl aller Hausindustriellen der Schweiz berechnet Braun[7]

---

[1] a. a. O. S. 131. — [2] S. 143. — [3] S. 175. — [4] a. a. O. S. 181. — [5] Industriekarte der Schweiz f. d. J. 1887. Winterthur 1883. Nach einem Citat bei Braun, Statistik d. Hausindustrie S. 8. — [6] Braun a. a. O. S. 9. — [7] a. a. O. S. 9.

auf 100 000, d. h. circa 19 Proz. der in der ganzen Industrie erwerbsthätigen Bevölkerung der Schweiz.

In Österreich ist das erste Werk, welches eine Würdigung der Hausindustrie versucht hat, der im Jahre 1862 von Dormizer und Schebek an das Centralkomitee zur Beförderung der Erwerbsthätigkeit der böhmischen Erz- und Riesengebirgsbewohner erstattete Bericht über „Die Erwerbsverhältnisse im Böhmischen Erzgebirge“ [1]. Die Metallverarbeitung, die Anfertigung von Musikinstrumenten, Holz- und Spielwaren, Web- und Wirkwaren, Strohwaren, Spitzen, Stickereien und Handschuhen bilden den Gegenstand ihrer Betrachtungen. Den Hausindustrieen im Böhmerwalde, die im wesentlichen in der Herstellung von Holzwaren bestehen, hat Professor Exner einen Vortrag im österreichischen Museum für Kunst und Industrie gewidmet [2]. Eine besondere Hausindustrie, die Holzweberei in Altehrenberg bei Ramburg in Böhmen, hat Professor Kleinwächter geschildert [3]. Einige Notizen über österreichische Hausindustrieen finden sich in den von Exner redigierten „Beiträge zur Geschichte der Gewerbe und Erfindungen Österreichs“ [4]. Hausindustrielle Verhältnisse in Südtirol sind in einem Berichte der Bozener Handels- und Gewerbekammer vom Sekretär Dr. Angerer erörtert. Holzschnitzerei, Weberei (Wolle und Leinen), Handschuhmacherei, Fabrikation von Bauernhüten und Kinderspielzeug werden dort hausindustriell betrieben [5]. Gleichfalls der Holz- und Spielwarenindustrie ist die Schrift von Rudolf Nekola gewidmet, der ihre Gestaltung in der Viechtau bei Gmunden beschreibt [6]. In der „Viechtau“ sind ca. 377 Familien beschäftigt landwirtschaftliche Geräte, Löffel, Drechslerwaren, Hausgeräte, Spielwaren u. a. m. zumeist in gröbster Art herzustellen. Den gesamten Umsatz besorgt eine beschränkte Zahl von Händlern, über deren Thätigkeit indes nur wenige Bemerkungen gemacht werden. Die Lage der Hausindustriellen ist jedenfalls keine gute; ihr Verdienst ungemein niedrig. Hausindustrielle Zustände in der nordböhmischen Glasraffinerie und Textilindustrie skizziert Alwin Braf in seiner Schrift über „Nordböhmische Arbeiterverhältnisse“ [7], und einige Bemerkungen über die Hausindustrie finden

---

[1] Wien 1872. — [2] Wien 1872. — [3] Mitteilungen des Vereins für Geschichte der Deutschen in Böhmen, Jahrg. XI. Sep.-Ausg. Prag 1873. — [4] Wien 1873. 3. Bd. S. 407. — [5] Bozen 1882. S. 158—179. Vergl. meinen Aufsatz „Aus dem Gebiete der Hausindustrie“ in Schmollers Jahrbuch Bd. VII S. 103 ff. — [6] Gmunden 1882. Vergl. Sax' Referat in Conrads Jahrbüchern N. F. Bd. 9 S. 50—53. — [7] Prag 1881.

sich in J. Singers Untersuchungen über die socialen Zustände in den Fabrikbezirken des nordöstlichen Böhmens[1].

Eine Zusammenfassung der vorhandenen Daten versucht Braun[2]. Hiernach würde ein recht ansehnlicher Teil der Bevölkerung Österreich-Ungarns Hausindustrie treiben. „Von den Vorarlberger Alpen bis in das siebenbürgische Hochland könnte man wandern und kein Tag dürfte vergehen, wo man nicht auf Hausindustrielle stieße.“ Sowohl in den Gebirgen als in den großen Städten ist die Hausindustrie anzutreffen. Wiens berühmte Handschuhe, Kleider und Schuhe, Prager und Tiroler Handschuhe werden fast ausnahmslos hausindustriell hergestellt. Abgesehen von den bereits genannten Industriezweigen wird in Wien und in Nordböhmen die Verfertigung von Blumen aus Papier und Wachs hausindustriell betrieben. Die hausindustrielle Strohflechterei ist in ganz Österreich sehr entwickelt, besonders in der Umgebung von Zinnwald in Böhmen, in Mähren, Oberösterreich und Steiermark. Die Kleineisenindustrie findet sich in Steiermark und Krain. Die Roßhaarhausindustrie (Anfertigung von Sieben) kommt verstreut in vielen Kronländern, namentlich in Krain, vor. Die hausindustrielle Maschinenstickerei ist im westlichen Teile Österreichs verbreitet und eine sehr alte Spitzenindustrie existiert in Ober- und Unteridria, in Rietz im Oberinnthal und in Walachisch-Meseritsch in Mähren.

Vermutlich ist diese Aufzählung österreichischer Hausindustrieen nicht einmal vollständig. Zu bedauern bleibt es, daß bei dieser Bedeutung, welche unsere Unternehmungsform für Österreich jedenfalls auch hat, verhältnismäßig selten ihr bis jetzt eingehendere Aufmerksamkeit geschenkt ist.

Die von Dr. Josef Jekelfalussi im Jahre 1884 zusammengestellte Statistik der ungarischen Hausindustrie[3] bezieht sich nach Braun[4] nicht auf die Hausindustrie, sondern auf den Hausfleiß. Jekelfalussi bezw. die ungarische statistische Centralkommission, in deren Auftrage er seine Arbeit ausführte, unterscheiden zwei Arten von „Hausindustrie“. Die eine — die niedrigere Stufe — bringt den für die eigene Person oder Familie erforderlichen Bedarf an gewerblichen Produkten hervor; die andere — die entwickeltere — produziert nicht nur das für das eigene Bedürfnis nötige Quantum, sondern etwas mehr, das auf den Markt gebracht wird. Die

---

[1] Leipzig 1885 S. 147—151. — [2] a. a. O. S. 17—21. — [3] In ungarischer Sprache. — [4] Ad. Braun und Krejcsi, Der Hausfleiß in Ungarn, Leipzig 1887.

erstere Art nennt Jekelfalussy „Hausarbeit", die letztere „Hausindustrie". J. befindet sich mithin noch im Banne der auf dem letzten internationalen statistischen Kongreß ausgesprochenen Ansichten. Von einer eigentlichen „Hausindustrie" in unserem Sinne ist in seinem Buche nicht die Rede und Braun und Krejcsi haben recht, wenn sie die von ihm geschilderte primitive gewerbliche Entwickelungsstufe als „Hausfleiß" bezeichnen.

Zweiter Abschnitt.

Die heutigen Zustände in der Hausindustrie.

§ 1. Die geographische Verbreitung der Hausindustrie.

Sind in dem vorhergehenden Abschnitt die wichtigeren Werke und Aufsätze, welche sich mit der Hausindustrie beschäftigen, genannt, so sei nunmehr der Versuch unternommen, die in ihnen vorhandenen Materialien zu einem Bilde vom gegenwärtigen Stande derselben zu vereinigen. Den Ausgangspunkt bildet die Reichsstatistik.

Diese weist nach, daß die Hausindustrie in einem geographisch größtenteils zusammenhängenden Gebiete auftritt. Durchschnittlich müssen im ganzen Reich auf 1000 Einwohner 10,5 Hausindustrielle gerechnet werden, ein Verhältnis, das von einer Reihe von Staaten und Landesteilen übertroffen wird.

(1.)

	Auf 1000 Einw. kommen Hausindustrielle.		Auf 1000 Einw. kommen Hausindustrielle.
Zwickau	80,1	Sachsen-Weimar	17,4
Bautzen	72,5	Liegnitz	17,2
Düsseldorf	45,1	Schwarzburg-Sondershausen	17
Reuß ältere Linie	31,6	Aachen	16,3
Berlin	29,6	Lothringen	14,3
Oberfranken	22,9	Sachsen-Koburg-Gotha	13,7
Erfurt	22,8	Schwarzwaldkreis	13,6
Breslau	19,3	Unter-Elsaß	12,5
Sachsen-Meiningen	19	Schaumburg-Lippe	12,4
Reuß jüngere Linie	18,9	Dresden	10,8
Leipzig	18,1	Bremen	10,6
Schwarzburg-Rudolstadt	17,4		

Ein Blick auf die Karte läßt erkennen, daß der größte Theil dieser Staaten und Landesteile einen Hauptheerd bildet, der sich vom Glatzer Gebirgskessel aus längs der böhmischen Grenze bis zum Fichtelgebirge und von da nach Norden bis zum Eichsfelde erstreckt (Liegnitz, Breslau, Bautzen, Dresden, Leipzig, Zwickau, Oberfranken und die thüringischen Staaten, sowie der preußische Regierungsbezirk Erfurt). Ferner finden sich einige größere hausindustriell bedeutsame Gebiete an der Westgrenze des Reichs: der Düsseldorfer und der Aachener Bezirk, Lothringen und Unterelsaß, sowie der württembergische Schwarzwaldkreis. Endlich erscheinen, für die Hausindustrie von Bedeutung, ganz isoliert Berlin und Bremen. Alle diese Bezirke sind dicht bevölkert und weisen eine starke Zersplitterung des ländlichen Grundeigentums auf. Die beiden untersten Größenklassen der Landwirtschaftsbetriebe, unter 1 ha und 1—20 ha, sind in ihnen relativ stärker als durchschnittlich im Reiche vertreten.

Das Bild ändert sich, wenn man die Zahl der Hausindustriellen mit der Zahl der Fabrikarbeiter und Handwerksgehülfen, den sogenannten c-Personen der Abteilung B der Berufsstatistik, vergleicht, wie in der Tabelle 2 geschehen ist. Dieses Vorgehen empfiehlt sich, um von der größeren oder geringeren Häufigkeit der verschiedenen Unternehmungsformen eine bestimmte Vorstellung zu erwecken.

Auf 1000 Fabrikarbeiter und Gewerbsgehülfen, (sogenannte c-Personen der Abteilung B der Berufsstatistik) kommen Hausindustrielle:

(2.)

Reg.-Bez.	Königsberg	55,5	Reg.-Bez.	Lüneburg	6,1
"	Gumbinnen	42,9	"	Stade	13,7
"	Danzig	45,2	"	Osnabrück	17,0
"	Marienwerder	30,0	"	Aurich	18,6
"	Stadt Berlin	99,0	"	Münster	42,9
"	Potsdam	32,1	"	Minden	84,4
"	Frankfurt	36,0	"	Arnsberg	15,3
"	Stettin	33,9	"	Kassel	26,9
"	Köslin	46,2	"	Wiesbaden	20,5
"	Stralsund	49,4	"	Koblenz	19,4
"	Posen	47,4	"	Düsseldorf	169,4
"	Bromberg	37,0	"	Köln	42,5
"	Breslau	139,1	"	Trier	10,8
"	Liegnitz	104,8	"	Aachen	81,8
"	Oppeln	31,0	Sigmaringen		164,7
"	Magdeburg	24,4	Provinz	Ostpreußen	51,5
"	Merseburg	27,4	"	Westpreußen	38,3
"	Erfurt	141,1	"	Brandenburg m. Berlin	65,9
"	Schleswig	45,5	"	Pommern	39,5
"	Hannover	29,9	"	Posen	43,4
"	Hildesheim	10,6	"	Schlesien	90,6

Provinz Sachsen	45,8
= Hannover	16,8
= Westfalen	28,7
= Hessen-Nassau	23,5
= Rheinland	104,5
Königreich Preußen[1]	63,3
Reg.-Bez. Oberbayern	21,1
= Niederbayern	8,3
= Pfalz	42,7
= Oberpfalz	8,3
= Oberfranken	206,9
= Mittelfranken	31,1
= Unterfranken	4,1
= Schwaben	22,4
Königreich Bayern	42,4
Kreishauptmannschaft Dresden	80,6
= Leipzig	123,9
= Zwickau	393,9
= Bautzen	452,7
Königreich Sachsen	263,8
Neckarkreis	50,3
Schwarzwaldkreis	146,9
Jagstkreis	32,4
Donaukreis	56,1
Königreich Württemberg	70,7
Landeskom.-Bez. Konstanz	76,9
= Freiburg	24,0
= Karlsruhe	20,5
= Mannheim	16,1
Großherzogt. Baden	28,9
Provinz Starkenburg	23,0
= Oberhessen	23,1
= Rheinhessen	16,9
Großherzogt. Hessen	21,2

Großhzgt. Mecklenburg-Schwer.	15,6
= Sachsen-Weimar	139,7
= Mecklenburg-Strelitz	41,9
Landesteil Herzogt. Oldenburg	60,6
Fürstentum Lübeck	21,9
= Birkenfeld	29,5
Großherzogt. Oldenburg	52,5
Herzogt. Braunschweig	12,3
= Sachsen-Meiningen	102,3
= Sachsen-Altenburg	63,2
= Sachs.-Koburg-Gotha	76,7
= Anhalt	26,0
Fürstent. Schwarzb.-Sondersh.	158,4
= Schwarzb.-Rudolstadt	138,5
= Waldeck	47,3
= Reuß ä. L.	147,1
= Reuß j. L.	98,6
= Schaumburg-Lippe	75,8
= Lippe	62,7
Freie und Hansestadt Lübeck	20,3
Freie und Hansestadt Bremen	66,2
Freie und Hansestadt Hamburg	34,6
Bezirk Unter-Elsaß	12,8
= Ober-Elsaß	19,4
= Lothringen	142,1
Reichsl. Elsaß-Lothringen	82,6
Deutsches Reich	82,9
Darunter Orte von:	
100000 u. m. Einwohnern	78,3
20—100000 Einwohnern	59,6
5—20000 Einwohnern	80,3
2—5000 Einwohnern	102,1
unter 2000 Einwohnern	86,9

Diese Tabelle ist nach den Angaben der Berufsstatistik aufgestellt. Freilich hat die später erschienene Gewerbestatistik über den Umfang der Hausindustrie etwas andere Zahlen gebracht; doch war die hierdurch ein-

[1] Schleswig-Holstein und Hohenzollern siehe bei den Regierungsbezirken.

tretende Verschiebung nicht bedeutend genug, um eine neue Bearbeitung der damals schon berechneten Tabelle notwendig erscheinen zu lassen. Auf 1000 Fabrikarbeiter und Handwerksgehülfen, d. h. Personen, die im geschlossenen Etablissement oder in der Werkstätte des Meisters bezw. auf dem Bauplatz des Unternehmers thätig sind, kommen im ganzen Reich 82,9 Hausindustrielle, d. h. in ihrer eigenen Behausung für Rechnung eines fremden Geschäfts arbeitende Personen. Auch dieser Durchschnitt wird von mehreren Staaten und Landesteilen übertroffen. Es sind die nachstehenden:

(3.)

Bautzen	452,7	Sachsen-Weimar	139,7
Zwickau	393,9	Breslau	139,1
Oberfranken	206,9	Schwarzburg-Rudolstadt	138,5
Düsseldorf	169,4	Leipzig	123,9
Sigmaringen	164,7	Liegnitz	104,8
Schw.-Sondershausen	158,4	Sachsen-Meiningen	102,3
Reuß ä. L.	147,1	Berlin	99
Schwarzwaldkreis	146,9	Reuß j. L.	98,6
Lothringen	142,1	Minden	84,4
Erfurt	141,1		

Wie man sieht, wird bei dieser Aufstellung die obige Charakteristik der geographischen Verbreitung der Hausindustrie insofern geändert, als durch den Wegfall der Bezirke Dresden, Schaumburg-Lippe und Sachsen-Koburg-Gotha die zusammenhängende Masse des hausindustriellen Gebiets sich nicht mehr so ansehnlich zeigt. Auch erscheint die Wichtigkeit der westdeutschen Hausindustrie geschmälert, weil die Bezirke Aachen und Unterelsaß nicht zur Geltung kommen. Dagegen tritt an die Stelle des isolierten hausindustriellen Gebiets Bremen der hausindustrielle Bezirk Minden. Der allgemeine Eindruck von der geographischen Verteilung und den sie begleitenden Umständen bleibt derselbe. Die recht eigentlich hausindustriellen Landesteile, wie Bautzen, Zwickau, Oberfranken und Düsseldorf, treten als solche deutlich charakterisiert hervor.

Es ergiebt sich hieraus, auf welche Gebiete namentlich die Aufmerksamkeit der Forscher zu lenken ist. Die hausindustriellen Bezirke Berlin, Breslau, Leipzig, Dresden, Bremen, Lothringen, der württembergische Schwarzwaldkreis, Reuß ält. und jüng. Linie, Erfurt, Schwarzburg-Rudolstadt und Schwarzburg-Sondershausen, Schaumburg-Lippe sind noch gar nicht, die anderen außerdem genannten Staaten und Landesteile nur unvollkommen beschrieben worden. Gerade also die für die Charakterisierung der hausindustriellen Unternehmungsform wichtiges Material bietenden Gebiete sind noch nicht ausgebeutet worden.

§ 2. Die hausindustriell wichtigsten Gewerbe.

Von Interesse ist es ferner, sich zu vergegenwärtigen, in welchen Gewerben die Hausindustrie eine bemerkenswerte Rolle spielt. Die Reichsstatistik stellt zu diesem Zweck die Zahlen der hausindustriellen Betriebe und Personen in Beziehung zu den Gesamtzahlen der Betriebe und Personen jeder Gruppe, und wir behalten diese Vergleichung bei, obgleich das Bild in mancher Hinsicht klarer würde, wenn die Hausindustriellen nicht allen Gewerbthätigen der betreffenden Gruppe oder Gewerbeart, sondern nur den Arbeitern und Gehülfen (den sogenannten c=Personen) gegenübergestellt würden. Es müßten aber für den letzteren Fall die Verhältniszahlen erst berechnet werden, während die ersteren der Reichsstatistik entnommen werden können.

(4.)

Gewerbegruppe.	unter je 100 Betrieben sind hausindustrielle	unter je 100 Personen sind hausindustrielle
1. Textilindustrie	57,9	31,3
2. Bekleidung und Reinigung	11,6	10,5
3. Papierindustrie	10,5	3,5
4. Verarbeit. von Metall, ausgenommen Eisen	10,5	3,8
5. Holz= und Schnitzstoffe	5,4	4,1
6. Eisenverarbeitung	5,1	3,7
7. Künstlerische Gewerbe	4,5	5,1
8. Industrie der Steine und Erden	4,2	0,9
9. Polygraphische Gewerbe	3,6	1,1
10. Maschinen, Instrumente, Apparate	2,7	1,3
11. Leder=, Wachstuch= und Gummiindustrie	2,3	1,2
12. Nahrungs= und Genußmittel	2,2	1,1

In den nicht aufgeführten Gruppen hat die Hausindustrie nur sehr geringe Bedeutung, wie z. B. in der chemischen Industrie oder in der Gruppe Forstwirtschaftliche Nebenprodukte, Leuchtstoffe ꝛc., oder kommt überhaupt gar nicht vor.

Innerhalb dieser Gewerbegruppen erscheint bei den einzelnen Gewerbearten, aus denen sie gebildet sind, die Hausindustrie bald mehr bald minder hervorragend. Während z. B. in der Textilindustrie die Zubereitung von Spinnstoffen, abgesehen von der Seidenspinnerei, sowie die Seilerei und Reepschlägerei sich verhältnismäßig selten der Leistungen der Hausindustriellen bedienen, giebt es in derselben Gruppe Zweige, wie die Häkelei und Stickerei, Strickerei und Wirkerei u. a. m., für welche der hausindustrielle Betrieb geradezu Lebensfrage ist. Ein gleiches Verhältnis zeigt sich in der Holzindustrie, wo die Tischlerei fast ohne Hausindustrie ist, die

Holz- und Strohflechterei dagegen und die Korkschneiderei in erheblichem Maße hausindustriell arbeiten lassen. Es wird daher nötig, die einzelnen Gewerbearten zu verzeichnen, in welchem sich die hausmäßige Thätigkeit am meisten zeigt. Dieselben sind in der nächstfolgenden Tabelle 5 zusammengestellt, in welcher die Zahl der Betriebe fortgelassen ist, weil man in ihr doch nur unvollkommenen Anhalt zur Beurteilung, in welchem Maße eine Gewerbeart hausindustriell organisiert ist, findet. Deutlicher spricht die Ziffer, welche die Vertretung der hausindustriellen Personen unter allen Gewerbthätigen zum Ausdrucke bringt.

In anderen, in der Tab. 5 nicht aufgeführten, Gewerbearten repräsentieren die hausindustriellen Arbeiter keine vollen 10 Proz. aller Gewerbthätigen, so daß die hausmäßige Thätigkeit demnach gegen die fabrik- oder handwerksmäßige verhältnismäßig in den Hintergrund tritt. Gleichwohl sind auch unter diesen Gewerben mehrere, die eine erhebliche Anzahl von Hausindustriellen beschäftigen, so die Schuhmacherei 18 453 Hausindustrielle, die Tabakfabrikation (8313), die Baumwollspinnerei (4937), die Tischlerei und Parketfabrikation (3995), die Drechslerei und Verfertigung von Schnitzwaren (3148), die Putzmacherei (3079), die Wäscherei und Plätterei (2527), die Korbmacherei (2361). Man bekommt also von der Wichtigkeit der Hausindustrie im deutschen Erwerbsleben eine andere Vorstellung, je nachdem man die in dieser Unternehmungsform beschäftigten Arbeiter mit den in allen Unternehmungsformen beschäftigten vergleicht oder die Zahl der Hausindustriellen allein ins Auge faßt. In ersterer Beziehung giebt die Tabelle 5 (S. 62) über die vornehmlich hausindustriell organisierten Gewerbearten und ihre Reihenfolge Auskunft. Nach der absoluten Zahl der Hausindustriellen wären die 11 wichtigsten Gewerbearten, die mehr als 10 000 Hausindustrielle aufweisen, 1. die Seidenweberei und Sammetverfertigung, 2. die Baumwollenweberei, 3. die Näherei, 4. die Leinenweberei, 5. die Strumpfwaren-Fabrikation, 6. die Schneiderei, 7. die Wollenweberei, 8. die Weberei von gemischten Waren, 9. die Schuhmacherei, 10. die Posamentenfabrikation, 11. die Zeug-, Sensen- und Messerschmiederei und Verfertigung eiserner Kurzwaren.

Aus dieser Statistik folgern zu wollen, welche Gewerbe für den hausindustriellen Betrieb besonders geeignet erscheinen, hätte sein Mißliches, da man bei dem Mangel an Zahlen aus früheren Jahren, die zum Vergleich herangezogen werden könnten, nicht sicher ist, ob in den gegenwärtigen ein Niedergang oder ein Aufschwung dieser Unternehmungsform sich zeigt. So scheint die verhältnismäßig geringe Beteiligung der Hausindustrie an der Verfertigung von Stiften, Nägeln, Schrauben, Nieten u. s. w., die in

(5.) Gewerbearten.	Zahl aller Gewerbthätigen. (Jahresdurchschnitt).	Zahl der Hausindustriellen. (Jahresdurchschnitt).	Unter 100 Gewerbthätigen sind Hausindustrielle.
1. Seidenweberei einschließl. Sammetverfertigung	76 264	53 135	69,7
2. Häkelei und Stickerei	10 327	6 434	62,3
3. Appretur für Strumpf- und Strickwaren	7 936	4 695	59,2
4. Strumpfwarenfabrikation	73 829	40 100	54,3
5. Seiden- und Seidenshoddyspinnerei	9 408	4 722	50,2
6. Posamentenfabrikation	31 004	14 628	47,2
7. Wäscherei, Bleicherei u. Appretur f. Spitzen- und Weißzeugstickereien	781	347	44,4
8. Baumwollenweberei	125 591	52 162	41,5
9. Verfertigung v. Hosenträgern, Kravatten und Handschuhen	22 196	9 056	40,8
10. Leinenweberei	103 808	40 925	39,4
11. Seidenfilanden und Seidenhaspelanstalten	1 074	422	39,3
12. Spitzenverfertigung und Weißzeugstickerei	25 639	8 744	34,2
13. Korkschneiderei	2 559	800	31,3
14. Weberei von gemischten und anderen Waren	73 750	22 051	29,9
15. Spinnerei ohne Stoffangabe	630	177	28,1
16. Fabrikation von Steinpappe und Papiermaché	5 394	1 508	28
17. Weberei und Flechterei v. Holz, Stroh, Bast, Binsen	18 650	4 976	26,7
18. Gold- und Silberdrahtzieherei u. Verfertigung von leonischen Waren	3 602	938	26
19. Verfertigung von Korsets	5 914	1 444	24,4
20. Weberei ohne Stoffangabe	2 326	513	22,1
21. Wollenweberei	108 007	23 603	21,9
22. Zeug-, Sensen-, Messerschmiede, Verfertigung v. eisernen Kurzwaren	55 889	11 719	21
23. Glasbläserei vor der Lampe	2 078	405	19,5
24. Näherei	268 337	49 828	18,6
25. Gummi- und Haarflechterei und -weberei	2 792	452	16,2
26. Verfertigung von fertigen Kleidern u. Wäsche (Konfektion)	37 614	6 035	16
27. Verfertigung v. Musikinstrumenten, ausgenommen Pianos	11 165	1 735	15,5
28. Büchsenmacherei, Gewehrfabrikation	5 972	749	12,5
29. Schneiderei	317 896	39 325	12,4
30. Flachs- und Hanfhechelei und -spinnerei	25 095	2 749	11

der vorstehenden Tabelle gar nicht vorkommt, weil nur 6,6 Proz. ihrer Gewerbthätigen Hausindustrielle sind, an der Flachs- und Hanfhechelei und -spinnerei, an der Baumwollen- und Wollenspinnerei u. s. w. den aussichtslosen Wettkampf der Handarbeit gegen die Maschine anzudeuten. Dagegen dürften die Konfektionsbranche, die Schuhmacherei, die Schneiderei, die Gummi- und Haarflechterei auf dem Wege sein, sich mehr und mehr der hausindustriellen Organisation zuzuwenden. Würde die Reichsstatistik noch weiter specialisieren, so käme mancher Industriezweig zum Vorschein, der fast ausschließlich oder größtenteils auf hausindustriellem Wege betrieben wird, so die Achatschleiferei, die Spielwarenbranche, die Porzellanmalerei u. a.

Im allgemeinen scheinen von wesentlichem Einfluß auf das Vorkommen der Hausindustrie zu sein:

1. der Umstand, ob die Frauenhand bei der Arbeit Verwendung finden kann,

2. eine einfache Technik, die es gestattet, mit wenigen und nicht kostspieligen Werkzeugen thätig zu sein. Die Maschinen, die in manchen Hausindustrieen Eingang gefunden haben, wie Näh-, Stickmaschinen u. s. w., sowie die Motoren, die zur Anwendung kommen, verlangen gleichfalls keine großen Anschaffungskosten.

3. Künstlerischer Sinn oder besondere Fähigkeiten für die Ausführung der Arbeit, wie in der Verfertigung von Musikinstrumenten, gewisser Webwaren.

4. Große Transportfähigkeit der Erzeugnisse, um dieselben bequem von den Produktionsstätten zum Verleger und aus dessen Händen zu den Konsumenten gelangen lassen zu können.

Es ergiebt sich aus Tabelle 5, daß bei sehr vielen hausindustriell wichtigen Gewerben die Lage der Arbeiter und die Lebensfähigkeit der betreffenden Unternehmungsform noch gar nicht beleuchtet ist. So in der Seiden- und Seidenshoddyspinnerei, der Posamentenfabrikation, der Verfertigung von Hosenträgern, Kravatten und Handschuhen, den Seidenfilanden und Seidenhaspelanstalten, der Fabrikation von Steinpappe und Papiermaché, der Gold- und Silberdrahtzieherei, der Verfertigung von Korsets, der Näherei, der Gummi- und Haarflechterei und -weberei, der Büchsenmacherei, der Flachs- und Hanfhechelei und -spinnerei. Nur sehr unvollkommen sind die Verhältnisse der, wie man gewahr wird, gleichfalls ansehnlichen Hausindustrieen in der Strumpfwarenfabrikation, der Weberei und Flechterei von Holz, Stroh, Bast, Binsen, sowie der Konfektionsbranche bis jetzt geschildert worden.

Im einzelnen zu verfolgen, wie sich die hausindustriell wichtigen Gewerbearten geographisch über Deutschland verteilen, würde hier zu weit führen. Man kann hierfür auf die beiden Tabellen 34 und 35 in der Reichsgewerbestatistik[1] verweisen, in welchen einmal für 24 Gebietsteile angegeben ist, welche Hausindustrieen in ihnen namentlich vorkommen, und ferner, wie die für die Hausindustrie wichtigeren Gewerbearten in den einzelnen Gebietsteilen vertreten sind.

Das Ergebnis derselben, wie es im Texte zu der Reichsstatistik bereits ausgesprochen ist, ist das folgende. Die hausindustriereiche Gegend Mitteldeutschlands, deren Centrum das **Königreich** Sachsen ist, teilt sich so, daß in dem östlichen Abschnitte (Bautzen, Liegnitz, Breslau) die Leinen- und Baumwollenindustrie, im westlichen (Zwickau, Leipzig, in beiden Reuß und Sachsen-Weimar) die Strumpfwarenfabrikation sowie die Baumwoll- und Wollindustrie, in einigen Bezirken (Erfurt, Schaumburg-Lippe) auch die Leinenindustrie hervorragt, in einem Teile von Thüringen (in Sachsen-Meiningen, beiden Schwarzburg, Sachsen-Koburg-Gotha) die Spielwarenindustrie in erster Linie steht. Die unterrheinische Hausindustrie (in Düsseldorf und Aachen) ist vor allem der Seidenbranche und der Verfertigung von eisernen Kurzwaren (Zeug-, Sensen- und Messerschmiederei) zugewandt. In Lothringen und Unterelsaß weisen Holzflechterei, Häkelei und Stickerei, stellenweise auch Baumwollenweberei die höchsten Zahlen auf. Der Schwarzwaldkreis hat namentlich Schuhmacherei, Berlin Konfektion, Bremen Tabakfabrikation.

§ 3. Die Hausindustrie in Großstädten.

Bereits Schwarz hat darauf aufmerksam gemacht, daß in den größeren Städten als den Mittelpunkten des Kapitals, des Geschmacks und des Luxus die Fabrikation zahlreicher Modeartikel sich angesiedelt und hausindustriell eingerichtet hat[2]. Derartige Industriezweige sind nach ihm die Fabrikation künstlicher Blumen, Cartonnagearbeiten, Bijouteriewarenfabrikation, feinere Näharbeiten u. s. w. In der That zeigt nun die Berufs- und Gewerbestatistik, daß die Großstädte, d. h. die Städte mit über 100 000 Einwohnern, verhältnismäßig mehr Hausindustrielle aufweisen als das Reich durchschnittlich. In ihnen kommen auf 1000 Einwohner 17,6 Hausindustrielle, im Reich nur 10,5. In Berlin, Breslau, Dresden, Leipzig, Köln, Stuttgart, Bremen und Danzig trifft man diese Unternehmungsform relativ am häufigsten von allen Großstädten. Vorzugsweise hat sie hier

[1] a. a. O. S. 96, 97. — [2] a. a. O. S. 619.

das Bekleidungsgewerbe, insbesondere die Näherei, Schneiderei, Konfektion erfaßt, in Berlin, Breslau, Dresden, Leipzig auch gewisse Zweige der Textilindustrie, wie Häkelei und Stickerei, Strumpfwarenfabrikation, Spitzenverfertigung. Außerdem werden die Tischlerei, Holzflechterei (Dresden), Drechslerei (Nürnberg), Buchbinderei und Cartonnagefabrikation (Bremen), sowie verschiedene Zweige der Metallverarbeitung in den Großstädten gerne hausindustriell betrieben.

§ 4. Die Zahl der Hausindustriellen.

Über die Zahl aller Hausindustriellen liegen seitens der Reichsstatistik mehrere Angaben vor. In der Berufsstatistik, die auf den Stand des 5. Juni 1882 sich bezieht, sind 339 646 Hausindustrielle, in der Gewerbestatistik, die sich zwar auf denselben Zeitpunkt bezieht, aber deren Material erst später bearbeitet wurde, 348 008 Hausindustrielle nachgewiesen. Ferner sind abweichende Daten erwachsen, je nachdem die Angaben, die wie erwähnt aus einem Doppelquell entflossen, von den Arbeitgebern oder Arbeitnehmern stammen. Nach den Angaben der ersteren sind im Jahresdurchschnitt 544 980 Hausindustrielle, nach den Angaben der letzteren 476 080 im Deutschen Reich vorhanden. Vermutlich ist die erstere Zahl zu hoch ausgefallen, da es bekanntlich vorkommt, daß dieselben Hausindustriellen bald für diesen bald für jenen Unternehmer arbeiten. Dagegen dürfte die letztere Zahl zu klein ausgefallen sein, weil manche Hausindustrielle, die gewerblich nur im Nebenberuf oder nur im Winter, nur zeitweilig thätig sind, die Deklaration dieser Thätigkeit unterlassen haben mögen. Im allgemeinen verdienen die auf die Angaben der Hausindustriellen sich stützenden Zahlen das meiste Vertrauen.

§ 5. Die hausindustriellen Gehülfenbetriebe.

Wie das hausindustrielle Verhältnis in der Reichsstatistik überhaupt aufzufassen ist, wurde schon oben auseinandergesetzt. Die in diesen Zahlen sich wiederspiegelnde Organisationsform besteht darin, daß der Hausindustrielle für Rechnung eines Geschäfts zu Hause thätig ist, daß er den ihm gelieferten Rohstoff verarbeitet oder sonst andere ihm übertragene Leistungen vollzieht. Interessanterweise beschäftigen diese den Fabrikarbeitern in Bezug auf Abhängigkeit also gleichstehenden Hausindustriellen ihrerseits wieder Gehülfen, in der Regel wohl ihre Familienangehörigen. Unter 352 079 Hauptbetrieben, d. h. solchen, für welche Personen überhaupt nachgewiesen sind, befinden sich 284 733 Alleinbetriebe und 67 346 Motoren-, Mitinhaber- und Gehülfenbetriebe. Die Zahl der in letzteren thätigen Personen beläuft sich auf 191 347, so daß durchschnittlich jeder dieser Betriebe mit 3 Personen arbeitet. Vermutlich würde dieser Durchschnitt sich höher stellen, wenn die ohne Zweifel ausgedehnte Verwendung von Familiengliedern in bestimmten Zweigen der Hausindustrie von den Befragten gewissenhafter angegeben worden wäre. Immerhin ist es wichtig festzuhalten, daß es hausindustrielle Betriebe giebt, bei welchen in dem Arbeitsraume mehrere Personen gleichzeitig thätig sind, ein Moment, das bei der Beurteilung der Hausindustrie in Bezug auf die gesundheitliche Lage der Arbeiter in Betracht kommt.

§ 6. Das Geschlecht der Hausindustriellen.

Auf die Bedeutung, welche die Frauenhand für die Hausindustrie hat, wurde schon hingewiesen. Es spielt das weibliche Geschlecht in der Hausindustrie eine größere Rolle als in der gesamten Industrie. Während in dieser unter 100 Gewerbthätigen etwa 20 weiblichen Geschlechts sind, befinden sich unter 100 Hausindustriellen 43,9 Frauen[1]. Indes giebt es bei der Hausindustrie einzelne Zweige, die fast ausschließlich von Männern (mehr als 90 Prozent) betrieben werden, so z. B. in der Gruppe der Eisenverarbeitung die Klempnerei, die sonstige Verfertigung von Eisenblechwaren, Verfertigung von Stiften, Nägeln, Ketten u. s. w., Schlosserei, Zeug-, Sensen- und Messerschmiederei, in der Gruppe der Instrumente die Büchsenmacherei, Uhrmacherei, Pianofortefabrikation, die Verfertigung von mathematischen, physikalischen u. s. w. Instrumenten, in der Holzindustrie die Tischlerei, Böttcherei, Drechslerei, im übrigen die Schuhmacherei, die Schriftschneiderei, Stein- und Zinkdruckerei und die künstlerischen Gewerbe. Dafür tritt auf der anderen Seite in verschiedenen Industriezweigen das Übergewicht der Frauenarbeit sehr deutlich hervor. Dasselbe zeigt sich (mehr als 90 Prozent aller Hausindustriellen weiblichen Geschlechts) besonders bei den Seidenfilanden, bei Häkelei und Stickerei, Appretur für Strumpfwaren und für Spitzen- und Weißzeugstickereien, Näherei, Putzmacherei, Verfertigung von Hosenträgern, Kravatten und Handschuhen, bei der Perrückenmacherarbeit, Wäscherei und Plätterei. Eine über den Durchschnitt von 43,9 Prozent hinausgehende Verwendung von Personen

[1] 476 080 Hausindustrielle gerechnet; davon 267 286 männlichen und 208 794 weiblichen Geschlechts.

weiblichen Geschlechts findet sich in der Gold- und Silberschlägerei, der Gold- und Silberdrahtzieherei und Verfertigung leonischer Waren, Verfertigung von Nadler- und Drahtwaren, Verfertigung von Bleistiften, Pastellstiften, Kreiden, in der Wollbereitung, der Seiden- und Seidenschoddyspinnerei, der Wollenspinnerei, der Flachs- und Hanfhechelei und -spinnerei, der Baumwollenspinnerei, der Spinnerei ohne Stoffangabe, der Gummi- und Haarflechterei und -weberei, der Spitzenverfertigung und Weißzeugstickerei, der Baumwollenbleicherei, Färberei u. s. w., der Posamentenfabrikation, der Verfertigung von Netzen, Segeln u. s. w., der Weberei und Flechterei von Holz, Stroh, Bast und Binsen, der Stock- und Schirmfabrikation, der Schneiderei, der Konfektionsbranche, der Kürschnerei, Verfertigung von Korsets. In allen diesen Industriezweigen findet man, daß 45,3 Prozent — 89,3 Prozent aller Hausindustriellen weiblichen Geschlechts sind.

Nun sind aber, wie vorher bereits gezeigt wurde, nicht alle die eben genannten Zweige auch die hausindustriell wichtigsten. Betrachtet man als solche nur diejenigen, deren Personal zu mehr als 20 Prozent aus Hausindustriellen besteht, so bekommt man zwei Reihen von Gewerbearten, von denen die eine ebensosehr auf das männliche Geschlecht berechnet erscheint wie die andere auf das weibliche. In der folgenden der Reichsstatistik entlehnten Tabelle tritt dieses Verhältnis anschaulich hervor.

(6.) I. Gewerbearten, bei denen das männliche Geschlecht unter den Hausindustriellen vorherrscht.

Gewerbearten	Hausindustrielle in % aller Gewerbthätigen	Unter 100 Hausindustriellen sind weibliche
1. Seidenweberei einschließlich Sammetverfertigung .	69,7	23,8
2. Strickerei u. Wirkerei (Strumpfwarenfabrikation)	54,3	29
3. Baumwollenweberei	41,5	25,9
4. Leinenweberei	39,4	35
5. Korkschneiderei	31,3	16,3
6. Weberei von gemischten und anderen Waren . .	29,9	18,7
7. Fabrikation von Steinpappe und Papiermaché .	28	42
8. Weberei ohne Stoffangabe	22,1	3,1
9. Wollenweberei	21,9	15,7
10. Zeug-, Sensen-, Messerschmiede, Verfertigung von eisernen Kurzwaren	21	1,4

II. Gewerbearten, bei denen das weibliche Geschlecht unter den Hausindustriellen vorherrscht.

Gewerbearten.	Hausindustrielle in % aller Gewerbthätigen	Unter 100 Hausindustriellen sind weibliche
1. Häkelei und Stickerei	62,3	96,4
2. Appretur für Strumpf- und Strickwaren	59,2	97,8
3. Seiden- und Seidenshoddyspinnerei	50,2	88
4. Posamentenfabrikation	47,2	74,4
5. Wäscherei, Bleicherei ꝛc. für Spitzen- und Weißzeugstickerei	44,4	96,5
6. Verfertigung von Hosenträgern, Kravatten und Handschuhen	40,8	93,6
7. Seidenfilanden und Seidenhaspelanstalten	39,3	97,9
8. Spitzenverfertigung und Weißzeugstickerei	34,2	77,7
9. Spinnerei ohne Stoffangabe	28,1	89,3
10. Weberei und Flechterei von Holz u. s. w. (außer Korbmacherei)	26,7	87,2
11. Gold- und Silberdrahtzieherei und Verfertigung von leonischen Waren	26	80,3
12. Verfertigung von Korsets	24,4	67,1

§ 7. Der Familienstand der Hausindustriellen.

Zeigt in Bezug auf das Geschlecht der Arbeiter die Hausindustrie nicht geringe Abweichungen von den Verhältnissen der gesamten Industrie, so erscheint eine weitere Verschiedenheit in Bezug auf den Familienstand der Arbeiter. Von allen Gehülfen und Arbeitern in der Industrie sind 59 Prozent ledig, 38,6 Prozent verheiratet und 2,4 Prozent verwitwet; unter den Hausindustriellen dagegen finden sich 40 Prozent ledige, 47 Prozent Verheiratete und 13 Prozent Verwitwete. Es beteiligen sich demnach an der Hausindustrie relativ mehr Verheiratete und Verwitwete als an der andern gewerblichen Arbeit; ja bei den Witwen ist sogar die absolute Zahl größer. Unter 339 644 Hausindustriellen giebt es 34 927 Witwen; unter 4 096 243 Arbeitern und Gehülfen (sogenannten c-Personen) nur 33 636[1].

[1] Es müssen bei diesen Betrachtungen die Zahlen der Berufsstatistik — Stat. des Deutschen Reiches N. F. Bd. 2 S. 89 und S. 109* — benutzt werden, da die Gewerbestatistik die Gruppierung der Arbeiter nach dem Familienstande nicht mitteilt.

Es wird diese Erscheinung wohl damit zu erklären sein, daß die Witwe, die wegen unmündiger Kinder oder durch höheres Alter ans Haus gebunden ist, manche Freistunde findet, in der sie sich gewerblich beschäftigen kann, und manche Hantierung, die sie in Bequemlichkeit daheim zu leisten vermag, während sie die regelmäßige Arbeitszeit in der Fabrik, die strengere schwerere Beschäftigung daselbst mit nur wenigen Erholungspausen nicht einzuhalten im stande ist.

Läßt man die unter 15 Jahre alten Arbeiter, die bei der Gruppierung nach dem Familienstande eigentlich nicht in Betracht kommen, weg und hält 3 Altersstufen sowie die Zahlen für jedes Geschlecht auseinander, so ergiebt sich folgendes charakteristisches Bild:

(7.)	Beide Geschlechter			Männliches Geschlecht			Weibliches Geschlecht		
	Von je 100 Personen des betreffenden Geschlechtes und Alters sind								
	ledig	verheiratet	verwitwet	ledig	verheiratet	verwitwet	ledig	verheiratet	verwitwet
	a. im Alter von 15—30 Jahren								
1. bei d. Hausindustriellen	78,1	20,8	1,1	55,6	43,9	0,5	90	8,6	1,4
2. bei d. Gehülfen u. Arbeit. d. gesamt. Industrie	86,2	13,6	0,2	84,7	15,1	0,2	93,3	6,1	0,6
	b. im Alter von 30 bis unter 50 Jahren								
1. bei d. Hausindustriellen	20,9	67,3	11,8	8,3	89,1	2,6	42,4	30,3	27,3
2. bei d. Gehülfen u. Arbeit. d. gesamt. Industrie	17,3	79,5	3,2	15,2	82,8	2	42	39,9	18,1
	c. im Alter von 50 Jahren und darüber								
1. bei d. Hausindustriellen	12,2	54,7	33,1	4,4	81,5	14,1	23,9	14,4	61,7
2. bei d. Gehülfen u. Arbeit. d. gesamt. Industrie	9,5	76,1	14,4	7,8	80,8	11,4	27,8	24,7	47,5

In der Altersstufe von 15—30 Jahren findet man bei beiden Geschlechtern relativ weniger ledige Arbeiter und dem entsprechend mehr Verheiratete unter den Hausindustriellen als bei den Industriellen überhaupt. In den beiden anderen Altersstufen erscheinen unter den Hausindustriellen relativ mehr Ledige als unter den Fabrikarbeitern und Gehülfen. Dagegen weisen die Verwitweten auf jeder Altersstufe bei der Hausindustrie relativ

(8.)

Gewerbearten	Von 1000 über 15 Jahre alten Hausindustriellen beiderlei Geschlechts sind			Von 1000 über 15 Jahre alten Hausindustriellen männl. Geschl. sind		Von 1000 über 15 Jahre alten Hausindustriellen weibl. Geschl. sind	
	ledig	verheirat.	verwitw.	verheirat.	verwitw.	verheirat.	verwitw.
	1	2	3	4	5	6	7
1. Porzellanwaren- ꝛc. Fabrikation und Veredelung	271,8	614,6	113,6	748,0	55,7	250,0	271,9
2. Verfertigung von Stiften, Nägeln ꝛc.	376,2	574,9	48,9	579,4	43,8	350,0	300,0
3. Verfertigung von Sensen, Messern ꝛc.	233,0	708,9	58,1	730,1	48,4	217,1	282,9
4. Verfertigung von musikalischen Instrumenten	348,1	601,3	50,6	705,4	35,7	100,8	122,6
5. Spinnerei, Hechelei, Spulerei ꝛc.	361,4	259,1	379,5	576,6	177,9	214,2	420,9
6. Weberei einschließlich Bandweberei	235,7	658,2	106,1	764,5	58,0	242,9	293,8
7. Gummi- und Haarflechterei und -weberei	385,7	413,0	201,3	892,4	43,6	194,0	273,6
8. Strickerei und Wirkerei	255,0	607,9	137,1	809,0	68,1	108,5	125,6
9. Häkelei, Stickerei, Spitzenfabrikation	576,1	217,0	206,9	700,1	53,1	185,2	217,0
10. Bleicherei, Färberei, Druckerei ꝛc.	572,3	213,2	214,5	717,7	46,7	180,9	225,2
11. Posamentenfabrikation	544,7	343,6	111,7	760,5	50,0	227,2	128,9
12. Verfertigung von groben glatten Holzwaren	272,6	606,9	120,5	744,6	65,5	259,2	259,2
13. Tischlerei und Parketfabrikation	194,4	753,3	52,3	761,1	46,3	485,7	257,1
14. Korbmacherei	357,8	543,1	99,1	672,7	50,7	111,1	78,0
15. Weberei u. Flechterei v. Holz, Stroh, Bast, Binsen	685,7	193,2	121,1	330,0	34,8	177,3	131,1
16. Drechslerei, auch Korkschneiderei	197,3	723,3	79,4	780,0	37,7	264,4	416,7
17. Tabakfabrikation	163,4	772,1	64,5	838,4	27,8	610,1	153,9
18. Näherei	715,1	92,6	192,3	—	—	92,6	192,4
19. Schneiderei	457,3	466,5	76,2	828,8	39,2	117,4	115,3
20. Konfektionsbranche	628,8	216,9	154,3	752,7	15,5	138,5	174,5
21. Putzmacherei ꝛc.	773,3	139,2	87,5	743,6	38,5	118,2	89,2
22. Hut- und Mützenmacherei	296,0	567,7	136,3	805,8	58,4	256,2	238,2
23. Verfertigung von Hosenträgern ꝛc.	700,7	196,8	102,5	710,7	64,3	137,0	106,9
24. Schuhmacherei	327,9	634,2	37,9	664,8	26,8	248,1	178,1
25. Waschanstalten, Wäscherinnen	468,1	180,9	351,0	1000	—	173,6	354,1

Gewerbearten	Von 1000 über 15 Jahre alten Gehülfen und Arbeitern in der gesamten Industrie beiderlei Geschlechts sind			Von 1000 über 15 Jahre alten Gehülfen u. Arbeitern in der gesamten Industrie			
				männl. Geschl. sind		weibl. Geschl. sind	
	ledig	verheirat.	verwitw.	verheirat.	verwitw.	verheirat.	verwitw.
	8	9	10	11	12	13	14
1. Porzellanwaren- ꝛc. Fabrikation und Veredelung	536,7	430,0	33,3	523,0	19,7	101,8	81,7
2. Verfertigung von Stiften, Nägeln ꝛc.	576,8	398,1	25,1	418,6	22,0	127,3	66,2
3. Verfertigung von Sensen, Messern ꝛc.	644,4	334,6	21,0	340,3	18,8	155,2	88,8
4. Verfertigung von musikalischen Instrumenten	571,6	407,7	20,7	427,8	19,2	82,0	44,0
5. Spinnerei, Hechelei, Spulerei ꝛc.	657,7	295,4	46,9	510,8	26,1	137,6	62,1
6. Weberei einschließlich Bandweberei	630,6	329,6	39,8	436,5	27,0	175,5	58,8
7. Gummi- und Haarflechterei und -weberei	480,8	454,3	64,9	607,1	31,2	18,9	126,7
8. Strickerei und Wirkerei	752,4	220,1	27,5	302,2	15,2	80,2	47,0
9. Häkelei, Stickerei, Spitzenfabrikation	721,8	255,5	22,7	576,8	10,6	44,0	30,7
10. Bleicherei, Färberei, Druckerei ꝛc.	509,7	454,7	35,6	576,1	27,8	128,0	56,3
11. Posamentenfabrikation	667,0	297,0	36,0	467,6	23,1	57,9	55,3
12. Verfertigung von groben glatten Holzwaren	619,5	354,6	25,9	381,2	19,8	153,7	71,1
13. Tischlerei und Parketfabrikation	696,7	289,8	13,5	289,8	13,1	300,7	58,5
14. Korbmacherei	805,3	173,6	21,1	174,7	16,4	166,1	53,5
15. Weberei u. Flechterei v. Holz, Stroh, Bast, Binsen	695,9	248,9	55,2	425,8	28,8	93,6	78,2
16. Drechslerei, auch Korkschneiderei	701,1	281,7	17,2	299,7	13,1	108,4	57,7
17. Tabakfabrikation	518,4	429,8	51,8	461,0	23,5	233,9	81,9
18. Näherei	940,0	26,2	33,8	—	—	26,2	33,9
19. Schneiderei	858,3	130,0	11,7	150,1	106,1	38,4	16,7
20. Konfektionsbranche	880,2	83,0	36,8	332,6	12,9	38,7	41,0
21. Putzmacherei ꝛc.	942,5	41,0	16,5	285,2	15,3	28,9	16,6
22. Hut- und Mützenmacherei	684,7	288,8	26,4	343,4	16,3	91,5	63,6
23. Verfertigung von Hosenträgern ꝛc.	719,6	250,4	30,0	406,4	16,3	75,2	45,4
24. Schuhmacherei	900,0	92,5	7,5	92,4	6,7	106,9	36,4
25. Waschanstalten, Wäscherinnen	689,4	132,3	178,3	354,4	29,2	115,1	190,0

mehr Vertreter auf als bei der Gesamtindustrie. Das männliche Geschlecht zeigt in allen drei Altersstufen relativ weniger ledige Arbeiter und relativ mehr Verheiratete und Verwitwete unter den Hausindustriellen als bei allen Industriellen. Das weibliche Geschlecht dagegen hat in der ersten und dritten Altersstufe relativ weniger Ledige bei der Hausindustrie als bei der Gesamtindustrie, während in der zweiten Altersstufe bei beiden Unternehmungsformen Ledige verhältnismäßig in nahezu gleicher Anzahl vorkommen. Demgemäß giebt es in der ersten Altersstufe relativ mehr Verheiratete, in den beiden anderen Altersstufen relativ weniger Verheiratete bei der Hausindustrie als bei der Gesamtindustrie, und nur bei den Verwitweten nimmt man wahr, daß sie in allen Altersstufen bei der Hausindustrie relativ häufiger auftreten als bei der Gesamtindustrie.

Geht man weiter auf den Familienstand der Arbeiter bei den einzelnen hausindustriell besonders wichtigen Gewerbearten ein, wie auf der Tabelle 8 S. 70 u. 71 geschehen ist, so erscheint das Zurücktreten der Ledigen unter den Hausindustriellen sehr augenfällig.

Die Tabelle 8 macht diejenigen Gewerbearten in der systematischen Reihenfolge der Berufsstatistik namhaft, in welchen die relative Zahl der Hausindustriellen über den Reichsdurchschnitt, welcher 82,9 ist (S. 59), hinausgeht oder wenigstens 1000 Hausindustrielle thätig sind. Ihre Abweichungen von dem in Tabelle 5 (S. 62) gegebenen Verzeichnis erklären sich daraus, daß sie aus den Angaben der Berufsstatistik gewonnen wurde, während jenes aus den Daten der Gewerbestatistik gezogen ist. Betrachtet man zunächst den Familienstand der Hausindustriellen ohne die Geschlechter zu trennen (Sp. 1—3), so erscheinen mit einer einzigen Ausnahme in der hausindustriellen Unternehmungsform der betreffenden Gewerbeart stets relativ weniger Ledige als in der entsprechenden fabrik- oder handwerksmäßigen (Sp. 8). Die Ausnahme betrifft die Bleicherei, Färberei, Druckerei (N. 10), in deren hausindustrieller Form unter 1000 Arbeitern 572, in deren fabrikmäßiger Form unter 1000 Arbeitern 510 Ledige sich finden. Verheiratete (Sp. 2) treten dagegen in der Hausindustrie relativ stärker als in der Gesamtindustrie (Sp. 9) auf; nur bei 5 Gewerbearten unter den 25 aufgeführten nimmt man eine Abweichung wahr, nämlich bei Spinnerei, Hechelei u. s. w., bei Gummi- und Haarflechterei und -weberei, bei Bleicherei, Färberei u. s. w., bei Häkelei, Stickerei u. s. w. und bei Weberei und Flechterei von Holz, Stroh u. s. w. In diesen überwiegt bei der fabrikmäßigen Form die relative Zahl der Verheirateten. Die Verwitweten endlich (Sp. 3) sind ausnahmslos bei allen 25 Gewerbearten relativ stärker in der Hausindustrie als in der gesamten Industrie (Sp. 10) vertreten.

Die Abweichungen von dieser Regelmäßigkeit, welche bei getrennter Betrachtung der Geschlechter sich ergeben, sind geringe. Beim männlichen Geschlecht überwiegen in der hausindustriellen Form gegenüber der fabrikmäßigen die Verheirateten sowie die Verwitweten relativ mit je einer Ausnahme. Diese zeigt sich bei den ersteren in der Weberei und Flechterei von Holz (N. 15), bei den letzteren in der Schneiderei (N. 19). In der Näherei (N. 18) und Wäscherei (N. 25) sind verwitwete männliche Arbeiter überhaupt nicht beschäftigt. Beim weiblichen Geschlecht weist das relativ stärkere Hervortreten der Verheirateten in der Hausindustrie gegenüber der Fabrikindustrie gleichfalls nur eine Ausnahme auf — die Korbmacherei (N. 14), das relative Übergewicht aber der Witwen (Sp. 7, 14) in der Hausindustrie ist nirgends getrübt.

§ 8. Die Altersverhältnisse der Hausindustriellen.

Ebensowenig wie Geschlecht und Familienstand der Hausindustriellen und der Fabrikarbeiter bezw. Handwerksgehülfen sind die Altersverhältnisse beider Arbeitergruppen in Übereinstimmung. Die Fabrik bezw. das Handwerk benutzen vorzugsweise jüngere Kräfte, die Hausindustrie vermag noch aus den älteren bereits abgenutzten Vorteil zu ziehen. Eine in der Fabrik nicht mehr recht verwendbare Persönlichkeit kann in gewissen Zweigen der Hausindustrie eine sehr leistungsfähige Größe abgeben.

Von je 1000 Gewerbthätigen der betr. Berufsstellung stehen im Alter von . . . . Jahren [1]

(9.)	unter 15	15—20	20—40	40—60	60 und darüber
1. bei den Hausindustriellen	13,1	106	456,8	312,5	111,6
2. bei d. Gehülfen u. Arbeit. der gesamt. Industrie	33,8	250,3	515,4	171,6	29,9

Die Personen im höheren (40—60 Jahre) und im Greisenalter (60 Jahr und darüber) sind hiernach in der Hausindustrie relativ häufiger vertreten als in der übrigen Industrie. Sogar die über 70 Jahr alten Personen finden in der Hausindustrie relativ häufiger die Möglichkeit des

[1] Statistik des Deutschen Reichs N. F. Bd. 2 S. 97* Tab. 21. Vergl. die Anm. auf S. 68.

(10.)

Gewerbearten	Von je 1000 Hausindustriellen stehen im Alter von .... Jahren					Von 1000 Hausindustriellen stehen im Alter von .... Jahren: männl. Geschl.			weibl. Geschl.		
	unter 15	15—20	20—40	40—60	60 und darüb.	unter 15	15—20	60 und darüb.	unter 15	15—20	60 und darüb.
1	2	3	4	5	6	7	8	9	10	11	12
1. Porzellanwaren- 2c. Fabrikation u. Veredel.	11,5	77,7	517,3	301,4	92,1	2,6	46,3	113,7	35,0	160,8	35,0
2. Verfertigung von Stiften, Nägeln 2c.	—	102,8	520,9	309,4	66,9	—	102,9	66,2	—	2,0	2,0
3. Verfertigung von Sensen, Messern 2c.	0,5	44,5	526,6	361,2	67,2	0,6	38,2	65,9	—	190,8	98,3
4. Verfertigung von musikalischen Instrumenten	23,4	170,8	480,1	272,1	53,6	17,2	123,1	56,8	51,7	392,7	38,7
5. Spinnerei, Hechelei, Spulerei 2c.	20,2	78,5	243,6	338,3	319,4	46,1	83,5	443,0	16,4	77,7	301,4
6. Weberei einschließlich Bandweberei	5,6	55,2	396,5	395,6	147,1	3,3	37,5	145,9	14,3	120,9	151,1
7. Gummi- und Haarflechterei und -weberei	16,8	154,3	396,0	312,1	120,8	51,5	51,5	123,6	—	204,0	119,4
8. Strickerei und Wirkerei	11,9	79,2	371,5	370,8	166,5	5,3	36,3	156,1	27,6	180,7	191,2
9. Häkelei, Stickerei, Spitzenfabrikation	41,4	202,6	390,8	234,0	131,2	63,1	113,6	86,0	40,0	20,9	134,3
10. Bleicherei, Färberei, Druckerei 2c.	64,8	233,2	421,9	212,9	67,2	87,2	93,3	103,4	63,3	242,4	64,8
11. Posamentenfabrikation	73,1	262,4	411,1	195,5	57,9	58,7	95,4	138,3	77,1	308,1	35,9
12. Verfertigung von groben glatten Holzwaren	15,8	78,6	426,9	357,2	121,4	12,5	64,7	129,4	24,1	113,2	101,1
13. Tischlerei und Parketfabrikation	—	16,4	558,8	331,7	93,1	—	16,0	93,3	—	28,6	8,6
14. Korbmacherei	12,1	142,8	491,6	278,1	75,4	9,0	10,0	81,8	22,2	284,0	54,4
15. Weberei u. Flechter. v. Holz, Stroh, Bast u. Binsen	43,5	217,1	486,6	192,3	60,5	96,3	309,2	51,8	36,9	205,8	60,2
16. Drechslerei, auch Korkschneiderei	6,3	46,5	515,4	349,5	82,3	3,8	40,7	77,5	25,2	92,4	120,4
17. Tabakfabrikation	3,0	28,2	622,0	318,8	28,0	2,0	21,3	26,6	5,4	44,8	31,5
18. Näherei	4,5	160,0	541,8	228,4	65,3	—	—	—	4,5	160,0	65,3
19. Schneiderei	2,0	98,6	619,0	243,1	37,3	0,2	14,1	54,5	3,8	180,0	21,6
20. Konfektionsbranche	24,9	192,8	529,0	208,8	44,5	21,3	124,8	21,3	25,5	202,7	47,9
21. Putzmacherei 2c.	12,4	180,9	616,0	160,9	29,8	12,6	38,0	76,0	12,3	185,9	29,2
22. Hut- und Mützenmacherei	6,8	80,3	516,4	319,1	77,4	—	25,8	75,6	15,5	150,5	79,6
23. Verfertigung von Hosenträgern 2c.	25,4	241,3	559,1	147,9	26,3	—	51,8	69,6	28,2	262,7	21,4
24. Schuhmacherei	1,2	71,1	671,1	212,2	44,4	0,2	61,8	43,4	14,6	199,6	56,4
25. Waschanstalten, Wäscherinnen	1,3	65,6	460,1	376,9	96,1	—	—	231,8	1,4	66,2	95,5

Gewerbearten	Von je 1000 Gehülfen und Arbeitern der gesamten Industrie stehen im Alter von .... Jahren					Von je 1000 Gehülfen und Arbeitern der gesamten Industrie stehen im Alter von .... Jahren					
						männl. Geschl.			weibl. Geschl.		
	unter 15	15—20	20—40	40—60	60 u. darüb.	unter 15	15—20	60 u. darüb.	unter 15	15—20	60 u. darüb.
	13	14	15	16	17	18	19	20	21	22	23
1. Porzellanwaren- ꝛc. Fabrikation u. Veredel. . .	53,5	286,2	461,8	174,1	24,4	49,7	245,3	28,2	66,5	427,5	11,5
2. Verfertigung von Stiften, Nägeln ꝛc.	37,6	249,0	489,4	194,1	29,9	34,8	231,9	30,6	7,4	477,2	19,2
3. Verfertigung von Sensen, Messern ꝛc.	48,9	301,0	483,6	142,7	23,8	48,2	297,8	24,0	72,0	395,6	18,8
4. Verfertigung von musikalischen Instrumenten .	54,8	273,2	494,5	153,8	23,7	53,8	263,0	24,8	70,6	436,8	5,6
5. Spinnerei, Hechelei, Spulerei ꝛc.	66,2	314,7	428,9	158,3	31,9	68,5	242,5	44,8	64,4	368,0	22,7
6. Weberei einschließlich Bandweberei	40,8	273,5	486,2	165,5	34,0	38,7	231,3	44,3	43,8	333,8	19,1
7. Gummi- und Haarflechterei und -weberei . . .	18,2	200,2	489,0	254,9	37,7	16,2	150,1	36,5	21,6	289,8	40,0
8. Strickerei und Wirkerei	75,8	410,7	408,0	85,7	19,8	77,0	366,2	19,5	73,7	485,1	20,4
9. Häkelei, Stickerei, Spitzenfabrikation	109,7	358,6	430,9	90,1	10,6	106,5	208,2	12,8	112,1	456,5	9,3
10. Bleicherei, Färberei, Druckerei ꝛc	27,8	225,7	492,9	209,5	44,1	20,9	163,1	54,9	46,0	383,6	15,6
11. Posamentenfabrikation.	47,9	319,1	475,2	135,9	21,9	41,8	237,8	28,5	56,8	438,4	12,1
12. Verfertigung von groben glatten Holzwaren . .	36,5	275,1	508,1	147,0	33,3	31,6	261,9	35,3	71,8	370,9	19,4
13. Tischlerei und Parketfabrikation	35,9	288,7	557,2	100,7	17,5	35,8	290,0	17,4	50,1	276,9	33,7
14. Korbmacherei	60,1	372,6	473,0	72,6	21,7	58,5	376,8	20,8	70,0	345,0	27,5
15. Weberei u. Flechter. v. Holz, Stroh, Bast u. Binsen	35,3	272,6	500,6	155,5	36,0	32,4	226,0	40,4	34,1	313,8	32,2
16. Drechslerei, auch Korkschneiderei	58,7	322,5	510,9	92,4	15,5	57,1	313,0	43,6	74,1	144,1	13,7
17. Tabakfabrikation	40,6	238,2	557,3	146,8	17,1	38,6	194,5	17,8	43,0	291,7	16,2
18. Näherei	91,7	490,2	348,9	54,7	14,5	—	—	—	91,7	490,1	14,5
19. Schneiderei	55,8	436,9	432,5	62,8	12,0	54,6	418,9	13,2	61,5	518,5	6,1
20. Konfektionsbranche	35,4	356,8	539,5	61,2	7,1	33,6	276,6	13,4	35,7	371,0	5,9
21. Putzmacherei ꝛc.	56,3	453,1	443,4	41,6	5,6	75,7	301,4	17,7	55,3	460,7	4,9
22. Hut- und Mützenmacherei	35,8	282,9	543,6	120,1	17,6	34,8	253,7	18,9	39,0	388,2	13,2
23. Verfertigung von Hosenträgern ꝛc.	48,6	333,3	499,4	107,1	11,6	47,9	245,3	12,8	49,4	432,0	10,4
24. Schuhmacherei	52,6	476,8	422,1	39,5	9,0	52,5	478,0	8,9	56,7	433,9	11,3
25. Waschanstalten, Wäscherinnen	22,1	222,3	473,4	218,7	63,5	29,1	189,0	53,5	21,4	224,9	64,2

Erwerbes als in der Fabrikindustrie. Unter 100 Hausindustriellen stehen 2,6 in diesem Alter, unter 100 Gehülfen und Arbeitern der gesamten Industrie nur 0,48 [1].

Vergleicht man hier ebenfalls die Altersverhältnisse der Hausindustriellen und der Arbeiter in der gesamten Industrie bei denjenigen Gewerbearten, für welche die hausindustrielle Form besonders wesentlich erscheint, so zeigt sich vollauf eine Bestätigung des Gesagten. Die Tabelle (10) S. 74 u. 75, wie die vorhergehende aus dem Material der Berufsstatistik berechnet, lehrt, daß von je 1000 Hausindustriellen in den einzelnen Gewerbearten relativ weniger Personen im Alter von unter 15 Jahren und 15—20 Jahren stehen (Sp. 2, 3, 13, 14) als von 1000 Gehülfen und Arbeitern der gesamten Industrie. Nur wenige Ausnahmen unterbrechen diese Regel, so die Bleicherei, Färberei, Druckerei u. s. w. und die Weberei und Flechterei von Holz, Stroh u. s. w. Dagegen befinden sich von 1000 Hausindustriellen (Sp. 5, 6, 16, 17) durchgängig relativ mehr Personen im Alter von 40—60 Jahren und darüber als von 1000 Gehülfen und Arbeitern der gesamten Industrie. Bei den 20—40jährigen zeigt sich keine Regelmäßigkeit. In nahezu ebensoviel Gewerbearten erscheinen dieselben bei der hausindustriellen Form relativ stärker wie bei der fabrik- und handwerksmäßigen.

Die für die beiden Geschlechter getrennt nachgewiesenen Zahlen (Sp. 7—12, 18—23) vervollständigen das Bild. Unter den männlichen Hausindustriellen sind mit wenigen Ausnahmen (Sp. 7, 10, 11, 15) relativ weniger Personen unter 20 Jahren und durchgängig relativ mehr Personen über 60 Jahre anzutreffen als unter den männlichen Gehülfen und Arbeitern der gesamten Industrie. Unter den weiblichen Hausindustriellen treten die Abweichungen von dieser Erscheinung noch seltener auf (Sp. 10, 11, 15).

§ 9. Die Kinderarbeit in der Hausindustrie.

Von größter Wichtigkeit ist der Vergleich der in der Hausindustrie sowie der sonstigen Industrie beschäftigten Kinder. Die Zahl der unter 15 Jahre alten Hausindustriellen fällt relativ und absolut geringer aus als die der in Fabriken und im Handwerk beschäftigten Kinder entsprechenden Alters. Unter 339 644 Hausindustriellen stehen 4449 im Alter von unter 15 Jahren, d. h. 1,3 Prozent. Von 4 096 243 Gehülfen und Arbeitern sind 138 396 im Alter von unter 15 Jahren nachgewiesen, d. h. 3,4 Prozent. Offenbar ist aber hier in der Reichsstatistik die Zahl der hausindustriell beschäftigten Kinder zu gering angegeben. Da gerade über die

[1] Statistik des Deutschen Reichs a. a. O. S. 89 die absoluten Zahlen.

weitreichende Verwendung der Kinderarbeit in der Hausindustrie so oft geklagt wird, gleichwohl nach der Berufsstatistik nur ein geringer Umfang derselben sich zeigt, so muß die Vermutung entstehen, daß mancher Familienvater die Erwerbsthätigkeit seiner Kinder verschwiegen hat.

Dies wird um so wahrscheinlicher, wenn man sieht, daß in mehreren der neueren Monographieen über die Hausindustrie auf die höchst bedenkliche Ausnutzung der Kinder aufmerksam gemacht worden ist. Von der linksrheinischen Seiden- und Sammetindustrie heißt es [1], daß Kinder ganz allgemein zum Spulen herangezogen werden. „Kinder von fünf Jahren an sitzen dann in der unbequemsten Lage mit zusammengezogenen Beinen und gebücktem Rücken in überfülltem Raume am Spulrade und versäumen darüber die Schule. Oder falls sie dieselbe auch besuchen, müssen sie oft um sechs oder halbsieben Uhr morgens an die Arbeit, so daß sie keine Fortschritte machen, weil sie schon ermüdet in die Schule kommen. In den Freistunden und des Abends bis 8 Uhr wird den kleinen Fibelschützen keine Ruhe gegönnt, und Eltern mit großer Kinderschar senden einige davon in größere Werkstätten, um das tägliche Brot zu verdienen. Entsetzen packte mich, als ich in Barmen oben in einer Dachkammer in den letzten Tagen des Septembers um 1/28 Uhr abends, also bei völliger Dunkelheit, einen siebenjährigen Knaben fand, der vergebens der schmalen Luke näherrückte, um den Faden zu sehen, den er über seinen Finger ablaufen ließ." Von der thüringischen Holzspielwarenindustrie teilt Sax mit, daß die aus der Schule kommenden Kinder sofort in die Arbeit gestellt werden, um beim Bemalen der Figuren oder sonstigen leichteren Beschäftigungen bis in die sinkende Nacht thätig zu sein [2]. In der Filetstrickerei der Taunusdörfer werden Kinder schon vom dritten Jahr an zum Einziehen der Gummibändchen in die Netze und Handschuhe und zum Füllen der Nadeln etwa 2—3 Stunden am Tage gebraucht. Von achtjährigen Kindern giebt es wenige, die ohne Filetarbeit wären. „Wer des Sommers, wenn die Schule vorüber war, durch einen der Orte wandelte, der konnte sie allenthalben sitzen sehen, vor Hausthüren, Bäumen, Zäunen, auf Leiterwagen, überall da, wo sich vorteilhafterweise der Nagel einschlagen läßt, an dem das Netz und damit das Kind selber befestigt wird." Von früh bis spät müssen die Kinder mit den Großen wetteifern und werden sie je nach dem Charakter der Eltern mit mehr oder weniger Strenge zur Arbeit angehalten. Desgleichen werden die Kinder in der Drahtindustrie regelmäßig und ganz allgemein zur Arbeit benutzt,

---

[1] Thun a. a. O. Teil I S. 109. — [2] a. a. O. Teil I S. 56.

wobei nicht einmal immer die Arbeitsanspannung entsprechend den besseren Verhältnissen der Eltern gemildert erscheint[1].

Diese Angaben sind von anderer Seite, durch die Mitteilungen der Fabrikaufsichtsbeamten, vollkommen bestätigt worden. Der Inspektor für den Bezirk Chemnitz betonte im Jahre 1881, daß Kinder und junge Leute in der Hausindustrie oft in kaum glaublicher Weise angestrengt würden unter Umständen, welche das Gedeihen sowohl in sittlicher wie in körperlicher Beziehung in Frage stellen. Der Zwickauer Beamte fand in kleinen Stickereien Kinder noch über $8^{1}/_{2}$ Uhr abends und ebenso Kinder unter dem zulässigen Alter beschäftigt. Der Inspektor für den Regierungsbezirk Arnsberg sagte im Jahre 1879, daß in der Stadt Lüdenscheid Eltern die Kräfte fünfjähriger Kinder in Anspruch zu nehmen pflegten, und aus dem Vogtlande und Erzgebirge (Bezirk Zwickau) hebt der Beamte ausdrücklich hervor, daß durchaus nicht immer die Fabrikarbeit, sondern vielmehr die Hausindustrie es sei — das Gorlnähen, Strümpfe- und Handschuhbordieren, Korbflechterei, Puppenmachen, Einziehen von Fischbein in Korsets ꝛc. ꝛc. —, welche die Kinder bis tief in die Nacht hinein beschäftige, dieselben abstumpfe, ihre körperliche Entwicklung beeinträchtige und zu geistiger Anstrengung, insbesondere den Schularbeiten, ungeeignet mache[2].

Es wird nach diesen Mitteilungen wohl kaum einem Zweifel unterzogen werden können, daß über das zulässige Maß der Kinderbeschäftigung von der Hausindustrie weit hinausgegriffen wird. Moritz Mohl, der in seinem Buche über das württembergische Gewerbswesen der Kinderbeschäftigung in Fabriken eine eingehendere Betrachtung widmet[3] und sie, sofern es sich um Kinder zarten Alters handelt, als einen Unfug bezeichnet, welchen der Staat verhindern kann und soll[4], betont gleichwohl, daß gegen eine teilweise Verwendung des Tages zur Fabrikarbeit selbst bei Kindern nichts einzuwenden ist und dies noch vielmehr der Fall sei „bei Kindern, deren Eltern zu Hause, sei es für einen Fabrikanten sei es für eigene Rechnung, fabrizieren". „Solche Kinder" sagt er „sind unter der beständigen Aufsicht ihrer Eltern, können von diesen zu einer ihrem Alter angemessenen Arbeit angehalten werden, sind nicht an die Arbeitsstunden einer Fabrik gebunden, nehmen teil an dem Wohlstande ihrer Eltern und helfen denselben durch ihre Arbeit befördern"[5]. Wie weit hat man sich doch heute von derartigen normalen Verhältnissen entfernt!

---

[1] Schnapper-Arndt a. a. O. S. 87—89, 100. — [2] Vergl. meinen Aufsatz „Deutsche Fabrikzustände" a. a. O. Bd. 51. S. 56—58 und Elster a. a. O. S. 409 bis 411. — [3] S. 243—369. — [4] S. 47. — [5] S. 48—49.

§ 10. Die Arbeitszeit in der Hausindustrie.

Ist diese ungebührliche Ausnutzung der Kinderarbeit eine Eigentümlichkeit der Hausindustrie, die sich um so mehr einbürgert, als durch strenge Handhabung der Fabrikgesetze darauf hingearbeitet wird, die Beschäftigung von Kindern in Fabriken einzuschränken, so erscheint eine weitere Besonderheit in der ungebührlich ausgedehnten Arbeitszeit. Von dem thüringischen Holzschnitzer sagt Sax, daß er den ganzen Tag und bis spät in die Nacht bei der Arbeit sitze. Der Tafelmacher ist 18 Stunden am Tage thätig. Der Korbstricker in Oberfranken und Koburg steht im Sommer um halb fünf, im Winter, sobald es nur graut, auf und arbeitet im Hochsommer bis halb neun Uhr abends, im Winter bei der Lampe bis spät in die Nacht. Untertags wird keine Pause außer zu Mittag gemacht, nach welchem die meisten ohne Rast sofort wieder an die Arbeit gehen. In der Meerschauminduſtrie zu Ruhla dauert die Arbeitszeit gewöhnlich 15—16 Stunden; im Sommer meist von 4—8, im Winter von 5 oder 6 Uhr[1]. In der Instrumentenmacherindustrie von Markneukirchen und Klingenthal ist die Arbeitszeit von mindestens zwölfstündiger Dauer mit Ausschluß der Ruhepausen, sehr oft von 13—14stündiger Dauer. Die Harmonikaarbeiter in Ober- und Untersachsenberg und anderen Dörfern des Klingenthaler Bezirks sind schon um 5 Uhr früh bei der Arbeit und hören selten abends vor 8 Uhr auf. Eine Stunde Mittag, oft nur eine halbe am Tage, bildet ihre einzige Erholung und Frühstück wie Vesper werden während der Arbeit verzehrt. Für die hausindustrielle sächsische Handweberei kann eine 14—15stündige Arbeitszeit angenommen werden, wogegen in den Fabriken nur 11—12 Stunden mit Unterbrechungspausen von 1 Stunde Mittag und 15—20 Minuten für Frühstück und Vesper gearbeitet wird und man nur in Ausnahmszeiten zu Überstunden seine Zuflucht nimmt, die dann extra vergütet werden. Das Gleiche gilt für die sächsische hausindustrielle Lohnstickerei, die einen 14—15stündigen Arbeitstag kennt, während in den meisten für Stickerei und Konfektion errichteten Fabriketablissements ein 10—11stündiger Arbeitstag nach Abzug von 1—1½ Stunden Mittagspause und je 20 Minuten Frühstück- und Vesperzeit üblich ist[2]. In der Nagelschmiedeindustrie der Taunusdörfer sind mehr als 12 Stunden der angestrengten Arbeit, welche sowohl durch die anhaltend gebückte Stellung als auch durch den einzuschluckenden Kohlenstaub und die Feuchtigkeit der Werk-

---

[1] Sax a. a. O. T. 1 S. 48, 95; T. 3 S. 59; T. 2 S. 53. — [2] Bein a. a. O. 1. Teil S. 85; 2. Teil S. 381, 419.

stätten gesundheitlich höchst nachteilig ist, gewöhnlich, und in der Filetstrickerei sitzt die Arbeiterin von 6 Uhr morgens bis mindestens 10 Uhr abends an der Arbeit, bald an das kleine Fenster gerückt bald bei der Petroleumlampe, unabläßig den Faden schlingend, kurze Erholung nur bei den kärglichen Mahlzeiten schöpfend[1]. Die Kleinfeuerarbeiter im Kreise Schmalkalden sind fast nie unter 14, meistens 16 Stunden am Tage thätig[2].

§ 11. Die Lohnverhältnisse.

Es fällt bei dieser langen Arbeitszeit, die freilich in so mancher Fabrikindustrie ihr Gegenstück findet[3], schwer ins Gewicht, daß die Löhne, welche die Hausindustriellen zu erhalten pflegen, fast durchgängig sehr niedrig sind. Die Klagen über den schwachen Verdienst, der nur eine kümmerliche Existenz zu fristen gestattet, sind allgemein, wozu sich noch der Umstand einer geringen Gleichmäßigkeit gesellt. Je nach den wechselnden Konjunkturen sind die Löhne bald höher bald so niedrig, daß man nicht begreift, wie die Arbeiter bei ihnen bestehen können. Aus der großen Masse von Angaben, die über diesen Punkt bei den Hausindustrieschriftstellern vorhanden sind, kann hier nur einiges herausgegriffen werden.

In der Krefelder Industrie entfiel im Jahre 1872 auf einen Webstuhl ein Durchschnittslohn von 531 Mark, im Jahre 1877 von nur 454 Mark. Nach Mitteilungen des Abgeordneten Seyffardt betrug der Wochenverdienst eines Webers von einfarbigem Sammet im Jahre 1867 10, im Jahre 1872 12, im Jahre 1877 nur 9 Mark. Der Landrat Bödiker berechnet im Kreise Gladbach den Wochenverdienst am 1. Dezbr. 1875 und 1. April 1878 eines tüchtigen Sammetwebers auf 16 bezw. 9 Mark, eines tüchtigen Seidenwebers auf 15 bezw. 9 Mark, eines weniger tüchtigen Arbeiters auf 12 bezw. 6 und 11 bezw. 6 Mark. Ein Schwertschmied in Solingen verdiente im Jahre 1877 wöchentlich $13^1/_2$ Mark (nach Abzug der Unkosten für Kohlen, den Zuschläger, Feilen u. s. w.), ein Schleifer 14 Mark und 40 Pfennige, aber bei einer durchschnittlichen Arbeitslosigkeit von drei Monaten im Jahre hat der Schmied wöchentlich nur $10^1/_2$ Mark, der Schleifer 10 Mark und 85 Pfennige[5]. Sehr viel höher stellen sich allerdings die Arbeitslöhne in Remscheid, wo der Wochenverdienst im Jahre 1872, je nachdem es sich um den Härter, Hauer,

[1] Schnapper-Arndt a. a. O. S. 74, 86. — [2] Frankenstein a. a. O. S. 90. — [3] Vergl. z. B. Elster a. a. O. S. 432—434. — [4] Thun a. a. O. 1. Teil S. 127. — [5] Thun a. a. O. 2. Teil S. 256.

Schleifer oder Schmied handelt und je nach dem Gegenstand, welchen dieselben herzustellen gewohnt waren, 24—46½ Mark bezw. 22½—30 Mark betrug[1].

In der Thüringer Hausindustrie stellen sich die Löhne folgendermaßen:

Bei durchschnittlich gleicher Arbeitszeit verdient in der Sonneberger Spielwarenindustrie wöchentlich

ein Bossierer bei Unterstützung von Frau und Kind	12—15	Mark
ein Drücker (Teilarbeiter)	7—9	=
eine Puppenfrisurarbeiterin	3⅔—4½	=
ein Schiefertafelmacher	6	=
ein Schachtelmacher	3	= [2].

In der Ruhlaer Meerschaumindustrie verdient bei voller Beschäftigung ein Pfeifenkopfmacher wöchentlich,

wenn er der beste Arbeiter ist . .	18—21	Mark
= = ein mittlerer Arbeiter ist . . .	12	=
= = ein schlechter Arbeiter ist . .	8—9	=

Die Holz-, Horn- und Beindrechsler sowie die meisten anderen Arbeiter der Pfeifenindustrie verdienen zwischen 8 und 18 Mark, gewöhnlich gegen 12 Mark wöchentlich[3].

Der Verdienst einer Holzschnitzerfamilie im Eisenacher Oberland, bestehend aus 5 arbeitenden Personen, 2 schulpflichtige Kinder eingerechnet, wird bei voller Beschäftigung mit 15—16 Mark die Woche angegeben[4]. „Selbstverständlich sind hiermit nur die Verdienste der besseren Arbeiter gemeint, die geringeren und einfacheren werden spottschlecht bezahlt, so daß die Arbeiten nach Abzug des Holzes und Bleches kaum das tägliche Brot im wahren Sinne des Wortes abwerfen." Noch niedriger als der Verdienst des Holzpfeifenschnitzers fällt in derselben Gegend der Verdienst des Korkschneiders aus, denn hier bewegt sich derselbe für eine ganze Korkschneiderfamilie bei voller Beschäftigung zwischen 5—8 Mark wöchentlich. Wie berechtigt erscheint da Sax' Ausruf: „Der Holzschnitzer und Korkschneider im Eisenacher Oberland leben und sterben im Elend[5]". Bei der Korbwarenindustrie in Oberfranken und Koburg verdienen kräftige Männer, welche den groben Arbeiten mit ganzen Weiden obliegen, wöchentlich 12—15 Mark. Mittlere Arbeiten aber bieten durchweg einen äußerst kläglichen Erwerb.

[1] Thun a. a. O. T. 2 S. 259. — [2] Sax a. a. O. T. 1. S. 40, 51, 65, 95. — [3] Sax a. a. O. 2. T. S. 53, 54. — [4] Sax a. a. O. T. 2. S. 70. — [5] a. a. O. 2. T. S. 75.

Nach den Angaben eines Korbverlegers im Bezirksamt Lichtenfels kann ein einzelner Arbeiter für sich überhaupt nicht bestehen, vielmehr muß die Arbeit Hand in Hand gehen und muß die Familie zusammenarbeiten. Immerhin stellt sich der Reinertrag dabei höchstens auf 40 Pfennige per Kopf und Tag, ist aber unter Umständen noch niedriger[1].

Gegenüber solchen Beträgen erscheinen die bei der Herstellung musikalischer Instrumente in Klingenthal und Markneukirchen erzielten Löhne allerdings unvergleichlich günstiger. Aber es scheint fast, als ob die dort erworbenen Löhne als ausnahmsweise höher bezeichnet werden müssen, wenigstens soweit sie die Markneukirchener Verhältnisse betreffen.

In Klingenthal erzielten die Verfertiger der Harmonikateile einen wöchentlichen Reinverdienst nach Abzug der eventuellen Auslagen für Rohmaterialien:

ein Richter		4½— 7¼	Mark
„ Feiler		7¼—14	„
„ Stimmer		7¼—15	„
„ Klaviaturenmacher	bei Accordion	12—15	„
	bei Konzertina	10½—12	„
„ Kästchen- u. Rahmenmacher		10—20	„
„ Balgmacherin		4½— 5½	„

Für die geringeren Mundharmonikaarbeiter gelten freilich niedrigere Sätze; dagegen werden bei Anfertigung der wertvolleren und komplizierteren Accordions und Konzertinas auch wieder höhere Löhne bezahlt.

In Markneukirchen betrug im Sommer 1882 bei Selbstbeköstigung der Gehülfen der Wochenlohn für

einen Geigenmachergehülfen	10—18	Mark
„ Darmsaitenmachergehülfen	10—15	„
„ Maschinenbauer	10—12	„
„ Bogenmacher	10—12	„
„ Holzblasmachergehülfen	12—14	„

Der durchschnittliche Tagelohn eines mittelguten Arbeiters ist ca. 2 Mark, was, da für Kost und Logis nicht mehr als 65 Pfennige zu rechnen sind, ganz befriedigende Zustände verrät[2]. Als Durchschnittsverdienst eines kleinen selbständigen Meisters in Markneukirchen, welcher etwa 2 Gehülfen beschäftigt, ermittelt Bein 20 Mark per Woche nach Abzug der sämtlichen Aus-

---

[1] Sax a. a. O. 3. T. S. 50. — [2] Bein a. a. O. 1. T. S. 88, 89.

lagen für Rohmaterial, Arbeitslohn u. s. w. Für Klingenthal findet er als wöchentlichen Reinverdienst einer Harmonikaarbeiterfamilie 15—18 Mark.

Zeigt sich demnach die vogtländische Musikinstrumentenindustrie in einem günstigeren Lichte als viele andere Hausindustrieen, so ist dafür in der sächsischen Textilindustrie der Lohn wieder ausnehmend niedrig und überdies, wie es bei einem hauptsächlich auf die Herstellung von Modewaren gerichteten Gewerbe kaum anders sein kann, ein sehr schwankender[1]. Im Jahre 1875 brachten es die Handweber von feinem Mull auf 8½ Mark wöchentlich, im Jahre 1877 nur auf 5½ Mark. Bei geringer Mullware war der Lohn im Jahre 1877 sogar auf 4 Mark 80 Pfennige gesunken. Ein Falkensteiner Gardinenweber brachte es in diesem Jahre auf höchstens 7 Mark in der Woche, wovon aber seine Nebenkosten abgingen. Dagegen verdiente im Jahre 1877 der Fabrikweber durchschnittlich 8½ Mark in der Woche[2].

Im Jahre 1880 wurde von den Handwebern bei einem Geschäft 5 Mark 40 Pfennig wöchentlich, bei einem anderen 4,40—5,70 Mark verdient; ein Gardinenweber in Pesseck bei Ölsnitz, einer Gegend, die allerdings den Ruf genießt, stets die niedrigsten Löhne zu haben, konnte es gar nur auf 3 Mark Wochenverdienst bringen. Gleichzeitig soll in einer mechanischen Weberei in Ölsnitz der durchschnittliche Wochenverdienst 7 Mark und 10 Pfennige betragen haben.

Im Jahre 1881 galt im oberen Vogtlande in Ölsnitzer Gegend ein Wochenlohn von 4,20 Mark für einen hohen, und der Durchschnittswochenverdienst eines Falkensteiner Gardinenwebers betrug 4—4½ Mark.

Im Jahre 1882 endlich, dem letzten, über welches Bein Auskunft giebt, standen sich die Handweber auf 8—9 Mark, die Gardinenweber in Ölsnitz und Schöneck auf 7 Mark, bei feinen Waren auf 9 Mark, während als durchschnittlicher Wochenverdienst des Fabrikwebers bei mittlerer Leistung 7½ Mark, beim Jacquardweber 13 Mark angenommen werden konnte[3].

Bedeutend günstiger stellen sich die Lohnsätze wieder in der sächsischen Stickerei, wo man die interessante Thatsache wahrnimmt, daß lange Zeit die Lohnsticker sich relativ besser standen als die in den geschlossenen Etablissements beschäftigten Maschinensticker, ein Verhältnis, das erst in letzter Zeit zu Ungunsten der Lohnstickerei sich geändert hat. Ein Maschinensticker in den größten Etablissements Plauens verdiente 1875 12—15 Mark, 1877 nur 8—12 Mark wöchentlich, weil die Arbeitszeit zeitweilig auf

---

[1] Vergl. die Einzelheiten bei Bein a. a. O. 2. T. S. 382—393. — [2] Bein a. a. O. S. 388, 389. — [3] Bein a. a. O. S. 390, 391.

8 Stunden am Tage hatte angesetzt werden müssen, und erst 1882 ist der Wochenlohn auf 18—21 Mark durchschnittlich gestiegen. Mittlerweile verdiente ein Lohnsticker, der freilich für ein die höchsten Löhne zahlendes Stickereigeschäft in Plauen thätig war und zu den geübtesten Persönlichkeiten seines Faches gehörte,

im Jahre	1871, März,	wöchentlich	34	Mark
=	1871, Juni,	=	45	=
=	1872, November,	=	23	=
=	1874, März,	=	17	=
=	1875, Juni,	=	45	=
=	1876, Januar,	=	34	=
=	1876, Mai,	=	29	=
=	1876, Juli,	=	23	=
=	1877, Mai,	=	16	=
=	1878, August,	=	17	=
=	1881, Januar,	=	13	=
=	1881, Oktober,	=	22	=
=	1881, Dezember,	=	24	=
=	1882, Januar bis März,	=	17—23	=

Durchschnittlich verdiente der Sticker mithin 26 Mark die Woche, und zwar ist hier verstanden reines Einkommen nach Abzug der Auslagen, wie sie die Technik des Gewerbes erforderte (Schmieröl, Stickgarn, Fädelgeld rc.)[1]. Relativ noch günstiger gestaltet sich der Verdienst in der Konfektionsbranche. Besonders geschickte Mädchen können es in lebhaften Geschäftszeiten auf 3 bis 4 Mark per Tag bringen. Doch bildet das die Ausnahme und in der Regel verdient diejenige, die sich anhaltend mit Nähen, Steppen, Säumen, Schleifenmachen, Knopflöcherausnähen u. s. w. beschäftigt, 8—10 Mark, bei großem Fleiße bis 12 Mark wöchentlich. Ein durchschnittlicher Wochenverdienst von 9 Mark, also etwa 450 Mark per Jahr, ist aber für eine einzelstehende Arbeiterin bei der billigen Lebensweise in Plauen als ein günstiger zu bezeichnen[2].

Kläglich fällt die Löhnung der Weber im Weilerthale aus. Die ungeheure Mehrzahl hat einen Durchschnittsverdienst von 4,80 Mark bis 7,20 Mark per Woche, wobei in Betracht zu ziehen ist, daß um diesen zu erringen, zwei Personen arbeiten müssen und von diesen die eine den ganzen Tag von früh morgens bis spät in den Abend, ja in die Nacht hinein thätig sein muß. So muß z. B. eine Weberin in Neukirch von dem Tages-

[1] Bein a. a. O. 2. T. S. 419—423. — [2] Bein a. a. O. S. 425.

verdienst im Betrage von 1,20 Mark der Spulerin 48 Pfennige abgeben. Die Vergütung, welche der Fabrikant dem Weber zuzugestehen pflegt, wenn er ihm das Einschußgarn in Strängen übergiebt, ist im Verhältnis zu dem durch das Spulen verursachten Zeitverlust und zu dem Lohn, den der Weber in derselben Zeit durch das eigentliche Weben verdient, viel zu gering[1].

In der Nagelschmiedeindustrie der Taunusdörfer verdiente der Geselle im Jahre 1872 durchschnittlich 8½ Mark wöchentlich, zu Beginn der 80er Jahre nur 6,60 Mark[2]. In der Filetstrickerei ebenda vermag eine geübte erwachsene Arbeiterin nicht mehr als 50—55 Pfennige täglich, also 3—3,30 Mark per Woche zu verdienen[3].

Unter den Kleinfeuerarbeitern im Kreise Schmalkalden, die allerdings vielfach mehr Handwerker als Hausindustrielle sind, unterscheidet Frankenstein drei Klassen je nach dem Wochenverdienst. Die bestbezahlte weist einen wöchentlichen Verdienst von 16—27 Mark auf; ihr gehören aber nur 20 Personen an. Die mittelmäßig bezahlte Klasse erhält wöchentlich 10—15 Mark. Hier handelt es sich um ca. 80 Personen. Endlich die gering bezahlte Klasse verdient nicht mehr als 6—9 Mark wöchentlich und zu ihr zählt das Gros der Kleinfeuerarbeiter. In dieser Klasse schwankt der Lohnsatz für die einzelnen Gewerbetreibenden wie folgt: er beträgt wöchentlich

bei einem Zweckschmied, der mit einem Zuschläger arbeitet	9,50	Mark
bei einem Zweckschmiede ohne Zuschläger	10,50	"
beim Zuschläger selbst	3	"
bei einem Sporer	7,50—10	"
" " Schnallenschmied	9	"
" " Bohrschmied	9	"
" dessen Zuschläger	4	"
" einem Zangenschmied	8—9	"
" " Striegelmacher	8,50—9,50	"[4].

§ 12. Lohnverkürzungen und -beeinträchtigungen.

Nicht genug, daß der Hausindustrielle überhaupt wenig verdient, so wird ihm sein geringer Lohn noch durch manche Unredlichkeit auf seiten des Arbeitgebers oder der Zwischenpersonen, deren sich jener bedient, verkürzt. Von der Aachener Tuchindustrie hört man, daß noch bis auf den heutigen Tag die Anwendung falschen Maßes eine Art sei dem Arbeiter

[1] Kärger a. a. O. S. 54, 50. — [2] Schnapper-Arndt a. a. O. S. 76. — [3] Schnapper-Arndt a. a. O. S. 86. — [4] Frankenstein a. a. O. S. 90 u. zu vergl. S. 67, 69, 76, 79, 84, 91.

den verdienten Lohn zu kürzen[1]. Das Faktorenunwesen, das früher in der Krefelder Seidenindustrie sich breit machte und bei welchem die Arbeiter maßlos ausgebeutet wurden, hat zwar in der Hauptsache aufgehört, aber vereinzelt kommt es noch vor[2]. Dafür bietet aber das Werkmeistersystem nicht selten Unzuträglichkeiten. Durch den Werkmeister findet nämlich in der Seidenindustrie die technisch kontrollierende Besichtigung der Gewebe auf dem Stuhle und häufig die Verteilung der Arbeit statt. Da kommt es darauf an um überhaupt Arbeit oder lohnende Arbeiten zu bekommen (z. B. gute statt verbrannter Ketten, gemusterte Stoffe statt Sammet), ihn bei guter Laune zu erhalten, und der Tag der Besichtigung pflegt daher ein Tag der Traktamente zu sein. Manches Huhn, Schinken und Eier wandern umsonst oder zu halben Preisen in seine Küche[3]. In Remscheid wiederum wird geklagt, daß die Kaufleute die Konkurrenz der Hausindustriellen untereinander in ungebührlicher Weise ausbeuten. Kommen Bestellungen an, so läßt der Kaufmann die Meister rufen und stellt fest, zu welchem Preise der einzelne zu liefern gesonnen ist. Der niedrigste Preis dient dann dazu die anderen zu drücken[4]. Ähnlich wirft Sax in seiner Schilderung der thüringischen Spielwarenindustrie den Kaufleuten vor, daß sie mit mancherlei Praktiken und Kniffen, die der Hausindustrielle durchschaut, aber gleichwohl sich gefallen lassen muß, die Preise den Arbeitern gegenüber zu drücken sich angelegen sein lassen und bei jeder Bestellung aufs neue versuchen die Preise tiefer herabzudrücken. Die meisten Kaufleute verlangen bei größeren Aufträgen einen Rabatt von 5—10 Prozent, und so zieht dann ein Hausindustrieller dem anderen, sofern sie sich gegenseitig in die Hände arbeiten, immer etwas von dem vereinbarten Lohne oder Preise ab, bis bei dem ärmsten Hülfsarbeiter die Möglichkeit der Weiterwälzung aufhört, weil er niemanden mehr hinter sich hat.

Ist ein Faktor der Vermittler zwischen Kaufmann und Arbeiter, so werden diesem seitens des Verlegers die Abzüge gemacht unter dem Vorwande, daß er zu viel verdiene. Der Faktor denkt natürlich über seinen Verdienst anders, will nichts einbüßen und zieht seinerseits den Hausindustriellen ab, so daß diese — Sax spricht namentlich von den Mädchen, die in der Puppenfabrikation beschäftigt sind — zu unglaublich niedrigen Löhnen thätig sind[5]. Ein besonderer Mißbrauch hat sich in der oberfränkischen und koburgischen Korbwarenindustrie eingeschlichen. Hier wird nämlich der seitens der Verleger den Hausindustriellen übergebene Stoff zu höheren als

[1] Thun a. a. O. 1. T. S. 31. — [2] Thun a. a. O. 1. T. S. 106, 107. — [3] Thun a. a. O. S. 107. — [4] Thun a. a. O. 2. T. S. 124. — [5] Sax a. a. O. 1. T. S. 40, 41.

den gewöhnlichen Ladenpreisen angesetzt. Mitunter beträgt dieser Preisaufschlag nur 5 Prozent; aber es kommt vor, daß er 50 Prozent beträgt, und in der Regel bewegt sich der Unterschied zwischen den Zwangspreisen der Korbverleger und den freien Preisen der Rohstoffhändler, die es in den meisten Dörfern giebt, zwischen 10 und 30 Prozent. In einem Falle, wo Sax Auszüge aus dem Lieferbuche eines Korbmachers mitteilt, ergiebt sich, daß der Gewinn des Korbverlegers an den Rohstoffen nahezu 100 Mark über den ortsüblichen Handelsgewinn betrug. Der Hausindustrielle gerät auf diese Weise in eine bedauernswerte Abhängigkeit vom Verleger, dem er liefern kann, soviel er vermag, ohne sich je von den Schulden für den empfangenen Rohstoff frei arbeiten zu können. „Beim Korbhändler“ meinte ein Hausindustrieller im Koburgischen „ist die reine Sklaverei. Jedes Stückchen wird einem zugewogen, vorgeschnitten, abgemessen. Sobald abgeliefert wird, heißt es gleich: Hast Du Bestellung? nicht? dann mach' also $^{1}/_{4}$ Dutzend Körbe, dazu brauchst Du soviel Lackrohr, soviel Weiden, soviel Esparto und anderes Rohr — und wird nichts vergessen, auch nicht die Stifte und Schließen.“ Esparto, von welchem der Ballen zu 2 Meterzentnern etwa 53 Mark kostet (8 Pfund gehen für Packung ab) wird dem Arbeiter zu 38—40 Pfennigen das Pfund, der Metercentner Palmblatt, für 26—27 Mark Einkauf, mit 38—40 Mark berechnet u. s. w.[1].

Im Weilerthal waren zeitweilig Klagen über das Abzugssystem, welches eine auswärtige Fabrik übte, an der Tagesordnung. Bei außerordentlich niedrigen Lohnsätzen — 0,12 Fr. für den Meter Kleiderstoff — wurden Abzüge gemacht, welche die Hälfte des Lohnes nicht nur erreichten, sondern manchmal sogar überstiegen. Indes hat diese Fabrik aufgehört im Weilerthal arbeiten zu lassen, und Kärger stellt sowohl den Faktoren und Depotinhabern als auch den Fabrikanten das Zeugnis aus, daß sie weder in der Verteilung der Arbeiten unerlaubte Begünstigungen sich zu schulden kommen lassen noch die von ihnen wegen mangelhafter Ausführung der Arbeit verlangten Abzüge von dem zugesagten Lohne mißbrauchen. Eine Entschädigung für den geringeren Verkaufswert der fehlerhaften Ware verlange der Fabrikant selten[2]. Es giebt also glücklicherweise in dieser Richtung nicht immer nur unbehagliche Zustände in der Hausindustrie.

§ 13. Das Trucksystem in der Hausindustrie.

Der Unfug der Lohnauszahlung in Waren, Marken oder Bons, das sogenannte Trucksystem, gegen welches schon die Novelle von 1878 zur Ge-

[1] Sax a. a. O. 3. T. S. 50, 51, 66, 128—130. — [2] a. a. O. S. 47, 57.

werbeordnung zu Felde zog — gegenwärtig § 115, 119, 146 — und das auch in mehreren Erkenntnissen des Reichsgerichts vom Jahre 1882 als strafbar anerkannt ist[1], kommt gleichwohl in manchen Gegenden immer noch vor. In der Aachener Tuchindustrie ist das Truckwesen seitens der Fabrikanten nach langem Kampfe glücklich beseitigt. Indes klagten nach Thun[2] die Arbeiter im Jahre 1878 noch ganz allgemein darüber, daß die Werkmeister auf eigenen oder fremden Namen offene Läden hielten oder Schankwirtschaft betrieben und durch ihre Autorität die Arbeiter veranlaßten, ihren Bedarf bei ihnen zu entnehmen. Auch in Solingen, wo das Warenzahlen, wie man sich aus Daniels erinnern wird, eine altbekannte Unsitte war, bedurfte es eines energischen Kampfes, bis endlich die Verordnung vom 9. Febr. 1849 eine Strafe von 500 Thalern auf das Warenzahlen setzte. Wie sehr die Arbeiter unter diesem System litten, mag man in der lebhaften Schilderung Thuns nachlesen[3]. Selbst jetzt noch, nachdem dasselbe als socialökonomische Kalamität beseitigt worden ist, wuchert es hier und da unter veränderter Form im stillen fort. Die Arbeiter werden nämlich voll und bar ausgelöhnt, aber durch eine Hinterthür entlassen, die in einen Laden mündet, den ein Verwandter oder Bekannter unter eigener Firma führt. Dort müssen sie dann einige Einkäufe machen[4].

Ungenierter wird in der Korbwaren- und Schiefertafelindustrie Oberfrankens, wo dieselbe als Hausarbeit betrieben wird, das System der Bezahlung von einem Dritteil bis zur Hälfte des Arbeitslohnes in Waren gehandhabt. Mehl, Zucker, Kaffee, Cichorien, Tabak, Cigarren, selbst Blechartikel und Wollenwaren müssen die Arbeiter entgegennehmen und, da sie namentlich für die letzteren nicht immer Verwendung haben können, diese Waren um jeden Preis zu Geld zu machen suchen. Auch bekommen die Arbeiter einen bestimmten Teil des Lohnes in gestempelten Marken ausgezahlt, welche bei gewissen Bäckern, Metzgern, Wirten und Krämern, die unter sich eine förmliche Genossenschaft bilden, eintauschbar sind. Der Hausindustrielle muß sich diesem Mißbrauche fügen, denn entweder ist der Zwang zur Annahme der Naturalien oder Marken ein direkter, d. h. er wird bei der Anstellung ausbedungen, oder er ist ein moralischer, d. h. der sich weigernde Arbeiter wird nicht weiter beschäftigt[5]. Der Kaufmann fügt zum Schaden noch den Spott. „Wirf's weg" ruft er dem Mädchen zu, das mit den Cigarren nichts anzufangen weiß, oder er zuckt gleichmütig die

[1] Marcinowski, Gewerbeordnung 3. Aufl. S. 385. — [2] a. a. O. 1. T. S. 30. — [3] a. a. O. 2. T. S. 71, 78. — [4] Thun a. a. O. 2. T. S. 78. — [5] Vergl. meinen Aufsatz „Deutsche Fabrikzustände" S. 55.

Achseln, wenn der Arbeiter im Ingrimm den Spazierstock zerschlägt, der ihm an Zahlungs Statt angehängt worden[1]. Im Koburgischen steht es in dieser Hinsicht um nichts besser, ja die Kaufleute genossen eine Zeitlang sogar den Ruf allen anderen hierin voraus zu sein. Bei einer der größten Firmen erhielt jeder Korbwarenlieferant, ohne gefragt zu werden, $^{2}/_{5}$ Pfund Kaffee, 1 Pfund Zucker, 2 „blaue Päckle" (ungefähr ein Pfund) Cichorie, wofür ihm 1 Mark 45 Pfennige berechnet wurden. Kleinere Haushaltungen bekamen in rücksichtsvoller Weise eine sogenannte kleine Portion, nämlich für 95 Pfennige $^{1}/_{5}$ Pfund Kaffee, 1 Pfund Zucker und 1 Päckle. Ob der Hausindustrielle Waren für 6 Mark oder für 10 Mark lieferte — soviel wurde ihm immer auf seine Forderung angerechnet. Ja, es kam hier sogar vor, daß die Gerichte es verschmähten einzuschreiten. Die Strafkammer I des Landgerichtes Meiningen setzte noch am 8. Dezbr. 1884 über Antrag der Staatsanwaltschaft einen wegen Vergehen gegen § 115 der Gewerbeordnung angeklagten Korbhändler in Koburg kostenfrei außer Verfolgung, weil der Händler „nicht durch Lohnarbeiter habe Waren verfertigen lassen, sondern dieselben von selbständigen Korbflechtern gekauft hätte"[2].

Bei der Zündhölzchenindustrie in Neustadt am Rennsteig werden die Hausindustriellen mehrfach von Kasseler Firmen beschäftigt, und diesen wird nachgesagt, daß sie meistens in Waren zahlten, die sie zu hohen Preisen anrechneten und wobei sie überdies von dem ganzen Betrage ihre Prozente abzögen, als hätten sie alles bar bezahlt[3]. In der Uhrenindustrie des Schwarzwaldes von Württemberg und Baden war nach den amtlichen Berichten der Fabrikinspektoren noch im Jahre 1880 die Warenzahlung üblich. Seitdem soll allerdings der Unfug aufgehört haben, aber volle Freiheit, seinen Bedarf an Waren dort zu entnehmen, wo er glaubt am vorteilhaftesten einkaufen zu können, hat der Hausindustrielle trotzdem nicht. Er ist nach wie vor an seinen ein Ladengeschäft betreibenden Arbeitgeber gebunden, denn es ist einmal herkömmlich, daß die Arbeiter die Waren dort entnehmen, wo sie beschäftigt sind, und sowenig wagen diese sich zu emancipieren, daß die Arbeitgeber bei Eröffnung des Ladens nur auf ihre Arbeiter rechnen und außer diesen gar keine Kunden haben[4].

Im Weilerthal, wo die deutsche Gewerbeordnung nicht eingeführt ist, wird mit Ausnahme einer Firma das Trucksystem nicht geübt. Dieses Geschäft vermerkt schon auf dem dem Weber eingehändigten Stückzettel, daß

[1] Sax a. a. O. T. 3 S. 37. — [2] Sax a. a. O. 3. T. S. 67. — [3] Sax a. a. O. 3. T. S. 78. — [4] Deutsche Fabrikzustände S. 56.

die Bezahlung in Tuch oder anderen Waren erfolgen wird. Daß dieses System ihnen höchst nachteilig sei, darin waren alle Weber einig. Es führe entweder zu unnützen Ausgaben für Kleiderstoffe oder bringe beim Wiederverkauf beträchtlichen Verlust[1].

§ 14. Wohnung und Werkstätte.

Bei dem kärglichen Lohne und den mehr oder weniger systematischen Versuchen zu weiterer Herabdrückung desselben kann die allgemeine Lage der Hausindustriellen keine befriedigende sein. Die Angaben unserer Gewährsmänner über Wohnungszustände, Arbeitsräume und Nahrungsweise decken mehrfach schreckliches Elend auf.

Die selbständigen Handwerksmeister, die Besitzer von Hammerwerken und Wasserketten in Remscheid wohnen zwar ganz gut. Kleine in Fachwerk aus den einheimischen porösen Ziegeln aufgeführte Häuschen mit einer Verschalung von Brettern, die an den vier oder doch an der Wetterseite gegen den stark anschlagenden Regen mit Schiefer oder Schindeln bedeckt sind, dienen ihnen zum Aufenthalt. Unten ist die Werkstatt, darüber ein bis zwei Stockwerke und Dachkammern. Der wohlhabende Meister bewohnt eine ganze Etage und mehr. Wohnstube, Schlafkammer und Küche sind jedenfalls getrennt. Die eigentlichen Hausindustriellen aber, die Lohnarbeiter, müssen sich mehr behelfen. Sie haben neben der kalten Schlafkammer gewöhnlich nur eine Wohnstube mit dem Kochherd, und beim Feilenhauer, Feiler und anderen einfachen Handarbeitern dient diese Wohnstube zugleich als Werkstätte[2].

Im sächsischen Vogtlande sind nach Beins Urteil die Wohnungsverhältnisse im allgemeinen günstig. In Markneukirchen kommen im Jahre 1880 auf 1 Gebäude, in welchem 2 Familienhaushaltungen sich befinden, 12 Bewohner, im Klingenthaler Bezirk 11, 26, im Vogtlande überhaupt 9, 64 und im Königreich Sachsen je 10, 8. Einzelne Städte, und zwar gerade die industriereichen, weisen aber viel höhere Behausungsziffern auf. So wohnen in Plauen in 1 Gebäude 18, 87 Menschen, in Schöneck 14, 89, in Ölsnitz 13, 29 Personen[3]. Erwägt man, daß im Durchschnitt fürs ganze Deutsche Reich (ohne Königreich Sachsen) im Jahre 1885 nur

[1] Kärger a. a. O. S. 55. — [2] Thun a. a. O. T. 2 S. 151. — [3] Bein a. a. O. 1. T. S. 78, 2. T. S. 480.

8, 1 Einwohner per Gebäude nachgewiesen sind [1], so lassen diese sächsischen Ziffern keinen Schluß auf besonders erfreuliche Zustände zu. Immerhin lauten die Nachrichten aus der vogtländischen Industrie nicht übermäßig schlecht. Dafür aber enthüllt Sax aus der thüringischen Hausindustrie wahrhaft jämmerliche Zustände. Die Wohnungen der Sonneberger Spielwarenverfertiger bestehen gewöhnlich aus Stube und Kammer, von denen die erstere als Wohn- und Arbeitsstube zugleich dient. Dieselbe muß ununterbrochen geheizt werden, auch im Sommer, damit die Ware, die rings um den Herd auf Stangen und Brettern steht, schneller trocknet. Am Ofen ist eine Vorrichtung angebracht, um heißes Wasser zu halten. Der aufsteigende Wasserdunst schlägt sich nun in der kälteren Schlafkammer nieder und vermehrt dort die natürliche Feuchtigkeit. Die Schlafkammer läßt sich selten lüften und ist meist so eng, daß gerade 2 oder 3 Betten nebeneinander Platz haben. Jedes Bett dient 2, nicht selten auch 3 und 4 Personen zur Lagerstätte. Auf jedes Haus können ca. 3 Haushaltungen und per Wohngebäude (1880) 14, 5 Personen gerechnet werden [2]. In ganz Sachsen-Meiningen sind nach der Volkszählung von 1885 per Wohngebäude durchschnittlich 7, 4 Einwohner nachgewiesen. Die Reinlichkeit läßt in diesen Behausungen viel zu wünschen übrig. Erst am Sonnabend Nachmittag werden die im Laufe der Woche zu stattlichen Haufen angewachsenen Abfälle bei der Arbeit ausgefegt und wird der Fußboden aufgewaschen. Auf die Schlafkammer erstreckt sich diese Reinigung selten.

Bei der Griffelfabrikation sind die Hütten „am Steinbächlin", in denen gearbeitet wird, eng und klein, die meisten 1,60—1,80 m hoch, 2—2½ m breit und 2½—3 m lang. Gleichwohl sind 3—5 Personen darin thätig. Die 20 Kubikmeter Luft, die man herkömmlich als das erforderliche Minimum für den einzelnen ansieht, sind hier nicht einmal immer in der ganzen Hütte anzutreffen. Dabei entwickelt die Arbeit furchtbaren Staub und kann nicht einmal das Fenster offen bleiben, weil der Stein keinen Wind verträgt. Im Dorfe Steinach, wo die Besitzer dieser „Werkstätten" wohnen, ist die Behausungsziffer 10, 52. Aber die Häuschen sind kleiner und niedriger als in Sonneberg. Selbst die Griffelmacher im Gräfenthalschen, die sich verhältnismäßigen Wohlstandes erfreuen, sitzen in Häuschen, die nach der Beschreibung von Sax nur wenig besser als die ihrer ärmeren Genossen sind [3]. Noch schlimmer als beim Griffelmacher ist die Staubentwickelung beim Tafelmacher. Ein hölzerner Anbau, die sogenannte Schab-

[1] Statistisches Jahrbuch f. d. Deutsche Reich 8. Jahrg. — [2] Sax a. a. O. 1. T. S. 37. — [3] a. a. O. S. 87—91.

hütte, von 2 Spannen Eingangsbreite und 1,80 m Länge beherbergt gewöhnlich den Arbeitenden, der in diesem Raume 4—5 Tage in jeder Woche zubringen muß. Das Holz zum Tafelrahmen wird auf dem Kaminsims und in der Röhre getrocknet. Der sich hierbei entwickelnde Dunst kann nicht heraus, weil Fenster und Thüren der Hitze wegen stets geschlossen bleiben. Im Wohnraum steht auch die Hobelbank und der Boden ist mit Hobelspänen und Schabeschmutz über und über bedeckt[1].

Bei der Phosphorzündhölzchenindustrie fällt ins Gewicht, daß der Wohnungsraum gleichzeitig die Stätte ist, in der die gewerbliche Thätigkeit sich abspielt. Derselbe Herd, auf dem die Speisen bereitet werden, dient auch als Phosphor- und Schwefelofen. Die sich entwickelnden Gase, Phosphordunst, häßliche Gerüche, die der mit tierischem Leim versetzten Tunkmasse entströmen, rufen eine unatembare widerliche Stickluft hervor, in der ein Ungewohnter sich keinen Augenblick aufhalten kann, ohne die ernstlichsten Übelkeiten zu spüren. „Alles im Hause, Personen und Gegenstände, ist phosphorbeschmutzt; besonders der Fußboden in den zahlreichen Ritzen der Dielen birgt ein sich ewig erneuerndes Gemenge von abgefallenen Zündkuppen, verschleuderten Zündhölzchen, Phosphorstaub und anderem Schmutz. Kinder in so zartem Alter, daß sie unmöglich zur Arbeit gebraucht werden können, sind doch allen Schädigungen derselben ausgesetzt, indem sie auf dem vergifteten Boden herumkriechen und mit den Eltern die gleiche Pestluft atmen. Es ist ein wahres Pandämonium, in das man hier schaudernd einen Einblick thut"[2].

Sehr wenig erfreulich sind die Wohnungsverhältnisse nach den von Physikus Dr. Lübben angestellten Untersuchungen im Eisenacher Oberland[3], und es ist ein schwacher Trost, daß sie nicht nur bei den Holzschnitzern und Korkschneidern, sondern bei allen Bewohnern der Rhön angetroffen werden. In leicht gebauten Häusern — aus Fachwerk mit Backsteinen oder Lehmgeflecht, aus Lehmsteinen u. s. w. —, in Wohnungen, die meist nur ein heizbares Zimmer aufweisen, das in der Mehrzahl der Fälle als Schlafraum benutzt wird und in nicht wenigen gleichzeitig als Werkstätte dient, in Zimmern, die klein, feucht und niedrig sind — größtenteils unter 2,5 m Höhe —, in schmutzigen Betten, die nicht bloß einer Person, sondern mehreren als Ruhestätte dienen, müssen sich die armen Rhönbewohner behelfen. In den oberfränkischen Dörfern Michelau und Schney war die Behausungsziffer im Jahre 1885 9, 16 und 7, 82 Personen. Aber wenn das anscheinend

[1] Sax a. a. O. 1. T. S. 95. — [2] Sax a. a. O. 3. T. S. 81—83. — [3] Mitgeteilt bei Sax a. a. O. 2. T. S. 75—80.

günstig klingt, so ist nicht zu übersehen, daß namentlich in Schney die Baulichkeiten meist elende sind. Auch trägt die Aufbewahrung grüner in Wasser eingesetzter Weiden, welche Kohlensäure ausströmen, nicht dazu bei, die Luft im Arbeitsraume zu verbessern, da Thür und Fenster verschlossen gehalten werden, um die Räume nicht auskühlen zu lassen. Der Typus, welchen Sax schließlich aufstellt: eine Wohn-, Arbeits- und Schlafstube mit einem Mobiliar aus Tisch, Bank, 2 Stühlen und 2 Betten bestehend — Kleiderschrank und Kommoden müssen wegen Mangel an Raum in der Küche untergebracht werden —, in den Betten Strohfüllung, von faulenden Stoffen riechend, und kein Leintuch, die Wände des Zimmers angetüncht und beschmutzt, der Boden mit zolldickem Unrat bedeckt u. s. w., wird glücklicherweise nicht bei allen Korbmachern in Schney angetroffen[1], aber es ist schlimm, daß er überhaupt vorkommt.

Erträglich sind die Wohnungszustände unter den thüringischen Hausindustriellen nur in Ruhla, obwohl man auch dort enge zusammen wohnt. Die Behausungsziffer ist hier, wo die Wohngebäude in Bezug auf ihre Größe vielleicht die Mitte zwischen den in Sonneberg und Steinach üblichen Gebäuden halten, 7, 48 Einwohner[2]. Die Reinlichkeit und Sauberkeit der Wohnungen wird gerühmt. Nicht nur die ihrer Natur nach mehr reinlichen Gewerbe, wie Meerschaumverarbeitung oder Pfeifenmalerei, sondern auch die weniger bequemen Hantierungen des Versilberns, Vergoldens, Horndrehens u. s. w. werden fast durchweg in sauberen Wohnstätten ausgeführt[3]. Die gleiche Reinlichkeit lobt Frankenstein an den Kleinfeuerarbeitern in Schmalkalden. Nur sind leider die Wohnräume eng — z. B. 2,25 m hoch, 3,25 m breit, ca. 4 m lang, was einem Kubikinhalt von 29,2 cbm entspricht —, schlecht gelüftet und ohne Küche, so daß im Winter und Sommer im Ofen gekocht werden muß. Die Arbeitsräume sind zwar der Feuergefährlichkeit wegen von den Wohnhäusern entfernt, aber lassen bei den Schmieden insofern zu wünschen, als Luft und Licht vielfach nur durch offene Luken einströmen, und entsprechen bei den Schleifern und Polierern nicht im mindesten den an sie in hygieinischer Beziehung zu stellenden Anforderungen[4].

Beispiele von Wohnungsnot und absolut ungenügenden Werkstätten treten uns wieder in den Taunusdörfern entgegen. Die Werkstätten der Nagelschmiede bilden selten besondere Hütten, sondern liegen meist in dem Erdgeschoß der Wohnhäuser. Sie sollen für 5 Arbeiter bei 2,4 bis 2,7 m

[1] Sax a. a. O. 3. T. S. 57, 59, 60, 61. — [2] Sax a. a. O. 2. T. S. 45. — [3] Sax a. a. O. 2. T. S. 47. — [4] Frankenstein a. a. O. S. 112, 114.

Höhe 11,52 qm und für 2 Arbeiter 6,30 bis 7,20 qm Flächeninhalt haben, sind aber oft weit niedriger und weisen für 2 Personen nur 5,4 qm Flächeninhalt auf. Arndt sah Werkstätten, in welchen die Arbeiter so gedrängt standen, daß der eine dem andern wohl auch einmal mit dem Hammer wider den Kopf fuhr. Der Boden ist nicht geplattet und in regnerischen Zeiten tritt daher das Wasser aus den Ecken hervor und muß mühsam durch aufgelegte Bretter verdeckt werden [1]. Was aber die Wohnungen anlangt, so bestehen diese meist aus 1—2 Stuben und einem Flur, der zugleich als Küche dient. In den allermeisten Fällen hat eine Familie nicht mehr als einen einzigen Raum zum Wohnen und Schlafen inne, denn wenn das Stockwerk 2 Stuben hat, so bewohnt der Hausherr gewöhnlich die größere und vermietet die kleinere. Der Mieter hat dann nicht einmal immer das Recht zur Benutzung des Herdes, sondern muß im Stubenofen kochen. In Arnoldshain, über welches Arndt ausführlichere Daten zur Verfügung standen, wohnten von 680 Einwohnern 80 Prozent in Wohnungen, die aus nicht mehr als einem Zimmer bestanden, und 394 Personen, also noch immer mehr als die Hälfte der ganzen Bevölkerung, hatten zu fünf und mehr Personen einen einzigen Raum zum Schlafen, Wohnen, mitunter selbst zum Arbeiten inne [2].

Ebenso schlimm, wie hier seitens Privatpersonen die Verhältnisse geschildert werden, fallen auch die Beurteilungen aus, welche man gelegentlich bei den Fabrikinspektoren über die Arbeitsräume findet. Über die Bereitung von Phosphorzündhölzchen in Zimmern, die als Wohn-, Schlaf- und Fabrikationsräume zugleich dienen, ist in Schwarzburg-Sondershausen, in den Kreisen Sonneberg und Hildburghausen von Sachsen-Meiningen, im Schwarzwaldkreis Württemberg mehrfach geklagt worden. Die Tabakindustrie in Anhalt, in Schleswig-Holstein, in Bremen gab nicht weniger Anlaß zu Beschwerden. In letzterer Stadt geht die Cigarrenfabrikation in Zimmern von 7—8 qm Grundfläche vor sich, in denen 7—8 Personen beschäftigt sind. In Altona, Ottensen, Wandsbeck arbeiteten die Hausindustriellen bald in Kellern bald unter dem Dache, oft in den kleinsten Räumen zusammengepfercht, bei geschlossenen Fenstern ohne jede Lüftungsvorrichtung. Die Leute sitzen in diesen Räumen so gedrängt, daß wenn einer derselben hinausgehen will, die ganze vor ihm sitzende Reihe sich erheben und die Schemel auf die Arbeitstische legen muß, um ihm Platz zu machen. Die Beleuchtung erfolgt durch Petroleumlampen, die häßlich ausdünsten; zur Heizung dient ein rotglühender eiserner Ofen. Über den Köpfen der Arbeitenden

[1] Schnapper-Arndt a. a. O. S. 72. — [2] a. a. O. S. 118—119.

sind mit Leinwand bespannte Holzrahmen angebracht, auf denen der zu verarbeitende Tabak den erforderlichen Grad von Trockenheit bekommen soll, und an den Wänden und Thüren steht in großen Tropfen das Schweißwasser. Die Luft war des Abends für den inspizierenden Beamten oft überwältigend vor Ekel und des Morgens nur da erträglich, wo die ganze Nacht hindurch hatte gelüftet werden können. „In solchen Räumen arbeiten jung und alt, Männer und Frauen, Knaben und Mädchen bis zur gesetzlich erlaubten Grenze“ [1].

Faßt man das Vernommene zusammen und ist es erlaubt, von dem Bekannten auf das Unbekannte zu schließen, so wird man behaupten dürfen, daß die Arbeitsräume der Hausindustriellen in gesundheitlicher Beziehung größtenteils schädlicher wirken als die Fabriken. Abgesehen davon, daß sie gar nicht der Beaufsichtigung durch die Fabrikbeamten unterstehen, sind ihre Inhaber auch meistens zu arm, um die etwa gestellten Anforderungen erfüllen zu können. Der Armut entsprechend gestalten sich die Wohnverhältnisse, die freilich keine Eigentümlichkeit der hausindustriellen Unternehmungsform bieten, sondern fast immer bei allen Bewohnern der genannten Gegenden vorkommen. Sie sind eben nur charakteristisch für die elende Lage dieser Arbeiter, die zu wenig verdienen, um normal leben zu können. Besonders tragisch erscheint ihre Lage in manchen Teilen von Thüringen, in Schmalkalden und den Taunusdörfern, während am Rhein und in Sachsen etwas behaglichere Zustände vorherrschen.

§ 15. Die Ernährung der Hausindustriellen.

Über die Ernährungsweise der Hausindustriellen ist wenig zu sagen. Sie ist einfach genug und besteht nach den übereinstimmenden Mitteilungen aller vorzugsweise in Kartoffeln. „Kartoffeln in der Früh, zu Mittag in der Brüh, des Abends mitsamt dem Kleid — Kartoffeln in Ewigkeit“ heißt es im Meininger Oberland. „Kartoffeln, Kartoffeln und nochmals Kartoffeln“ gelten nach Frankenstein in Schmalkalden als hauptsächliches Nahrungsmittel und „fast ausschließlich von Kartoffeln leben die ärmsten Leute im Weilerthal“ sagt Kärger. Die Einzelheiten des Küchenzettels und die lokal abweichenden verschiedenen Methoden, mit denen die Ärmsten ihre Kartoffeln dem Gaumen schmackhafter zu machen versuchen, sind geradezu deprimierend; Cichorienkaffee, Kaffeewasser, Brot, Butterbrot, bisweilen wie in Remscheid mit Fleisch und Käse belegt, Gemüse, Sauerkraut, wenig

[1] Vergl. meinen Aufsatz „Deutsche Fabrikzustände“ S. 59.

Hülsenfrüchte, mitunter Reis, Bier, Milch, sind dazu ausersehen, Abwechslung in die einförmige Nahrung zu bringen. Die Fleischkost ist selten und spärlich. In Remscheid wird dreimal in der Woche Fleisch genossen, in Schmalkalden fast nur insoweit, als es in der eigenen Wirtschaft durch Mästung eines Schweines produziert wird, im Weilerthal und in Markneukirchen oder Klingenthal höchstens 1—2 mal die Woche, in den Taunusdörfern als Sonntags- oder Festtagskost. Es ist sehr bezeichnend, daß im sächsischen Vogtlande der angeblich pro Kopf der Bevölkerung berechnete durchschnittliche Fleischkonsum erheblich niedriger ist als im ganzen Königreich Sachsen, z. B. im Jahre 1875 49⁴/₁₀ Pfund gegen 66¹/₁₀ Pfund [1].

§ 16. Der Gesundheitszustand der Hausindustriellen.

Wie die Arbeiter bei dieser spärlichen und mangelhaften Kost sich bei Leben und Gesundheit zu erhalten vermögen, scheint ein Rätsel, und in der That sind denn auch die Morbiditäts- und Mortalitätsverhältnisse bei ihnen nicht selten ungünstiger als bei anderen Einwohnerklassen. So wenigstens in der Sonneberger Spielwarenindustrie und im oberfränkischen Korbmachergebiet [2], während überraschenderweise im sächsischen Vogtlande, in den Taunusdörfern, im Kreise Schmalkalden und im Weilerthal der Gesundheitszustand und die Bewegung der Bevölkerung keine von den allgemeinen Landeszuständen erheblich abweichende Verschiedenheit zu Tage treten lassen [3]. Allgemeine Körperschwäche, schmächtigen und kleinen Körperbau, vorzeitiges Dahinwelken der Frauen u. s. w. stellte Schnapper-Arndt in den Taunusdörfern allerdings fest, und ähnlich weist Frankenstein auf eine wenig befriedigende Körperbeschaffenheit bei den in der Kleineisenindustrie beschäftigten Personen hin. Im Kreise Schmalkalden ist übrigens auch die Sterblichkeit eine verhältnismäßig größere als in den angrenzenden Staaten und Landesteilen. Im Vogtlande scheint die gleiche Erscheinung sich zu zeigen — wenigstens nach dem allerdings nur für das Jahr 1867 vorliegenden Aushebungsverhältnis. Damals waren unter 100 Rekruten im Vogtlande nur 29,74, im ganzen Königreich aber 36,25 zum Militär-

[1] Über Einzelheiten vergl. Thun a. a. O. 1. T. S. 64, 2. T. S. 153; Bein a. a. O. 1. T. S. 80, 2. T. S. 491; Sax a. a. O. 1. T. S. 39, 3. T. S. 55, 77; Kärger a. a. O. S. 149; Schnapper-Arndt a. a. O. S. 126; Frankenstein a. a. O. S. 116. — [2] Sax a. a. O. 1. T. S. 44—45, 3. T. S. 56—57. — [3] Kärger a. a. O. S. 151; Schnapper-Arndt a. a. O. S. 133—152; Frankenstein a. a. O. S. 136—139, 143—191; Bein a. a. O. 1. T. S. 81, 82, 2. T. S. 482—490.

dienst tauglich[1]. Nicht anders ist es im Bergischen Lande, wo der Prozentsatz der Militäruntauglichen ein hoher ist — 1873 und 1874 ca. 45 bis 56 Prozent[2].

§ 17. Der moralisch-sittliche Zustand der Hausindustriellen.

In Bezug auf die moralisch-sittlichen Zustände der Hausindustriellen gewährt unser Material nicht viel Auskunft. Wesentlich nach zwei Punkten bietet sich ein Anhalt zur Beurteilung: hinsichtlich etwaiger Trunksucht und des Vorkommens unehelicher Geburten. Auf erstere würde eine große Zahl von Schankwirtschaften deuten. So kommt in Remscheid eine Schenke bereits auf 88 Einwohner, in Barmen und Essen dagegen beispielsweise erst auf 241 bezw. 194 Einwohner[3]. In Aachen fand sich 1877/78 eine Wirtschaft auf 160 Einwohner, in der Stadt Plauen auf 143 Einwohner (1882)[4]. Aus den übrigen hausindustriellen Bezirken ist in dieser Hinsicht nichts bekannt. Für Remscheid weiß aber Thun mehrere Gründe geltend zu machen, welche die relativ große Zahl von Kneipen erklären, so daß man aus ihr auf übermäßige Trunksucht nicht schließen darf. In den Taunusdörfern wird das Wirtshaus überhaupt wenig aufgesucht und nur die ökonomisch besser Situierten gönnen sich daselbst abends ein Glas Bier oder Äpfelwein oder ein Gläschen Schnaps. Dagegen pflegt es an Sonntagsnachmittagen namentlich von jungen Burschen ziemlich angefüllt zu sein[5]. Im ganzen scheinen demnach, soweit darüber Nachrichten vorliegen, keine schlimmen Zustände auf diesem Gebiete vorzuherrschen.

Ebenso verhält es sich mit den unehelichen Geburten. In einigen hausindustriellen Bezirken sind die Zustände allerdings nicht erfreulich, in anderen dagegen durchaus nicht von den sonst beobachteten abweichend. Im ganzen Deutschen Reich waren in der Periode 1861—70 durchschnittlich 11,5 Prozent, in der Periode 1871—80 nur 8,9 Prozent aller Geburten unehelich. Dagegen wurden in den Jahren 1868—70 in den Städten des Vogtlandes 14,6 Prozent und auf dem platten Lande 18,8 Prozent uneheliche Geburten nachgewiesen. Im Gerichtsamt Markneukirchen waren in den Jahren 1865—70 sogar 16 und im Gerichtsamt Klingenthal zu derselben Zeit 22,2 Prozent aller Geburten unehelich[6]. Im Kreise Schmalkalden ergaben sich für den 35jährigen Zeitraum 1850—84 freilich 10,2

[1] Bein a. a. O. 2. T. S. 485. — [2] Thun a. a. O. 2. T. S. 155. — [3] Thun a. a. O. 2. T. S. 154. — [4] Bein a. a. O. 2. T. S. 490. — [5] Schnapper-Arndt a. a. O. S. 186, 187. — [6] Bein a. a. O. 1. T. S. 83, 2. T. S. 483.

Prozent uneheliche Geburten, für die Periode 1875—84 aber nur 7,2 Prozent. Frankenstein bringt diese Erscheinung mit der hessischen Gesetzgebung über die Eheschließungen in Zusammenhang[1]. In Thüringen herrscht überhaupt ein ungezwungener Verkehr zwischen den jungen Leuten beiderlei Geschlechts, und das Prozentverhältnis der unehelichen Geburten pflegt in mehreren Staaten ein über den Reichsdurchschnitt hinausgehendes zu sein (beispielsweise Sachsen-Meiningen 1886: 12,93 Prozent unehelicher Geburten). Im hausindustriellen Bezirk Sonneberg ist es daher nach Sax nichts Seltenes, daß 16jährige Mädchen außer der Ehe niederkommen[2]. Auch den oberfränkischen Korbmachern wird ein übermäßiger frühzeitiger geschlechtlicher Verkehr nachgesagt[3]. Verhältnismäßig gering ist die Zahl der unehelichen Geburten in den Feldbergdörfern: 1861—70 6,2 Prozent; 1871—80 nur 3,3 Prozent, wobei von diesen unehelich Geborenen viele durch nachfolgende Ehe legitimiert worden sind[4]. Ebenfalls ein gutes Zeugnis kann Kärger den Elsässer Webern ausstellen. Er fand nur eine geringe Zahl unehelicher Kinder und namentlich daß, wenn solche vorhanden waren, diese zum weitaus größten Teile nicht zwei Dorfgenossen zu Eltern hatten, sondern von einem Mädchen im auswärtigen Dienst concipiert worden waren[5]. Demnach scheint also in dieser Beziehung, wenn es gestattet ist, von dem Bekannten auf das Unbekannte zu schließen, den Arbeitern der Hausindustrie nichts nachgesagt werden zu können. Was in den sittlich-moralischen Zuständen Beklagenswertes ist, dürfte mehr mit den örtlichen Gewohnheiten im Zusammenhange stehen — in Sachsen ist z. B. der Prozentsatz unehelicher Geburten überhaupt höher als der Reichsdurchschnitt — als mit einem durch den Beruf und seine Eigentümlichkeiten hervorgerufenen Leichtsinn oder moralischer Verwilderung.

Sicherlich stehen die Hausindustriellen sittlich nicht niedriger als die Fabrikarbeiter, obwohl ihre elende Lage zu der entgegengesetzten Annahme verleiten könnte. Vielmehr wird ihnen mitunter sogar eine ausgezeichnete Haltung nachgerühmt. Den häuslichen Tugenden der bergischen Frau — dem Remscheider Weibe — weiß Thun ein begeistertes Loblied zu singen, und Kärger hebt es geradezu als einen unschätzbaren Vorzug der Hausindustrie hervor, daß sie die Familie zusammenhält, während die Fabrikarbeit dieselbe zerstört. Die Thätigkeit in Fabriken mache, meint er, die Kinder oft zu Kostgängern ihrer Eltern und vernichte alle Bande des Bluts, wenn die letzteren die ersteren dazu benutzen, um die Einnahmen des Haus-

---

[1] a. a. O. S. 159—161. — [2] a. a. O.1. T. S. 54. — [3] Sax a. a. O. 3. T. S. 55. — [4] Schnapper-Arndt a. a. O. S. 159. — [5] a. a. O. S. 151.

halts zu steigern. Vermutlich ist Kärger zu dieser Auffassung gerade durch seine elsässischen Erfahrungen gekommen. Allein es darf nicht übersehen werden, daß hausindustrielle Eltern gleichfalls in dieser Richtung mehrfach sündigen, wie z. B. die Schilderungen der thüringischen Zustände erkennen lassen. Daher wird dieser a priori zu erwartende wohlthätige Einfluß der hausindustriellen Unternehmungsform nicht als ein allgemein in praxi zutreffender bezeichnet werden dürfen.

§ 18. Die Verbindung der Hausindustrie mit Landwirtschaft.

Ist in dem letzten Punkt bereits eine Seite berührt, bei der sich uns die Hausindustrie in vorteilhafter Beleuchtung zeigt, so kann auch noch auf eine andere, freilich nur relativ günstige, die Aufmerksamkeit gelenkt werden, nämlich auf die Verbindung derselben mit dem Landwirtschaftsbetriebe. Entschieden ist die hausindustrielle Thätigkeit der Fabrikarbeit gegenüber darin im Vorzug, daß sie öfter als diese mit landwirtschaftlicher Arbeit abwechselt. Hierin liegt eine Quelle physischer Erholung, sofern die durch Stillsitzen oder bestimmte Arbeit einseitig angestrengte Körperkraft nach anderer Richtung sich bewegt, und sie wird, wie Kärger ganz richtig hervorhebt, überdies zu einem Kitt für das Familienleben. Macht jeweilig auch in der hausindustriellen Thätigkeit zwischen Eltern und Kindern eine gewisse „rechnerische" Auffassung der praktischen Lebensverhältnisse sich geltend, so ist die landwirtschaftliche Arbeit dazu angethan, dieselbe auszugleichen. Es kann bei ihr das Ergebnis nicht auf die Mitwirkung eines jeden einzelnen zurückgeführt werden. Dasselbe kommt der Gesamtheit zu gute und jedem Familienmitglied wird die seinem Bedarf entsprechende Quote zu teil, ohne daß der eine oder andere bevorzugt wird. Man rechnet sich nicht gegenseitig vor, was man verdient hat und zu den Kosten des Unterhalts beizusteuern in der Lage ist, sondern merkt, daß man aufeinander angewiesen ist, und bethätigt demnach größere Harmonie im Zusammenleben.

Über die Verbindung hausindustrieller Arbeit mit landwirtschaftlicher giebt die Berufsstatistik Auskunft. Von 339 644 Hausindustriellen liegen 66 901 gleichzeitig im Nebenberufe der Land- und Forstwirtschaft ob, d. h. 19,6 Prozent, während von 4 096 243 Hülfspersonen der Industrie etwa 17 Prozent sich dem Betriebe der Landwirtschaft widmen. Dabei sind die hausindustriellen Landwirte relativ häufiger selbständige Landwirte als die Fabrikarbeiter, welche gleichzeitig Landwirtschaft treiben. Von sämtlichen Hausindustriellen sind 17 Prozent, von sämtlichen Arbeitern und Gehülfen in der Industrie nur 13 Prozent selbständige Landwirte. Im ganzen ist demnach auf diese Vereinigung zweier Berufe überhaupt kein so großes Gewicht zu legen. Wenn auch in einigen Fällen die Hausindustrie aus einer Beschäftigung des Landbauers in müßigen Stunden hervorgegangen sein mag — vielmehr als die Erinnerung daran ist nicht nachgeblieben. Noch nicht der fünfte Teil aller Hausindustriellen treibt gleichzeitig Gewerbe und Ackerbau[1].

Das im allgemeinen niedrige Verhältnis schließt nicht aus, daß in einzelnen Industriezweigen oder Gegenden der Landwirtschaftsbetrieb für die Hausindustriellen mehr zu bedeuten hat. Die Berufsstatistik gestattet bei der Spinnerei, Weberei, Strickerei und Wirkerei, Häkelei und Stickerei den Gegensatz zwischen hausindustriellem und fabrikmäßigem Betrieb zu beleuchten und festzustellen, bei welcher der beiden Formen der gleichzeitige Betrieb von Landwirtschaft relativ häufiger vorkommt.

(11.) Gewerbearten[2]	Zahl der Hausindustr.	Zahl der Fabrikarbeiter	Hausindustrielle mit Landwirtschaft im Nebenberufe	Fabrikarbeiter mit Landwirtschaft im Nebenberufe	Hausindustrielle mit selbständiger Landwirtschaft im Nebenberufe	Fabrikarbeiter mit selbständiger Landwirtschaft im Nebenberufe
1. Spinnerei, Hechelei, Haspelei, Spulerei, Zwirnerei, Wattenbereitung	9 013	108 620	1 086	7 575	816	6 699
2. Weberei einschl. Bandweberei (ausgen. Metall-, Gummi- und Roßhaarweberei)	128 831	180 405	44 068	17 698	40 093	15 061
3. Strickerei und Wirkerei (Strumpfwarenfabrikat.)	27 547	14 742	4 118	503	3 822	446
4. Häkelei, Stickerei, Spitzenfabrikation	20 057	6 136	1 417	85	724	74
Summa	185 448	309 903	49 689	25 861	45 455	22 280

[1] Statistik des Deutschen Reichs N. F. Bd. 2 S. 4 u. 5. — [2] Statistik des Deutschen Reichs N. F. Bd. 2 S. 36—40.

(12.) Gewerbearten	Von 100 Hausindustriellen	Von 100 Fabrikarbeitern	Von 100 Hausindustriellen	Von 100 Fabrikarbeitern
	treiben Landwirtschaft im Nebenberufe		sind selbständige Landwirte im Nebenberufe	
1. Spinnerei 2c.	12	7	9	6,2
2. Weberei 2c.	34,2	9,8	31,1	8,3
3. Strickerei 2c.	14,9	3,4	13,8	3
4. Häkelei 2c.	7	1,4	3,6	1,2
Summa	26,7	8,3	24,5	7,2

Hieraus ergiebt sich denn, daß von 100 der vorstehend genannten Hausindustriellen 26,7 der Landwirtschaft obliegen, während von allen Fabrikarbeitern sich nur 8,3 damit befassen. Nahezu der vierte Teil dieser Hausindustriellen betreibt im Nebenberufe selbständig Landwirtschaft, wogegen unter den Fabrikarbeitern nur 7,2 Prozent in dieser immerhin günstigen Lage sind.

In den einzelnen bis jetzt hausindustriell gewürdigten Distrikten gestaltet sich dieses Verhältnis ganz verschieden. In den sechs Gemeinden des Solinger Industriebezirks und den Gemeinden Remscheid und Kronenberg findet sich die erwähnte Vereinigung selten. Von den Schleifern treiben 2,6 Prozent, von allen Eisenarbeitern sogar nur 1,3 Prozent im Nebenberufe Landwirtschaft[1]. Ebenso unbedeutend ist die Landwirtschaft in Sonneberg, wo bei einer Einwohnerzahl von 8660 nicht volle 5 Prozent (416) im Jahre 1880 Landbesitzer, d. h. Eigner von handbreiten steinreichen Landsetzen, waren[2]. Bei der Griffelsabrikation im Gräfenthaler Bezirk haben dagegen die Mitglieder der Steinacher Genossenschaft ziemlich alle ihr Stückchen Feld, auf dem sie ihre Kartoffeln bauen, und in der Umgegend werden die Leute geradezu als „Bauernvolk" bezeichnet, weil 2/5 bis 3/5 grundsässig sind und einige das Griffelmachen nur als Winterarbeit betreiben[3]. Die Berufsstatistik bestätigt diese bei Sax nicht weiter belegte Behauptung, sofern von 95 in Sachsen-Meiningen bei Stein- und Schieferbrüchen bezw. der Verfertigung von groben Stein- und Schieferwaren beschäftigten Hausindustriellen 50 im Nebenberufe der Landwirtschaft ob-

[1] Thun a. a. O. 2. T. S. 150. — [2] Sax a. a. O. 1. T. S. 46. — [3] Sax a. a. O. 1. T. S. 85, 90.

liegen und unter 1310 sogenannten Gehülfen und Fabrikarbeitern in derselben Industrie, (die wohl teilweise gleichfalls der Hausindustrie angehören), 534 sind, die gleichzeitig Landwirtschaft treiben[1]. Es hat aber offenbar dieser Landbau für unsere Hausindustriellen nur geringen Wert, da ihre Lage eine wie erwähnt so traurige ist. Auch erwähnt Sax diese Thatsache nur nebenher, ohne bei ihr zu verweilen, was gewiß geschehen wäre, wenn es sich um etwas Wesentliches gehandelt hätte.

In der Thüringer Meerschaumindustrie vollzieht sich ähnlich wie im Meininger Oberlande das Zurückweichen der Landwirtschaft vor der Hausindustrie. Von 56 sich mit Drechslerei befassenden Haushaltungen im Orte Seebach bei Ruhla vereinigten nur 17 ihr Gewerbe mit dem Betriebe der Landwirtschaft. Bei den oberländischen Drechslern und Schnitzern ist die Landwirtschaft ohne Bedeutung, und in der Korkindustrie des Eisenacher Oberlandes scheinen die Fälle gleichzeitigen Betriebes von Industrie und Landwirtschaft nicht mehr zahlreich zu sein[2]. Geringfügig ist auch die Verbindung der Hausindustrie mit Landwirtschaft im Kreise Schmalkalden, sofern dieselbe aus den von Frankenstein mitgeteilten Zahlen, der sich über diesen Punkt speciell nicht ausläßt, erhellt. Von 18 000 Industriellen nämlich des Kreises Schmalkalden befassen sich nur 2003 mit Landwirtschaftsbetrieb im Nebenberufe d. h. 11,1 Prozent[3]. Mithin dürfte also die obige Verbindung nicht gerade häufig sein.

Anders wieder in der oberfränkischen Korbmacherei. Hier ist die Verbindung mit der Landwirtschaft großenteils geblieben. Fast 40 Prozent aller selbständigen Korbmacher treiben nebenher Landwirtschaft. Aber auf diesen landwirtschaftlichen Nebenerwerb ist kein großes Gewicht zu legen. Es handelt sich nur um ein entweder zu teuer erpachtetes oder hypothekarisch verschuldetes Stückchen Feld, das den Haushalt notdürftig mit Kartoffeln versorgt[4]. Ein wirklich günstiges Verhältnis erscheint nur bei den Webern im Weilerthal, unter denen 82,5 Prozent (d. h. 761 Familien von 923 Weberfamilien) mehr oder weniger große Ländereien im Eigentum haben und bewirtschaften. Unter den 162 grundbesitzlosen Familien aber sind doch wieder 111, d. h. 68,5 Prozent, die fremde Ländereien zu pachten und zu bewirtschaften pflegen, so daß demnach nur 51 Familien, eine verschwindend kleine Zahl, gar keinen Ackerbau treiben. Gerade dieser Umstand, weit davon entfernt ein Vorteil für die Weber zu sein, schlägt indes zu ihrem Ver-

---

[1] Statistik des Deutschen Reichs N. F. Bd. 4 S. 140, 146. — [2] Sax a. a. O. 2. T. S. 56, 65, 74. — [3] a. a. O. S. 16, 27. — [4] Sax a. a. O. 3. T. S. 47.

derben aus. Nach dem übereinstimmenden Urteil aller elsässischen Fabrikanten, welche ihre Gewebe in verschiedenen Gegenden herstellen lassen, sind die Weber des Weilerthales von allen Arbeitern die weitaus schlechtesten. Die durch den Landbau unvermeidlich entstehende Rauheit der Hände schadet ihrer Weberarbeit ganz beträchtlich. Auch leidet die Pünktlichkeit der Ablieferungen häufig unter der Notwendigkeit die dringlichen Feldarbeiten zu verrichten. Die Weilerthaler Weber bekommen daher nur die geringeren Sachen zur Anfertigung, für die ein geringerer Lohn gezahlt wird[1].

Im ganzen ergiebt sich hiernach, daß dem theoretisch so oft hervorgehobenen Vorzug der Hausindustrie vor der Fabrikindustrie[2], häufiger mit dem Betriebe von Landwirtschaft verknüpft zu sein, eine allgemeine große Bedeutung heute nicht mehr beigelegt werden kann. Teils ist die Verbindung mit Landwirtschaftsbetrieb spärlich, teils wird der Ackerbau unter ungünstigen Verhältnissen auf kleinem Flächenraum betrieben, so daß die eben gerühmten Vorteile in sich zusammenfallen. Es wäre sehr erwünscht, wenn in den seitens des Vereins für Socialpolitik erbetenen Berichten auch diese Seite klarer beleuchtet würde, als es bisher geschehen ist.

§ 19. Die Krisen und die Hausindustrie.

Zum Schluß ist endlich noch auf einen Punkt hinzuweisen, bei dem eine merkliche Abweichung von der Fabrikindustrie wahrzunehmen ist, nämlich auf die Lage der Hausindustriellen in Zeiten einer Krisis.

Ein jäher Wechsel in der Ausdehnung und Einschränkung der gewerblichen Produktion oder des Absatzes zieht allemal die schlimmsten Folgen nach sich. Die besitzenden Klassen erleiden Vermögensverluste und die Handarbeiter werden durch Verkürzung des Lohns oder gar Beschäftigungslosigkeit getroffen. Gerade an diesem Punkte hat die socialdemokratische Agitation mit Vorliebe eingesetzt, da die ansehnlichen oft ganz unverdienten Konjunkturengewinne auf der Seite der Arbeitgeber und die unverschuldete Bedrängnis auf seiten der Arbeitnehmer zu einschneidender Kritik besonders Veranlassung boten[3]. Sie hat wohl nicht ganz mit Unrecht die kapitalistische

---

[1] Kärger a. a. O. S. 62—64. — [2] Vergl. z. B. Schwarz a. a. O. Bd. 25. S. 617, 618. — [3] Vergl. den Aufsatz von Erwin Nasse „Über die Verbreitung von Produktionskrisen" in Holtzendorffs Jahrbuch 1879 S. 145—189 und die dort S. 147 genannte Litteratur.

Unternehmungsform mit Maschinenbetrieb angeklagt, das heute so häufige Vorkommen von Krisen begünstigt zu haben. Es wird in der That nicht bezweifelt werden können, daß weder das Kapital noch die Arbeitskraft in der Periode des vorherrschenden Handwerks so rasch beschafft werden konnte, wie es jetzt unter der Herrschaft der Großindustrie möglich ist. Die beiden Formen des kapitalistischen Betriebs — die Fabrik- und die Hausindustrie — werden nun aber durch den Eintritt von Krisen nicht in gleicher Weise getroffen. Schon Mohl hat das in dem oben besprochenen Buche ganz richtig erkannt[1]. Beim hausindustriellen Betrieb leidet in solchem Falle der Arbeiter, bei der Fabrik der Arbeitgeber mehr.

Erscheint einem Großindustriellen die Ausdehnung seiner Produktion bei günstiger Konjunktur vorteilhaft, so kann er bei hausindustriellem Betriebe sein Vorhaben mit relativ geringen Kosten ausführen. Das stehende Kapital wird er nicht erheblich zu vergrößern haben, sondern nur das umlaufende. Er hat den Rohstoff in größerer Menge zu beschaffen und die zur Auszahlung von Löhnen an mehr Personen als bisher erforderliche Summe bereit zu halten. Er wird also einfach mehr Hausindustrielle als früher beschäftigen, und in dem Maße, als die Nachfrage nach Arbeitskräften sich zeigt oder gar höhere Löhne wirken, pflegen diese sich dazu bereit zu finden. Aber auch mit relativ wenig Gefahr kann der Unternehmer sein Geschäft ausdehnen. Erfüllt sich nämlich seine Voraussetzung nicht, wirft der Artikel nicht den Gewinn ab, welchen er erwartet hat, so stellt er die zahlreichere Beschäftigung von Hausarbeitern wieder ein und beschäftigt nur wenige. Es kümmert ihn nicht, daß er, solange das Geschäft gut ging, ein Angebot von Arbeitern gewissermaßen künstlich großgezogen hat. Die Hausarbeiter mögen selbst zusehen, was sie nunmehr treiben und welchem Berufe sie sich zuwenden werden.

Wesentlich anders gestaltet sich das Bild, wenn der Unternehmer sein Gewerbe nur in einer Fabrik betreiben kann. Hier wird die eventuelle Ausdehnung zu einer Frage der Kapitalbeschaffung. Das stehende Kapital muß erweitert werden. Es müssen neue Baulichkeiten hergestellt, vorhandene dem Bedürfnis entsprechend ausgebaut werden, neue Maschinen und Werkzeuge besorgt werden. Hat das alles in Scene gesetzt werden können, so ist es dem Fabrikanten nicht so leicht, bei rückgehender Konjunktur seine Unternehmung außer Betrieb zu setzen. Er muß auf die Verzinsung seines Kapitals bedacht sein und wird genötigt sein, weiter fortarbeiten zu lassen. Er wird dies thun unter Beschränkung der Arbeitszeit,

[1] S. 197.

mit Reduktion des Lohnes, mit Entlassung vielleicht eines Teiles der Arbeiter, aber immerhin kann seine Fabrik nicht stillstehen und ist ein stetiges Weiterarbeiten unvermeidlich. Er als Unternehmer mag dabei geringen Vorteil, selbst Schaden haben, die Arbeiter aber sind besser daran als in der Hausindustrie, weil sie nun wenigstens nicht vollständig brotlos geworden sind. Nur so ist es zu erklären, wenn z. B. im Jahre 1830 in der Gladbacher Gegend von den früher für das Ausland beschäftigten 6—7000 Webstühlen nur noch 1000—1500 im Gange blieben oder wenn in Krefeld und Umgegend im Jahre 1867 20 458 Webstühle, im Jahre 1872 43 310 und im Jahre 1877 wieder 27 043 Webstühle beschäftigt waren. Es wäre undenkbar, sagt Thun ganz richtig, daß bei mechanischem Betriebe in einem Jahre 7000 Webstühle mit 21 000 Arbeitern außer Thätigkeit gesetzt werden könnten. Auch in den Jahren 1875—78, wo Gladbach eine schmerzliche Krisis durchzumachen hatte, konnte man beobachten, daß die Fabrikindustrie vergleichsweise stetiger fortarbeitete als die Hausindustrie. Die Anzahl der Kraftstühle für Baumwolle sank von 1875 bis 1878 um 18 Prozent, die der Handstühle für Baumwolle um 27 Prozent, während die Anzahl der Kraftstühle für halbwollene Zeuge sogar zunahm [1].

Nicht immer freilich wird sich dieser Unterschied im Vorgehen der Hausindustrie und der Fabrik zeigen. Bei einer Art von Krisen tritt eine Beschränkung der Produktion allenthalben ein, nämlich bei Teuerungen des Rohstoffs, weil dann ein aufgespeichertes Lager selbst bei den niedrigsten sonstigen Gestehungskosten unverkäuflich bleiben würde [2]. Ein Beispiel dafür bietet die im Jahre 1862 durch den amerikanischen Bürgerkrieg hervorgerufene Verteuerung der Baumwolle, die in Gladbach eine Reihe von Spinnereien zwang, ganz mit der Arbeit aufzuhören. Im sächsischen Vogtlande, das auf die Einfuhr von Garnen für seine Webereien angewiesen ist, bedang diese Verteuerung in den Jahren 1862 und 1863 gleichfalls einen Rückgang der Produktion bei Futtermusselinen um 23 Prozent, bei Gardinen um 15 Prozent [3].

Ob in diesem Umstande, daß die Hausindustrie sich dem Wechsel der Konjunktur besser als die Fabrikindustrie anzuschmiegen vermag, für den Unternehmer ein maßgebender Grund liegen wird, seine Produktion hausindustriell einzurichten, muß eine offene Frage bleiben. Vermutlich werden

---

[1] Vergl. Nasse a. a. O. S. 160 u. Thun a. a. O. 1. T. S. 129—132, 166—169; 2. T. S. 142—148. Bein a. a. O. 2. T. S. 379. — [2] Thun a. a. O. 1. T. S. 167. — [3] Bein a. a. O. 2. T. S. 358.

neben dem in Rede stehenden Vorteil noch andere Momente sich geltend machen müssen, wenn ein Unternehmer sich zu diesem Schritt bewogen sehen soll. Am besten werden jedenfalls diejenigen daran sein, welche in der Lage sind, ihre Erzeugnisse gleichzeitig in der Fabrik und in den Behausungen der Hausindustriellen anfertigen zu lassen. Sie würden dann bei Eintritt von Krisen in dem außerhalb der Fabrik hergestellten Quantum sich einschränken können und hätten bei günstiger Konjunktur die Möglichkeit, dieselbe bequem auszunutzen. Die Übelstände, denen der Hausarbeiter dabei ausgesetzt ist, würden sich dann freilich gegenüber dem Fabrikarbeiter besonders grell zeigen.

§ 20. Schlußbetrachtung.

Aus dem Vorstehenden erhellt, daß die Hausindustrie eine eigenartige Unternehmungsform ist, welche in vielen wesentlichen Punkten von der Handwerks- und Fabrikverfassung abweicht. Die mannigfachen Vorzüge, die man ihr gerne nachrühmte, scheinen aber mehr auf dem Papier als in der Wirklichkeit zu bestehen. Sie ist freilich nicht nur nach der Richtung als eine notwendige Ergänzung der vorhandenen Unternehmungsformen anzusehen, daß sie andere Arbeitskräfte beschäftigt als Handwerk und Fabrik; vielmehr liegt in ihrer ganzen Organisationsform etwas Bestechendes für den Volkswirten. Die größere Freiheit bei der Arbeit, die Möglichkeit der Abwechslung mit anderer Thätigkeit, die Betonung des Zusammenhanges der Familie — sind derartige ins Auge fallende Vorteile, die es von vornherein wahrscheinlich machen, daß der Arbeiter sich unter ihrer Herrschaft wohler fühlen müßte als in der Fabrik oder in der Wohnstube des Handwerksmeisters. Indes die Erfahrung lehrt uns, daß das geträumte Ideal im alltäglichen Leben eine ganz andere Gestalt gewinnt. Die Schilderungen unserer Gewährsmänner weisen viel Schatten und wenig Licht auf. Die Lage der Hausindustriellen scheint fast durchgängig keine befriedigende; sie ist mehrfach eine elendere als die der Fabrikarbeiter. In Bezug auf die Dauer der Tagesarbeit, den Lohn, die hygieinische Beschaffenheit der Arbeitsräume stehen sie schlimmer als die letzteren da; bei Ausbruch von Krisen sind sie früher dem Elende preisgegeben als jene. Ob diese Mißstände allein daher rühren, daß man die Hausindustrie zu sehr sich selbst überlassen hat, oder aus dem System anhaftenden Mängeln hervorgehen, läßt sich zur Zeit noch nicht bestimmen. Weiß man ja nicht einmal, ob die für einige Distrikte feststehenden Thatsachen überall, wo Hausindustrieen vorhanden sind, sich wiederholen. Es wäre doch nicht unmöglich, daß von anderen hausindustriellen Bezirken wesentlich freundlichere Bilder entworfen werden könnten, als sie zur Zeit vorliegen. Aus diesem Grunde wird auch hier zunächst noch jeder Versuch unterlassen die Reformen anzudeuten, die eine Besserung der Zustände versprächen. Gerade weil über die Hausindustrie im einzelnen noch sowenig bekannt ist, hat der Verein für Socialpolitik die Sammlung neuen Materials in die Hand genommen. So wird man denn dasselbe erst abwarten müssen, ehe man an die Fragen herantritt, ob man durch Gesetzgebung oder auf dem Wege der Selbsthülfe hoffen kann Besserung zu erreichen. Alle die Punkte, wie z. B. die Einbürgerung von Kleinkraftmaschinen in der Hausindustrie, die Errichtung von Genossenschaften behufs anderweitiger Regelung des Absatzes, eine bessere Lehrlingsausbildung u. s. w., sind absichtlich im Vorstehenden nicht berührt. Das Material ist zu lückenhaft, die gemachten Erfahrungen sind zu gering, als daß man in der Lage wäre bestimmte Vorschläge zu formulieren. Selbst die Frage, ob eine Ausdehnung der Fabrikgesetzgebung auf die hausindustriellen Werkstätten Abhülfe erwarten ließe, ist müßig zu diskutieren, solange man noch nicht weiß, ob die hier zur Darstellung gebrachten Zustände allgemein verbreitet sind. So sei denn das Weitere aufgeschoben, bis die Berichte über die Lage der Hausindustriellen aus mehr Teilen des Reichs veröffentlicht sind.

Dritter Abschnitt.

Die Entstehung der Hausindustrie.

Die Frage liegt nahe genug, wann man diese eigenartige Unternehmungsform zuerst in Deutschland auftreten sieht und wie man sich ihre Entwickelung neben den anderen Formen vorzustellen hat. Wie es scheint, ist die Entstehung von Hausindustrieen auf dreierlei verschiedenen Wegen vor sich gegangen.

§ 1. Die Entstehung von Hausindustrieen durch Auflösung der Fabrikunternehmung.

Einmal findet eine Auflösung des Fabrikbetriebes in eine Reihe von Hausbetrieben statt. Aus irgend welchen Gründen findet der Unternehmer es für vorteilhafter, eine Reihe von Arbeitern in ihren Behausungen statt in seinem geschlossenen Etablissement gegen Lohn zu beschäftigen. Es wird dieser Vorgang sich allerdings seltener in der Weise abspielen, daß der Arbeitgeber seine Fabrik ganz eingehen läßt, vielmehr wird man wahrnehmen, daß diese ruhig fortbesteht, aber es kommen keine oder wenig neue Anstalten derselben Art zu und der Umfang der bereits bestehenden bleibt derselbe. Die Ausdehnung des betreffenden Industriezweiges vollzieht sich eben in hausindustrieller Weise. Man wird da gewahr, daß nicht die Fabrik mit großartigem Maschinenbetrieb den Abschluß des gewerblichen Entwickelungsprozesses bildet, sondern daß die kapitalistische Produktionsweise einen bequemeren Modus findet, der ihr reichlicheren Gewinn bei geringerem Risiko bietet als die Form der Fabrik.

Ein Beispiel hierfür bietet die Stickerei im sächsischen Vogtlande, sofern sie auf Maschinen vor sich geht. In der ersten Phase des Aufkommens der Maschinenstickerei herrschte das geschlossene Etablissement vor. Es war ein bedeutendes Stickereigeschäft in Plauen, welches im Jahre 1858 die von Heilmann aus Mühlhausen im Elsaß erfundene Stickmaschine zuerst aufstellte und drei Jahre später bereits 42 Stickmaschinen in Gang gesetzt hatte. Gegen Ende der 60er Jahre aber war es üblich geworden, daß einzelne Sticker sich diese Maschinen selbst kauften, in ihren Wohnungen aufstellten und hier die ihnen von den Verlegern übergebenen Stickreste nach vorgeschriebenen Mustern gegen Lohn bestickten und sie unaccommodiert denselben zurücklieferten. Den Großhändlern war dieses durchaus willkommen, da sie ihrerseits die großen Raum und Kapital fordernden Maschinen nicht anzuschaffen brauchten und doch sicher waren, immer eine genügende Menge von Arbeitskräften zu ihrer Verfügung zu haben. So gab es im Jahre 1872 in der Stadt Plauen 239 Betriebe mit 907 Stickmaschinen und im ganzen Vogtlande 404 Betriebe mit 1300 Maschinen, so daß nunmehr auf den einzelnen Betrieb durchschnittlich 3—4 Maschinen kamen, während zehn Jahre vorher nur ein geschlossenes Etablissement mit 42 Maschinen existiert hatte[1].

Dieser Entstehungsmodus soll nach der Behauptung des Abgeordneten Frohme im Reichstage von 1882[2] im Laufe der letzten Jahre mehrfach wahrnehmbar gewesen sein. Fabrikanten hätten ihre Fabriken aufgegeben, nur das Rohmaterial angehäuft und dieses dann unter die Arbeiter, insbesondere jugendliche, verteilt, die es der erhaltenen Weisung gemäß in ihren Wohnungen aufzuarbeiten pflegten. Es fehlt mir an Material, um diese Behauptung auf ihre Richtigkeit zu prüfen. Da die Reichsstatistik im Jahre 1882 zum erstenmal die Hausindustriellen nachgewiesen hat, ist man nicht in der Lage anzugeben, ob in den festgestellten Zahlen sich eine Zu- oder Abnahme hausindustrieller Betriebe zeigt. Möglich wäre es, daß für bestimmte Bezirke aus den Handelskammerberichten diese Tendenz sich erkennen ließe. Leider stehen mir aber an hiesigem Orte mit Ausnahme der Lübecker und Stuttgarter keine Berichte von Handels- oder Gewerbekammern zur Verfügung. Gründe, welche diese Umbildung von Fabriken begünstigten, kann man sich denken. Sie liegen in der Ersparung der stehenden Kapitalien, in den niedrigen Löhnen, dem geringeren Risiko und nicht zuletzt in dem Mangel jeglichen gesetzlichen Schutzes für die Hausarbeiter. Es wurde oben hervorgehoben, daß Personen weiblichen Geschlechts,

---

[1] Bein a. a. O. 2. T. S. 394—397. — [2] Verhandlungen des Deutschen Reichstages 1. Session 1881/82 I S. 708. (Sitzung vom 17. Jan. 1882).

die geringer bezahlt zu werden pflegen, sowie Kinder unter dem für die Zulassung in Fabriken normierten Alter relativ häufig unter den Hausindustriellen angetroffen werden. Sicher ist jedenfalls, daß dieser Entstehungsmodus der neueren und neuesten Zeit angehört.

§ 2. Der Ursprung der Hausindustrie aus einer Nebenbeschäftigung des Landvolks.

Ein zweiter Weg, auf welchem Hausindustrieen entstanden, zeigt sich uns in der Ausgestaltung einer ursprünglichen Nebenbeschäftigung des Landbewohners. Der Ackerbauer betreibt, sei es daß das ihm zur Verfügung stehende Stück Land zu klein ist, um ihn voll zu beschäftigen, sei es daß er die nicht durch Feldarbeit in Anspruch genommene Jahreszeit in anderer Weise ausnutzen will, ein Gewerbe und sucht durch den Verkauf der Erzeugnisse seine schmalen sonstigen Einnahmen zu vergrößern. Zunächst geht er wohl selbst oder eines der Familienmitglieder mit den aus eigenem Unternehmungsgeist nach Gutdünken aus eigenem Rohstoff angefertigten Gegenständen hausieren. Später lernt er sich den Wünschen eines Kaufmanns oder Verlegers anbequemen, arbeitet nach dessen Mustern, formt den ihm übergebenen Rohstoff in fremdem Auftrag und liefert ausschließlich an den Auftraggeber — mit anderen Worten, er wird zum hausindustriellen Lohnarbeiter.

Hiermit im engsten Zusammenhange steht die Einbürgerung von Hausindustrieen in der Weise, daß versucht wird, einen bestimmten Gewerbszweig in einer Landbevölkerung einheimisch zu machen, um derselben eine gewinnbringende Nebenbeschäftigung zu verschaffen. Oder es kommt auch vor, daß man der Bevölkerung eines Landstädtchens, die vielleicht über nur kärgliches Einkommen verfügt, eine neue Erwerbsquelle zu erschließen sich angelegen sein läßt. Der Nachdruck ist bei dieser Entstehungsart darauf zu legen, daß weder ein geschlossenes Etablissement aufgelöst wird noch die vorhandene Handwerksverfassung, wie im nächsten Paragraphen auseinandergesetzt werden soll, umgebildet werden muß. Es bestand in diesen Fällen eben noch gar keine Gewerbeverfassung und die Hausindustrie erwächst also auf einem gewerblich noch gar nicht oder nur nebensächlich in Anspruch genommenen Boden. Der Landmann, welcher in seiner freien Zeit spinnt, webt, in Holz arbeitet u. s. w., ist als ein eigentlicher Gewerbsmann doch nicht anzusehen. Ob er nun selbst auf den Gedanken kommt sich einer gewerblichen Hantierung zuzuwenden oder ob ihm derselbe durch einen Unternehmer, der von der Arbeitslust und relativ geringen Entschädigung des Landmanns Vorteil zu ziehen hofft, nahe gelegt wird, ist natürlich gleichgültig.

So hat man sich nach Roscher die Wollweberei der Bauern in Lille, Cambray, Douay und Amiens entstanden vorzustellen. Jeder Regentag, insbesondere der Winter, wird hier industriell benutzt, während in der Erntezeit die ganze Familie dem Landbau obliegt[1]. Ohne Zweifel hat sich auf die gleiche Weise die Hausindustrie in Rußland herausgebildet, wie z. B. die von Stellmacher für den Alexandrowschen Kreis des Gouvernements Wladimir zusammengestellten Fälle beweisen[2]. Unter den deutschen Hausindustrieen zeigen die Filetstrickerei in den Taunusdörfern, die Griffelfabrikation in der Umgegend von Steinach (Meininger Oberland) und vermutlich auch die Weilerthaler Weberei diesen Ursprung. Gewiß wird die bei der ländlichen Bevölkerung früher mehr als jetzt angetroffene hausindustriell organisierte Flachs- und Wollenspinnerei[3] gleichfalls auf diesem Wege sich entwickelt haben, und ich möchte glauben, daß viele der heute in Elsaß-Lothringen weit verbreiteten Hausindustrieen auf diesen Ursprung zurückzuführen sind. So z. B. die Korbflechterei[4], die Strohhutflechterei[5], die Holzschuhmacherei und Sohlenschneiderei[6], die Haarnetzstrickerei[7], die Stickerei[8], die Sockenanfertigung[9].

Zu diesen Hausindustrieen muß auch die im Jahre 1810 durch den Baumwollwarenhändler C. G. Krause und seine Ehefrau in der Stadt Plauen eingeführte Plattstickerei gerechnet werden. Diese mit der Nähnadel auszuführende Stickerei wurde zum Unterschiede von der älteren Tamburstickerei, für welche man sich der „Häkelnadel" bediente, schlechtweg „Stickerei" genannt, während die Tamburarbeit im Volksmunde

[1] Nationalökonomik des Handels und Gewerbfleißes. 2. Aufl. S. 542 Anmerkung 3. — [2] Ein Beitrag zur Darstellung der Hausindustrie in Rußland S. 35—44 (Entstehungsweise der einzelnen Industriezweige). — [3] Über die württembergische vergl. Mohl, Über die württembergische Gewerbsindustrie 1828 S. 109. — [4] In Eichwald, Kreis Mülhausen. — [5] In Rosteig, Burbach, Saarwerden (Kr. Zabern), Ostwald (Kr. Erstein), Richlingen und Forschweiler (Kr. Forbach), Wilsberg (Kr. Saarburg). — [6] In Wingen (Kr. Weißenburg), Niedermodern (Kr. Zabern), Walk (Kr. Hagenau), Dagsburg (Kr. Saarburg). — [7] In Dagsburg, Heinrichsdorf, Haselburg (Kr. Saarburg), Stattmatten (Kr. Hagenau). — [8] In Angweiler und Bisping (Kr. Saarburg). — [9] In Adamsweiler (Kr. Zabern). —

Diese Angaben stützen sich auf das im Kaiserlich Statistischen Amte in Berlin befindliche Material der 1882er Berufszählung, sind aber nicht als vollständig in Bezug auf den Nachweis elsaß-lothringischer Hausindustrieen anzusehen.

mit „Näherei“ bezeichnet zu werden pflegte. Diese Plattstickerei setzte sich im Gegensatz zur älteren erzgebirgischen Tamburstickerei besonders in Plauen und Umgegend fest und wurde mit der Zeit der Ausgangspunkt für die heute so wichtige eigentlich vogtländische Weißwarenindustrie. Vor 1810 hatte man dieses Gewerbe in Plauen nicht gekannt und dasselbe wandte sich an Personen, die überhaupt noch nicht industriell thätig gewesen waren, nämlich an Arbeiterinnen, welche die Gewebe mit Mustern zum Sticken von den Baumwollwarenhändlern erhielten und bei Rückgabe und Empfang des Sticklohnes gegen neue Arbeit eintauschten [1].

Denselben Ursprung zeigt die oberfränkische Weißstickerei. Als die Teuerung des Jahres 1851 in dem ohnedies armen Fichtelgebirgshochlande die empfindlichste Not hervorgerufen hatte, kam man auf den Gedanken die Weißstickerei auf das Fichtelgebirge zu verpflanzen. Man setzte sich mit den betreffenden Handelshäusern des sächsischen Vogtlandes ins Einvernehmen und brachte es in überraschend kurzer Zeit soweit, daß Tausende von Händen sich mit dem sogenannten „Plauisch Nähen“ beschäftigten. Eine Unterstützung der Staatsregierung ermöglichte es, Sticklehrerinnen herbeizuziehen und für Ärmere das bescheidene Handwerkszeug — Stickrahmen, Pfriemen und Schere — anzuschaffen. Faktore vermittelten gegen eine bescheidene Provision die Arbeitsstücke, auf welchen vom Fabrikanten der betreffende Arbeitslohn mit schwarzer Farbe aufgedruckt war. Der Verdienst war zwar kein großer, aber da Vater und Mutter, Sohn und Tochter einander unterstützten und ergänzten, so war der Unterhalt der Familie gesichert [2]. Leider scheint diese Industrie auf die Dauer sich nicht gehalten zu haben, denn die Reichsgewerbestatistik weist für den Bezirk Oberfranken nur 65 hausindustrielle Alleinbetriebe in Häkelei und Stickerei und 162 Alleinbetriebe sowie 20 Gehülfenbetriebe in Weißzeugstickerei und Spitzenverfertigung nach.

Vor allen Dingen aber ist für die auf diese Weise entstandenen Hausindustrieen das schlesische Leinengewerbe charakteristisch, über welches wir in Zimmermanns genanntem Werke eine eingehende Darstellung besitzen. Abgesehen davon daß es im 14. Jahrhundert und vorher zahlreiche Leinenweber in Schlesien gegeben hat, über deren Thätigkeit nur leider wenig bekannt ist, erscheint das schlesische Leinengewerbe als Exportindustrie am Ende

[1] Bein a. a. O. 2. T. S. 200—201. — [2] Schwarz in Tüb. Zeitschr. Bd. 25 S. 587—588.

des 16. und zu Beginn des 17. Jahrhunderts. Das am Fuße der Vorberge des Riesengebirges gelegene Städtchen Jauer war der Mittelpunkt der Industrie, in welchem die Händler ihren Wohnsitz aufgeschlagen hatten, während die Weber in den Bergdörfern saßen. In Jauer fanden sich auch die Faktore der Niederländer und Engländer ein, welche die fertig zugerichteten Leinen aufkauften nicht nur von den Händlern, sondern auch direkt von den Webern. Zimmermann vermutet nun, daß durch die hierbei sich ergebenden Gewinne angelockt, welche einen nicht zu schweren Nebenverdienst versprachen, mancher kleine Bauer sich veranlaßt gesehen hat einen Webstuhl anzuschaffen und die Herstellung der gewöhnlichen Leinwand zu erlernen. Während in Jauer das einfache Leinen zusammenkam, bildete Hirschberg den Mittelpunkt für die Schleierindustrie, d. h. die Anfertigung der besonders feinen sorgfältig appretierten Leinen. Neben Hirschberg kamen Landshut, Schmiedeberg, Greiffenberg mit der Zeit empor; doch waren in diesen Städten nur die Händler anzutreffen, die Weber blieben in den Dörfern der holzreichen Bergthäler.

Zu Beginn des vorigen Jahrhunderts gab es in diesen Dörfern Gegenden, wo die Leute von Ausübung des Leinengewebes lebten, und andere, wo sie sich dem Spinnen und Weben nur zur Ausfüllung der Wintertage, wenn das Gebirgsdorf im tiefen Schnee vergraben lag und alle Feldarbeit ruhte, zuwandten. Wie groß die Zahl dieser Hausweber war, ist nicht angegeben, doch hört man, daß im Jahre 1725 in nicht weniger als 287 Orten gewebt wurde. Die Zahl der Damastwebermeister im Gebirge wird in der Periode 1764—70 auf 64—68 angegeben. Aber gerade die Damastweberei war der Zweig, den zu größerer Entfaltung zu bringen man sich vergebens bemühte. Jedenfalls wies die ganze Leinenindustrie zeitweilig eine große Verbreitung auf, denn in den Jahren 1783—86, welche allerdings die Glanzzeit darstellen, wurde für 4½—6 Mill. Thaler Leinwand aus Schlesien ausgeführt.

Die „Leinwand- und Schleyerordnung im Herzogthume Ober- und Niederschlesien“, welche im Jahre 1724 erlassen, 1742 als „Leinwand- und Schleyer-Ordnung für Sr. Königl. Majestät in Preußen Schlesische Lande und denselben incorporirte Grafschaft Glatz“ erneuert und 1750 mit einem Nachtrage vervollständigt wurde, zeigt uns keine ganz regelrecht entwickelte Hausindustrie. In jeder Familie wurde gesponnen, wenn auch nicht von allen Mitgliedern, und die Hausväter waren angewiesen für jedes spinnende Familienglied eine besondere Weise zu halten. Das hergestellte Garn wurde an die sogenannten Garnsammler verkauft, welche dasselbe nur im Lande debitieren, nicht nach außerhalb absetzen sollten. Von ihnen erstanden die Weber das Halbfabrikat teilweise für eigene Rechnung; teilweise aber ließen sie sich dazu verstehen, für reichere Genossen gegen Lohn das ihnen übergebene Garn zu verweben. Von einem Verbande unter ihnen war nicht die Rede. Sie sollen, wie es in Artikel VIII heißt, wie bisher frei bleiben und keiner Zunft oder einigen beschwerlichen Innungsartikeln unterworfen sein. Im Auftrage eines Kaufmanns waren zu dieser Zeit offenbar nur wenige thätig. Vielmehr bezogen die Weber mit ihren Fabrikaten die gewöhnlichen Wochenmärkte (Art. X) oder überließen ihre Ware den sogenannten Leinwandsammlern oder Einkäufern, „kleineren Handels-Leuthen, welche die erkauffte Leinwandten zum theil an die größeren Negotianten, zum theil auf die Leipziger, Brünner und dergleichen Märkte führten“. Nur bei einigen Sorten, wie Kreas, Damast u. s. w., scheinen gelegentlich Unternehmer den Anstoß zur Herstellung gegeben zu haben.

Im übrigen enthalten diese Ordnungen eingehende technische Bestimmungen über Güte, Breite und Länge der Leinwand und bemühen sich, die vielfachen Unredlichkeiten, welche sowohl Weber als Kaufleute in gegenseitiger Übervorteilung sich zu schulden kommen ließen, abzustellen. Die Weber nahmen nicht zu jedem Stück wohlsortiertes Garn, „schauerten“ die Leinwand übermäßig, benutzten unrichtige Blätter u. a. m. Die Kaufleute beschrieben die Ware wider den Willen des Webers mit geheimen Zeichen, zeigten sich nicht redlich im Sortieren, Schneiden, Messen der Ware u. dgl. m. Es sind dieselben Klagen, welche gleichzeitig aus den hausindustriellen Reglements in anderen deutschen Landesteilen sich erheben[1].

Fehlt hiernach, wie schon im ersten Abschnitt bemerkt wurde, der schlesischen Leinenweberei das rechte Kennzeichen für eine Hausindustrie im engeren Sinne, so kommt sie gleichwohl dieser doch sehr nahe und zeigt in Entstehung und Entwickelung so große Verwandtschaft mit dieser, daß sie hier nicht übergangen werden durfte. Die weiteren zum Teil sehr traurigen Schicksale der schlesischen Weber gehören nicht mehr hierher.

Gewiß wird bei tieferem Eindringen in die hausindustriellen Zustände Deutschlands es möglich sein, derartige Zusammenhänge, wie die in diesem Paragraphen erörterten, noch öfter zu erkennen. Es werden auf diese Weise Hausindustrieen sowohl in älterer Zeit erwachsen sein, als sie auch in unseren Tagen erwachsen können.

---

[1] Vergl. Zimmermann a. a. O. S. 4, 5, 6, 12, 37—41, 60—61, 79—84, 88, 139, 164.

§ 3. Die Umbildung des handwerksmäßigen Betriebs in einen hausindustriellen Betrieb.

Der dritte Weg, offenbar der am häufigsten eingeschlagene, läßt eine Umbildung des handwerksmäßigen Betriebs in einen hausindustriellen erkennen. Auf dem Entwickelungsgange vom Handwerk zur Großindustrie schiebt sich als Zwischenstufe die Hausindustrie ein, teilweise nur dazu bestimmt den Übergang zur Fabrikunternehmung zu erleichtern, teilweise dazu ausersehen, eine selbständige Form zu bilden, welche die Berechtigung ihrer Existenz in sich selbst trägt. Es sei gestattet bei diesem Prozeß, soweit er nach dem heutigen Stande der deutschen Gewerbegeschichte überhaupt erfaßbar ist, ausführlicher zu verweilen.

1. Im 15. und 16. Jahrhundert.

Die Anfänge der Hausindustrie in Lübeck, Augsburg. — Das Böttcherhandwerk. — Die Klingenschmiederei. — Die Hutmacherei. — Die Gewebeindustrie. — Die Barchentweberei und Hosenstrickerei in Straßburg i. E.

Das deutsche Handwerk des 14. und 15. Jahrhunderts ist dadurch charakteristisch, daß es, in Zünften organisiert, hauptsächlich für den lokalen Absatz thätig ist. Auf Bestellung des Kunden, der örtlichen Nachfrage entsprechend, verarbeitet der Gewerbetreibende den ihm übergebenen Rohstoff oder stellt aus selbstgeliefertem Material das verlangte Erzeugnis her. In dem Maße, als der Verkehr zunimmt, erwacht die Neigung, die Erzeugnisse auch auf Vorrat anzufertigen und seinen Absatz außerhalb des Produktionsortes zu suchen, eine Neigung, die um so mehr Nahrung erhält, als durch Vervollkommnung der Technik und Vermehrung der Gewerbetreibenden die Produktion für den einheimischen Bedarf zu groß wird. Manche Industrieen stellen überdies Gegenstände her, bei denen nicht daran gedacht werden kann, sich an dem lokalen Absatze genügen zu lassen, die vielmehr von vornherein in die Ferne streben. So entstehen denn die Exportgewerbe, d. h. Handwerke, die neben der Befriedigung des lokalen Bedarfs ihre Erzeugnisse in die benachbarten Städte oder ins Ausland senden, die möglicherweise in einzelnen Fällen ganz ausschließlich für die Fremde thätig sind.

Welche deutschen Industrieen in der angegebenen Periode diese Bezeichnung verdienen, ist eine noch in ziemliches Dunkel gehüllte Streitfrage. Von einer Seite ist überhaupt in Abrede genommen worden, daß die norddeutschen und westdeutschen Städte, welche den Bund der Hansa bildeten eine regelmäßig für die Ausfuhr thätige Industrie aufwiesen, von anderer Seite aber darauf hingewiesen worden, daß selbst aus dem östlichen Deutschland kein ganz unbedeutender Export von Industrieartikeln stattgefunden hat. Es mag diese Ausfuhr nur bei verhältnismäßig wenigen Gewerben vorgekommen, vielleicht auch keine regelmäßige gewesen sein, sich nur in bescheidenem Umfange gehalten haben, immerhin läßt sie sich nachweisen und wir können sogar einzelne Industrieen namhaft machen, die sich auszeichneten. Aachener Tuche, Lübecker Paternosterkränze, Hamburger und Wismar Bier, sind im 15. Jahrhundert nachweisbar deutsche Exportartikel, und die Arbeiten der Goldschmiede, der Kannengießer, der Waffenschmiede, der Seiler, der Kürschner und Schneider, selbst der Tischler mögen ihnen zuzugesellen sein, auch wenn sich das zur Zeit noch nicht urkundlich allgemein belegen läßt[1]. Beispielsweise sei auf die Lübecker Schuhmacher und Schneider verwiesen. In der Rolle der ersteren von 1441 ist in den Worten: welcker wil dem kopman scho maken thor seewart, de schal baven tein paar nicht von sick dohn, eher se van unsen olderluden besehen sind" die Ausfuhr doch ausdrücklich erwähnt. Und das Gleiche ergiebt sich aus einer Ratsentscheidung von 1453 über die Alt- und Neuschneider, wo es heißt „dat de oltskrodere dar weddes van plichtich zin, so wol van dem, dat se utvoren alse van deme, dat se hyr binnen laten"[2]. Von den Exportgewerben süddeutscher Städte ist aus dieser Periode gleichfalls nicht viel bekannt. Nürnberger Kaufleute spielen freilich in Preußen und Lübeck eine große Rolle[3], aber ob sie wirklich süddeutsche oder Nürnberger Waren vertrieben, steht noch dahin. Was die deutschen Kaufleute nach Venedig brachten, waren von Manufakturerzeugnissen Leder, Hornwaren, Zeuge aus Wolle, Leinwand, Baumwolle, Schleier und Hüte, kirchliche Ausstattungsgegenstände, Paternosterkränze, Kupferdraht, Blech und Messing, Panzer, Nadeln, Fingerhüte und Messer, Papier — und viele andere Handelsartikel[4]. Wieviel von denselben aber dem deutschen Gewerbefleiße entstammte, wieviel nur Durchfuhrware war, läßt sich nicht entscheiden. Sicher können wir nur festhalten, daß es derartige Exportindustrieen in deutschen Städten gab und zwar vermutlich in süddeutschen und westdeutschen Städten häufiger als in norddeutschen.

Diese exportierenden Handwerke änderten zunächst ihre Verfassung nicht. Sie hielten an der zünftlerischen Organisation fest und nur vereinzelt stoßen Gewerbe auf, die sich dieselbe nie zu eigen gemacht haben, wie z. B. die

---

[1] Vergl. meinen Aufsatz „Hansische Vereinbarungen über städtisches Gewerbe im 14. und 15. Jahrhundert" in „Hansische Geschichtsblätter", Jahrgang 1886, S. 103—105. — [2] Wehrmann, Die älteren lübeckischen Zunftrollen. 2. Ausg. S. 414 Art. 7 u. S. 426. — [3] Mein Aufsatz a. a. O. S. 128. — [4] Simonsfeld, Der fondaco dei Tedeschi. 2. T. S. 105.

Bierbrauerei. Aber sie unterschieden sich doch von den übrigen Handwerkern, sofern sie für ihren Absatz eines Vermittlers bedurften. Bisher war die Regel, daß jeder Handwerker seine Waren direkt dem Konsumenten in seiner Bude oder auf dem Markte feilbot, und es war Ausnahme, wenn jemand mit den Erzeugnissen anderer Handel treiben durfte. Für die zu diesem Zwecke besonders privilegierten Krämer werden die einzelnen Waren, die sie verkaufen dürfen, namhaft gemacht. Solche exportierende Handwerke nun verlernten es, direkt an den Kunden abzusetzen, und bedienten sich beim Verkauf ihrer Erzeugnisse einer Zwischensperson, — des Kaufmanns, sei es daß sie diesen aufsuchten oder er sie, indem er bei ihnen Bestellung machte. Der Kaufmann kannte die Handelsusancen der entlegensten Plätze, er wußte die Preise dem Begehr entsprechend richtig anzusetzen, er war mit den fremden Münzsorten vertraut. So war es nur natürlich, daß er den Vertrieb für den Handwerker übernahm, der sich aus der Werkstätte nicht rühren konnte und dem alle diese Umstände unbekannt waren. Einige Beispiele — leider lassen sich nicht viele derartige namhaft machen — mögen die hierbei sich abspielenden Vorgänge veranschaulichen.

Im Jahre 1424 schließen 4 Kaufleute in Lübeck mit der Zunft der Bernsteindreher daselbst einen Vertrag, laut welchem die Meister der letzteren — 12 an der Zahl — sich verpflichten, während der beiden nächsten Jahre ihr gesamtes Produkt an Paternosterkränzen den ersteren zu überlassen. Das Quantum, das jeder Handwerker liefert, darf 80 Pfund nicht übersteigen. Für die Ablieferung werden zwei Termine angesetzt, Vorzüglichkeit der Leistung zugesagt, ein bestimmter Preis und die Zahlungsbedingungen vereinbart. Wie es scheint, war bei den 80 Pfund wohl an die durchschnittliche Leistungsfähigkeit gedacht, doch wird der Fall, daß einzelne mehr liefern können, gleichfalls erwogen und für ihn eine besondere Abmachung getroffen. Die Paternostermacher müssen versprechen dafür zu sorgen, daß dieser Überschuß in Lübeck bleibe und nicht etwa nach Venedig, Nürnberg, Frankfurt oder Köln ausgeführt werde[1].

Die Abweichung von der damals im allgemeinen üblichen Gewerbeverfassung liegt in diesem Falle offen zu Tage. Es tritt uns ein ähnlicher Vorgang entgegen, wie er sich heute in der Hausindustrie abspielt, wenngleich er sich mit dieser Form noch nicht ganz deckt. Es fehlt die Abhängigkeit vom Kapital, es fehlt die Anweisung des Kaufmanns, wie die Ware herzustellen sei, die Lieferung des Rohstoffes durch den Unternehmer. Auch

[1] Vergl. meine „Studien zur Gewerbegeschichte Lübecks“, in Mitteilungen des Vereins f. Lübeckische Geschichte 2. Heft S. 107.

werden die Paternostermacher kaum auf die Befriedigung des örtlichen Bedarfs völlig Verzicht geleistet haben. Sie bleiben selbständige Meister, die nichts an ihrer Würde einbüßen, wenn sie für den Großkaufmann arbeiten. Man steht eben erst den Anfängen einer neuen Verkehrsform gegenüber, an der wir immerhin als bemerkenswert festhalten dürfen, daß es sich um ein für den Export thätiges Gewerbe und um Arbeit für den Zwischenhändler, nicht für den Konsumenten handelt. Für den Handwerker bedeutete sie wahrscheinlich eine Erleichterung. Man weiß zwar nicht, ob der Preis, welchen die Kaufleute zahlten — 36 Schilling lübisch für jedes Pfund —, ein hoher oder ein gedrückter war. Aber die Hauptsache war, daß die Drechsler nun unbekümmert thätig sein konnten ohne fürchten zu müssen mit ihrem Vorrat fertiger Ware sitzen zu bleiben. Vermutlich haben beide Parteien ihren Vorteil dabei gefunden, die einen, weil ihnen nicht viele Wege offen standen, auf denen sie ihre Ware nach auswärts absetzen konnten, die anderen, weil sie wohl im Auslande bedeutend höhere Preise erzielten, als sie beim Einkaufe gezahlt hatten.

Wird in diesem Falle der Vertrag zwischen einer Gesellschaft von Kaufleuten und einer ganzen Handwerkerzunft abgeschlossen, so sind derartige Abmachungen doch auch zwischen einzelnen Großhändlern und Gewerbetreibenden vorgekommen. In der Geschäftskorrespondenz des in Brügge ansässigen Kaufmanns Hildebrand Vockinchusen findet sich ein Schreiben des lübischen Paternostermachers Johan van Tzerven aus dem Jahre 1420 vor[1], in welchem derselbe flehentlich um die Summe von 275½ Mark bittet, die jener ihm schulde. Es heißt in dem Briefe zwar nicht, daß es sich um eine aus dem Verkaufe von Paternosterkränzen herrührende Verbindlichkeit handelt, aber da bekannt ist, daß Vockinchusen mit diesem Artikel Handel trieb, der Gewerbetreibende ausdrücklich als „paternostermaker to Lubeke" unterzeichnet, so wird der Schluß gestattet sein, daß es sich hier ebenso um ein dem heutigen hausindustriellen Verhältnisse nahekommendes Geschäft drehte.

Deutlicher zeigt sich das bei einigen Unternehmungen des Augsburger Kaufmanns Ott Ruland in den Jahren 1449—53[2]. Dieser läßt sich nämlich von verschiedenen Handwerkern Paternosterkränze und Wagtafeln[3] liefern, und da er die in solchen Fällen abgeschlossenen Verträge in seinem

[1] Ich hoffe binnen kurzem in der Lage zu sein die schon lange vorbereitete Veröffentlichung der Korrespondenz auszuführen. — [2] Ott Rulands Handlungsbuch in der Bibliothek des Litterarischen Vereins in Stuttgart Bd. 1, Heft 4. — [3] Darunter sind wohl Schreibtafeln zu verstehen.

Handelsbuche genau vermerkt, lernen wir die näheren Bedingungen derselben kennen. So bestellt er im Jahre 1449 bei Bernhart Paternosterer in Wien, dem er einen Vorschuß im Betrage von 400 rheinischen Gulden gegeben hat, Paternoster aus Mistelholz, die dieser liefern will in der Weise „als wir es dann zu Wien mit einander gerait und beschriben haben". Den Fritz Tischler in Salzburg nimmt er auf drei Jahre gleichsam in seinen Dienst und zahlt ihm als Abschlag 15 ungarische Gulden voraus. Alle Wagtafeln, die jener innerhalb der angegebenen Zeit produzieren wird, gelangen in den Besitz von Ruland[1]. Das Gleiche vereinbart er mit Matheus Antheringer in derselben Stadt, nur daß er diesem 20 Gulden baren Vorschuß gewährt, und mit einem gewissen Gügler, bei dem eine Schuld von 40 Pfund Hellern hervorgehoben ist, „die ich im berait auf die arbait glichen hab". Auch kommen Verträge vor, bei denen die Handwerker darin gewilligt haben, daß sie ihre Erzeugnisse an niemanden als an Ruland verkaufen wollen, es sei denn daß sie eine einzelne Tafel gelegentlich abgeben[2].

Das Verhältnis zwischen Kaufmann und Handwerker ist hier ein innigeres, die Abhängigkeit des letzteren vom ersteren eine größere. Es werden Vorschüsse gewährt; es wird die Verpflichtung ausgesprochen, nur an den einen bestellenden Unternehmer zu verkaufen, und das ganze Geschäft hat bereits einen großartigeren Anstrich, sofern der in Augsburg ansässige Kaufmann seine für ihn arbeitenden Handwerker in verschiedenen Städten an der Hand hat. Man wird sich denken müssen, daß die zunehmende Konkurrenz dem Handwerker den Absatz seiner Waren erschwert und dieser demnach mehr und mehr darauf angewiesen ist, sich dem Kaufmann anzuvertrauen, der ihn seinerseits durch Vorschuß oder Handgeld an sich zu fesseln bemüht ist.

Aber nicht nur zwischen Kaufmann und Handwerker bahnt sich die hausindustrielle Beziehung an, wir nehmen ihre Anfänge auch wahr unter dem Gewerbetreibenden selbst. Der kapitalkräftigere Meister gewinnt die Oberhand über den kapitalschwächeren, und während für gewöhnlich der Grundsatz galt, daß jedes selbständige Zunftmitglied nur mit den selbstangefertigten Erzeugnissen Handel treiben durfte, bürgert sich die Gewohnheit ein, auch die Produkte anderer Meister zu vertreiben. Ein hervorragendes

[1] „hab ich, Ott Ruland, sein arbait kauft, was er machen mag von lichtmeß über drew jar, ye 1 tuczet wagtafeln u. s. w." a. a. O. S. 15. — [2] „sy sallen auch niemen nicht davon verkauffen, sy geben dann ainen 1 tafel und nicht sammenkaufs" a. a. O. S. 19.

zahlreich besetztes Gewerbe des Mittelalters, das in der Ausfuhr insofern eine Rolle spielt, als die für die Verpackung unumgänglich notwendige Hülle von ihm beschafft wurde, — die Böttcherei — veranschaulicht uns diesen Vorgang. Bei ihr war in norddeutschen Städten bereits um die Mitte des 14. Jahrhunderts der Gebrauch eingerissen, daß der wohlhabendere Böttchermeister den minder gut situierten Mitmeister beschäftigte, denn das Wismarer Böttcherstatut von 1346 verfügt, daß kein Böttcher von einem anderen Böttcher Tonnen kaufen, kein Meister für seinen Mitmeister Tonnen anfertigen solle[1], und in der Danziger Stadtwillkür aus dem 15. Jahrhundert ist den Böttchern der Handel mit Tonnen schlechthin untersagt[2]. Von solchem Verfahren war nur ein Schritt weiter dazu, daß der einzelne Böttchermeister nicht nur im Auftrage des reicheren Genossen, sondern in dem des Kaufmanns thätig war. Indes selbst gegen diese Neuerung sträubte man sich in der Böttcherei, denn in der Lüneburger Böttcherrolle vom Jahre 1430 ist vorgesehen, daß keiner Tonnen anfertigen lasse, der das Böttchergewerbe nicht selbst auszuüben im stande sei[3], eine Maßregel, mit welcher man offenbar der drohenden Abhängigkeit vom Kaufmann vorzubeugen wünschte. Aber trotz aller Gegenmaßnahmen ist interessanterweise es den Böttchern nicht möglich gewesen, diesen angeblichen Mißbrauch zu beseitigen, denn fast dreihundert Jahre nach jener Wismarer Verfügung kommt vor dem Rostocker Gewett im Jahre 1632 eine ähnliche Klage zur Verhandlung dahingehend, daß ein Mitglied des Amts seinen Amtsbrüdern Holz verkauft und statt der Bezahlung fertige Tonnen angenommen hätte. Gewiß war dieser Fall, wenn man auch nur von diesem einen weiß, nicht so selten und suchte man auf diesem Umwege ein von der Gesamtheit gemißbilligtes Verfahren einzuführen[4].

Mehr Gelegenheit zur Entwicklung des hausindustriellen Verhältnisses bot sich in dem Falle, wo bei fortgeschrittener Arbeitsteilung zwei Gewerbe sich gegenseitig in die Hände arbeiteten, das eine das Produkt des anderen fertigmachte. Von nicht geringem Einflusse scheint hierbei die um sich greifende Beschäftigung von Frauen gewesen zu sein. Die Frau konnte in der Regel nicht Mitglied der Zunft werden, aber sie konnte deswegen doch gewerblich beschäftigt werden, nämlich zu Hause, und so gewöhnte man sich

---

[1] Nullus sulveshere debet ad manus alterius sulvesheren secare vel tunnas parare. — [2] die bötger, die tonnen machen, die sollen keyne tonnen kauffen vorban zcu verkauffen. — [3] dat hyr nement tunnen make ofte tunnen maken late, he en konne sulves tunnen maken. — [4] Vergl. meinen Aufsatz Hansische Vereinbarungen ꝛc. a. a. O. S. 112—114.

daran, außerhalb der Werkstätte Arbeiter in seinem Lohne zu haben. An der mittelalterlichen Textilindustrie, der Hutmacherei, der Messer- und Klingenschmiederei u. a. Gewerben, läßt sich diese Entwicklung beobachten.

Die Klingenschmiederei wurde in Solingen während des 15. Jahrhunderts von Handwerkern betrieben, die in drei voneinander getrennten Bruderschaften vereinigt waren, den Schwertschmieden, Härtern und Schleifern, Schwertfegern und Reidern. In den Händen der Mitglieder der letzteren Bruderschaft sammelten sich die Schwerter zum Fertigmachen, und obwohl auch den anderen Bruderschaften das Recht Handel zu treiben zustand, so waren sie es vorzüglich, welche auf Reisen gingen und die Klingen vertrieben. Solche Reider oder vielleicht schon wirklich Kaufleute mögen gemeint sein, wenn es in der Lübecker Schwertfegerrolle von 1473 heißt „wanner hir in de stad rede swerde von kopluden gebracht werden“ [1], so sollen die Meister sie untersuchen, ob sie gut sind. Jedenfalls entwickeln sich nun aus diesen Reidern, die ursprünglich, wenn sie nach Hause zurückgekehrt waren, die gewohnte Arbeit des Reidens und Fertigmachens der Schwerter vornahmen, also gleichzeitig Gewerbetreibende waren, selbständige Kaufleute. „Immer seltener wurde es, daß die Schmiede selbst ihre Schwerter verhandelten; immer allgemeiner arbeiteten sie wie die übrigen Handwerker nach den Angaben der Kaufleute; diese übernahmen die Lieferungen von Eisen, Stahl und anderen Rohstoffen, und wenn dieselben bis auf den heutigen Tag formell auch noch als verkauft gelten, es war thatsächlich der früher selbständige Handwerksmeister, der kleine Fabrikant zu nichts anderem als zu einem hausindustriellen Lohnarbeiter geworden.“ Im 17. Jahrhundert etwa scheint sich der Wechsel des Betriebsystems vollzogen zu haben [2].

Dasselbe zeigt sich bei den Messermachern in Solingen. Solange die Beschaffenheit der Messer eine einfache war, gab es wirkliche Messermacher in der Art, daß ein und derselbe Handwerker Schmied, Reider und Fertigmacher war und nur gegen Lohn schleifen ließ. Als nun im 16. Jahrhundert die Arten der Messer mannigfacher und komplizierter wurden, die Arbeitsteilung zunahm, trat ein neuer Faktor in die Produktion, welcher dieselbe leitete und die in zerstreut liegenden Werkstätten erzeugten Fabrikate zu einem Ganzen zusammenfaßte — nämlich der Fertigmacher. Er nahm den Messer- und Erlschmieden, den Hefte- und Bändemachern ihre an sich unverkäuflichen Waren ab und setzte sie zu Messern zusammen. Mit der

---

[1] Wehrmann, Lübecker Zunftrollen. 2. Ausg. S. 456. — [2] Thun a. a. O. 2. T. S. 8—12.

Zeit kaufte er für diejenigen Messerschmiede, welche so arm waren, daß sie das Material nicht aus eigenen Mitteln anschaffen konnten, den Rohstoff oder das Halbfabrikat und ließ nun gegen Lohn die einzelnen Verrichtungen ausführen. Den Absatz besorgte er selbst oder überließ ihn den Schwertkaufleuten. Jedenfalls wurde auf diesem Wege bereits im 16. Jahrhundert der selbständige Messermacher zu einem unselbständigen Lohnarbeiter herabgedrückt, der nicht mehr direkt für den Konsumenten thätig ist[1].

In der Hutmacherei — wenigstens norddeutscher Städte — tritt uns ein Handwerk entgegen, bei welchem der Meister außerhalb seiner Werkstätte Gehülfen oder vielmehr Gehülfinnen in deren eigenen Behausungen beschäftigt. Da die Zahl der Hülfskräfte, die jeder Meister in seiner Werkstatt ansetzen durfte, stets in den Rollen bestimmt wird, so mußte für diesen Fall eine besondere Anordnung getroffen werden, und demgemäß erlaubt das Statut der Lüneburger Hutmacher von 1524 „buten huses nycht mehr alse vehr stickersken to holden", in einer späteren Redaktion von 1574 nicht mehr als 6[2]. Es handelt sich hier um das Besetzen der Hüte mit Bändern und Schnüren, das Garnieren und Verzieren derselben. Ursprünglich war diese Thätigkeit, wie eine Lübecker Ratsentscheidung vom Jahre 1481 erkennen läßt, ein selbständiges Gewerbe. Die Hutstaffierer, um einen allerdings erst später geläufig werdenden Ausdruck zu gebrauchen, kauften die rohen Hüte von den Hutmachern, garnierten sie und veräußerten sie. Vielleicht erzielten sie hierbei solche Gewinne, daß die letzteren scheel dreinsahen, genug, die Hutmacher faßten den Beschluß ihnen keine Hüte mehr zu verkaufen[3]. Darüber beschwerten sich die Staffierer und der Rat entschied, daß die Hutmacher zu solchem Vorgehen nicht berechtigt gewesen seien. Wollten sie trotzdem ihren Beschluß nicht rückgängig machen, so müsse es den Staffierern freigestellt werden, sich die Hüte zu besorgen, von wo sie wollten und sie sie bekommen könnten. Dieser obrigkeitlichen Entscheidung scheint man aber nicht nachgekommen zu sein. Vielmehr gelang es den Hutmachern, über die Hutstaffierer zu triumphieren und diese in ein Lohn- und Dienstverhältnis herunterzudrücken. Denn im Jahre 1507 heißt es in den Artikeln der Hutmacher, daß niemand in der ganzen Stadt Hüte für andere als für die Meister der Zunft besticken dürfe[4]. Übrigens war

[1] Thun a. a. O. 2. T. S. 23—25. — [2] Bodemann, Die älteren Zunfturkunden der Stadt Lüneburg S. 111, 113. — [3] unde vorbund gemaket hebben umme en nene vilte to vorkospende. — [4] ock schal nemant hode sticken up sine egene hant, he sy fruwe edder man, denn allene den mesteren in dusseme ampte umme er gelt unde redelike belonynge, unde scholen de vilte van ene nemen unde nicht van buten inholen offte sick bringen laten, by broke, so vaken dat gebort.

diese Ordnung der Dinge nicht von Bestand, denn spätestens seit 1661 bildeten die Hutstaffierer doch wieder ein eigenes Amt [1]. In Hamburg, wo über die Entwicklungsgeschichte dieses Gewerbes nichts bekannt ist, erscheinen die Hutstaffierer seit 1583 als gleichberechtigte Mitglieder der Hutmacherzunft [2].

In viel größerem Umfange als in der Hutmacherei beschäftigte man in der Gewebeindustrie Personen in ihren Behausungen. Dieselbe vollzog sich in mehreren Arbeitszweigen, die aufeinander angewiesen waren. Das Wolleschlagen, Spinnen, Weben, Walken, Färben und Scheren der Tuche waren Operationen, die teils von Angehörigen verschiedener Zünfte geleistet wurden teils von verschiedenen Mitgliedern einer und derselben Zunft teils von Personen außerhalb der Zunft. Namentlich das Wolleschlagen oder Kämmen, das Spinnen von Wolle, Flachs u. s. w. übertrugen die Webermeister und Tuchmacher oft besonderen Spinnerinnen oder Kämmerinnen, die sie nicht in der Werkstätte zusammen mit den Weberknechten, sondern in ihren eigenen Wohnungen arbeiten ließen. So machen die Gewandmacher in Frankfurt a. M. im Jahre 1355 es sich zum Gebot, die Kämmerinnen und Spinnerinnen zu beaufsichtigen [3]. In Schweidnitz wird im Jahre 1364 angeordnet, daß kein Meister mehr als 4 Kämmerinnen beschäftigen solle und daß nur die sogenannte weiße Wolle beliebig irgendwo gekämmt werden dürfe, die sogenannte blaue dagegen im Hause des Meisters zugerichtet werden müsse [4]. In Hamburg wird den Wollewebern in ihrem Statute aus der ersten Hälfte des 15. Jahrhunderts zugesichert, daß sie auf die Wolle, welche sie an Spinnerinnen zum Verspinnen gegeben haben, ihr Recht behalten, auch wenn diese sie verpfändet haben oder vor der Ablieferung des Gespinstes gestorben sein sollten [5]. Die Tuchmacher der Altstadt Brandenburg versprechen sich im Jahre 1422, ihre Spinnerinnen nicht gegenseitig abspenstig machen und jederzeit denselben richtiges Gewicht verabfolgen zu wollen [6]. In Lüneburg kommen die Leineweber im Jahre 1430 überein, daß keiner dem andern seine „Werkfrauen“ abspenstig machen wolle, und den Wollewebern ist wie in Hamburg zugestanden, das von den Spinnerinnen für Bier, Brot oder sonst versetzte Garn oder Wolle jederzeit gegen den diesen schuldigen Spinnlohn den Pfandleihern wieder abnehmen zu können [7].

---

[1] Wehrmann a. a. O. S. 474—476. — [2] Rüdiger, Die ältesten hamburgischen Zunftrollen S. 115. — [3] Böhmer, Urkundenbuch der Reichsstadt Frankfurt. S. 35. Art. 2. — [4] Korn, Codex dipl. Sil. Bd. 8 S. 56. — [5] Rüdiger a. a. O. S. 304 Art. 21. — [6] Riedel, Novus codex dipl. Brandenburgensis I. Abt. Bd. 9 S. 118 Art. 8—10. — [7] Bodemann a. a. O. S. 148, 251.

Den Lübecker Lakenmachern wiederum wird in ihrer Ordnung von 1553 eingeschärft, allen „ehren Spynnerschen" denselben Lohn zu zahlen, und zugesichert, unter der Voraussetzung, daß sie ihren Spinnerinnen stets vollauf Beschäftigung gewähren könnten, wolle man diesen verbieten, für Kunden in benachbarten Städten Wolle zu spinnen[1].

Diese Beispiele werden als Nachweis genügen, daß die gewerbliche Beschäftigung nichtzünftiger Personen vorkam. Mitunter gehören die Wolleschläger zwar zur Zunft, wie in Straßburg, oder bilden die Spinner eine eigene Zunft, wie die Garnzieher in Schlesien. Doch war dieser Fall der seltenere und vermutlich kam es häufiger vor, daß der Weber seine Wolle oder Flachs in seinem Auftrage spinnen ließ, als daß er Garn und Gespinst kaufte. Zunächst lag freilich in diesem Vorgehen der Weber nicht das Moment, das wir an der heutigen Hausindustrie als charakteristisch erfunden haben. Sehr oft haben diese Spinnerinnen des Mittelalters sich den Rohstoff gewiß selbst beschafft. Mannigfach werden sie bei der großen Verbreitung der Webekunst als Hausarbeit[2] für den Konsumenten direkt thätig gewesen sein, indem dieser oder seine Frau das Tuch oder die Leinwand, dessen sie bedurften, selbst webten. Sicherlich standen sie durchaus nicht immer in gänzlicher Abhängigkeit von den Webermeistern. Aber das Entscheidende in dieser Erscheinung und das auf die spätere hausindustrielle Form Vorbereitende liegt darin, daß trotz der starren Zunftverfassung, welche die Zahl der zu haltenden Gesellen und Lehrlinge genau vorschrieb, man Nichtzünftige in größerer Zahl, später unbeschränkt zu beschäftigen sich gewöhnte. Trat nun für den verarmten zünftigen Meister, der seine ökonomische Selbständigkeit nicht zu wahren vermocht hatte, die Notwendigkeit auf, sich gleichfalls in dieser Weise verlegen zu lassen, so erschien das nur als weitere Folge der einmal eingerissenen Gewohnheit, Personen außerhalb der Werkstätte zu beschäftigen. Dem zum Lohnarbeiter herabsinkenden Handwerksmeister schien es nicht mehr etwas völlig Ungewohntes, wenn er statt für den Kunden für den Genossen oder für den Kaufmann thätig war.

Sehr langsam, ganz allmählich wird der Übergang aus der handwerksmäßigen Unternehmungsform in die hausindustrielle sich vollzogen haben. Sowie zuerst der Weber die Spinnerinnen oder der reichere Böttchermeister den ärmeren beschäftigt, so gewinnt der reichere Tuchmacher oder Weber über den ärmeren den Vorsprung. Ursprünglich hatten die Gewandschneider nur das Recht, die importierten feineren vlämischen und

[1] Wehrmann a. a. O. S. 303. — [2] Schmoller a. a. O. S. 112.

englischen Tücher auszuschneiden, und den Webern stand das Recht zu, ihre eigenen Tücher im kleinen zu verkaufen. Die ersteren versuchten nicht selten den letzteren dieses Privileg zu entreißen, und indem reich gewordene Tuchmacher, welche sich auch den Ausschnitt einheimischer von ihren Genossen angefertigter Tücher angemaßt hatten, ihnen sich anschlossen, endete der Streit häufig damit, daß die Tuchmacher ganz in die Gewalt der Gewandschneider gerieten und nur stückweise oder in mehreren Stücken ihre Ware an diese veräußerten, gar nicht mehr im kleinen ausschnitten. Die Wolleweberordnung von 1486 für die Markgrafenschaft Baden deutet schon eine Art Abschluß des Entwickelungsprozesses an. Sie weist die Tuchhändler und die Wolleweber geradezu aufeinander an, indem die ersteren — sie werden „Tuchgewender" genannt — mit den letzteren das Übereinkommen treffen, ihnen alle Tuche abkaufen zu wollen, sofern sie nur gut angefertigt seien. Wollten die Weber nicht darauf eingehen, so wären sie gezwungen, die von ihnen auszuschneidenden Tücher aus Frankfurt zu holen. Von dem Rechte der Weber, ihre eigenen Tücher auszuschneiden, ist in der ganzen Ordnung gar nicht mehr die Rede[1].

In denselben Gedankengang führt der Vertrag ein, welchen im Jahre 1530 7 Kaufleute in Hamburg, die mit englischen Laken handeln, mit einem Wandfärber und einem Wandbereiter in Antwerpen abschließen[2]. Es gab mehrere Färber und Bereiter in Hamburg[3], aber nur von den beiden erwähnten ist das gleich zu schildernde Verhältnis bekannt. Die Kaufleute ließen nämlich jene beiden Handwerker nach Hamburg übersiedeln und nahmen sie in ihren speciellen Dienst. Die beiden mußten sich verpflichten, jährlich 400 Stück Laken von je 24—27 Ellen zu färben und zuzubereiten, wofür sie außer einem vorher ausbedungenen Preis einen Vorschuß von 400 Gulden empfingen, um in Antwerpen alles für den Betrieb Erforderliche einkaufen zu können. Über ihre nicht durch Absolvierung dieses Pensums in Anspruch genommene Zeit können beide frei verfügen, demnach auch für andere arbeiten. Wiederum hat man also Handwerker vor sich, die nicht in erster Linie für den Lokalkonsum, aber auch nicht in einer Fabrikunternehmung thätig sind, vielmehr in ihrer Behausung vorzugsweise für Rechnung eines Geschäfts sich beschäftigen.

In der Mitte des 16. Jahrhunderts findet man ein schon recht entwickeltes hausindustrielles Verhältnis bei den Barchentwebern in Straßburg. Nach der Schauordnung für dieses Handwerk aus der Zeit von etwa

---

[1] Mone, Zeitschrift für die Geschichte des Oberrheins. Bd. 9 S. 147. — [2] Rüdiger a. a. O. S. 293—295 Nr. 57. — [3] Rüdiger a. a. O. Nr. 57d und 57e.

1537—41 wird nämlich unterschieden zwischen Kundenarbeit und der Arbeit für den Kaufmann zum Wiederverkaufe (uf den kouf). Letztere sollte kein Weber annehmen. „Item so also eim kundenarbeit keme, das den weber beduchte, die arbeit würde uf den kauf gemacht, so soll er das bey seinem eyde dem gericht anzeigen, damit man ein uffehens mög haben, das sollichs nit geschee“[1]. Offenbar wog hier die Absicht vor, das Verlegen der Weber durch die Kaufleute und den Absatz von Barchent zum Wiederverkauf zu vermeiden, indem man die Abhängigkeit, die hieraus sich entwickeln konnte, fürchtete. Daß man eine besondere Vorschrift hierüber in die Barchentschauordnung aufzunehmen für gut hielt, beweist das häufige Vorkommen solcher „strafbarer“ Beziehungen zwischen Kaufmann und Weber.

Zu dieser Zeit ließ der lokale Absatz mancher Produkte der Straßburger Textilindustrie bereits zu wünschen übrig. Von den Sergenwebern erzählt uns eine Urkunde aus derselben Zeit[2], daß sie „zu vil' malen im jar“ den Altgewändern, d. h. den Kaufleuten, die mit gebrauchten Kleidungsstücken Handel trieben, ins Haus kamen und ihre Ware zum Verkaufe anboten, „da sie vielleicht armut halben von markt zu markt nit zu gewarten hatten“. Die Tuchmacher klagten damals die Altgewänder an, von Fremden viel Serge aufgekauft und auf diese Weise die einheimischen Weber gezwungen zu haben, sich ihrer gleichfalls für den Absatz zu bedienen. Sie sind mit dieser Vermittelungsrolle der Altgewänder durchaus nicht einverstanden, halten es vielmehr für zweckmäßiger, wenn die Weber ihre Serge selbst direkt verkaufen können, als „so sie durch die ander oder mer hend kämen“, d. h. verteuert würden. Es ist sehr charakteristisch, daß bei dieser Gelegenheit die Armut der Sergenweber betont wird. Eben die ökonomische Notlage, in welche die Handwerker geraten, weil der lokale Absatz stockt, zwingt sie ihre Ware an den Kaufmann behufs Weiterverkauf zu übergeben, und von diesem Augenblick an bedarf es nur noch eines Schrittes, um von vornherein auf Bestellung für den Kaufmann zu arbeiten.

Ein anderes lehrreiches Beispiel bieten die Hosenstricker in Straßburg. An diesem Handwerk pflegten Frauen gleichfalls erheblichen Anteil zu nehmen. In der Ordnung, welche demselben im Jahre 1547 zu teil und im Jahre 1603 erläutert wird, ist der Thätigkeit der Frauenzimmer, die nicht zur Zunft zählten, aber gezwirnte Hosen und andere Strickarbeit auf Bestellung und auf Vorrat (in verding und auf den kauf) anfertigten, be-

---

[1] Schmoller, Die Straßburger Tucher- und Weberzunft. Urk. 78 Art. 20. — [2] Schmoller a. a. O. Urk. 77, auch S. 522, und mein Aufsatz „Zunfthändel im 16. Jahrh.“, in Historisches Taschenbuch, 6. Folge, 4. Jahrg. S. 336.

sonders gedacht. Auch war die Hosenstrickerei auf dem Lande und in den kleinen Städten des Elsasses eine weitverbreitete Nebenbeschäftigung der Landleute oder deren Frauen, die entweder für einen Handwerksmeister oder für Rechnung eines Kaufmannes arbeiteten. Kurz, die Grenzen zwischen zünftiger und unzünftiger Arbeit waren hier schon verwischt. In der Erläuterung von 1603 zur Ordnung des Hosenstrickerhandwerks wird nun den Meistern eingeschärft, keine Weiber außer ihren eigenen Frauen und Töchtern in der Beschäftigung zu unterweisen, im Jahre 1628 offiziell zugestanden, daß die Gewohnheit der besser situierten Meister ärmere Handwerker, die sogenannten Stückwerker, in deren eigenen Behausungen zu beschäftigen eine allgemein verbreitete sei. Und hierbei tritt uns dann die Abneigung auf zünftlerischer Seite gegen die neue Unternehmungsform entgegen. Man will z. B., daß der Meister, der außerhalb seiner Werkstatt 2—4 „arme Meister" in Nahrung setze, innerhalb seiner eigenen soviel Stühle unbesetzt lasse, da nach den Zunftstatuten ihm überhaupt nur 4 in Bewegung zu setzen erlaubt ist. Man will ferner, daß die Stückwerker gleichfalls zünftig werden und ein Meisterstück machen sollen, wodurch ihre Zahl augenscheinlich eine beschränkte hätte bleiben müssen. Indes die Ordnung, welche im Jahre 1618 derartige Maßnahmen zum Gesetz erhob, kam auf die Dauer in Mißkredit. Unter den Mißbräuchen, die im Jahr 1642 durch Schöffenurteil abgestellt werden sollten, findet sich auch der, daß einige Hosenstricker Soldaten der Garnison beschäftigt und das Verbot, Hausindustrielle für sich arbeiten zu lassen, in der Weise umgangen hatten, daß sie die Wolle angeblich verkauften und fertige Arbeit statt des baren Geldes als Zahlung ausbedangen. Es ließ eben die unaufhaltsam vor sich gehende Entwicklung sich nicht mehr hemmen! Zwar versuchen die Hosenstricker noch ihr möglichstes. Sie laden im Jahre 1651 zu einem allgemeinen Handwerkertage, um die eingerissenen „sehr nachteiligen und schädlichen Unordnungen" zu beseitigen, und in der ihnen vom Kaiser Ferdinand III im Jahre 1653 zugestandenen neuen Ordnung ist ausdrücklich verboten, daß Arbeiten, „so von anderen in dieser bruderschaft nicht begriffenen meistern erkauft worden, an offenen ständen in statt und land" feilgeboten würden. Indem sie aber in demselben Artikel erklären, daß die von Mitgliedern der Bruderschaft gekauften Waren von den Meistern ohne jede Beschränkung feilgehalten werden dürfen[1], ist die Zulässigkeit des hausindustriellen

[1] Solle ein jeder zu dieser bruderschaft und haubtladen zuhöriger meister seine entweder selbsten gemachte oder von andern in der bruderschaft begriffenen verfertigte und erkaufte waren entweder einzig oder dutzetweis zu haus oder an offenen ständen aller orten seinem belieben nach zu verkaufen macht haben.

Systems doch anerkannt. Es kam dann nur in der Folge darauf an, daß die zu Hause beschäftigten Stricker nicht durchaus immer zünftig sein mußten, und so wird in der That im Jahre 1655 offiziell von der zuständigen Behörde anerkannt, daß Stricker, welche gewisse Waren herstellten, wie seidene, baumwollene und netzene Strümpfe, nicht zünftig zu werden brauchten[1].

Mit den letzten Beispielen sind wir schon ins 17. Jahrhundert eingetreten und es erscheint angemessen, ehe wir weiter fortfahren, das Ergebnis der bisherigen Mitteilungen festzuhalten. Vereinzelt tritt die hausindustrielle Unternehmungsform im 14. und 15. Jahrhundert in deutschen Städten auf und zwar im wesentlichen bei Gewerben, die für ihre Erzeugnisse eines Absatzes außerhalb des Produktionsortes bedürfen. Da wird der Kaufmann zum natürlichen Vermittler, von dessen Geschick es abhängt, ob die betreffende Industrie gedeihen kann oder nicht. Häufiger tritt die Hausindustrie im 16. Jahrhundert auf, wie es scheint, zunächst bei den Gewerben, die sich gegenseitig in die Hände arbeiten und für deren Ausübung die Frauenkraft ausreicht. Der erstere Umstand führt darauf, die Kundenarbeit fallen zu lassen, der letztere verleitet dazu, das Prinzip der ausschließlichen Beschäftigung Zünftiger aufzugeben. Daneben aber machen sich von vornherein andere Momente nicht minder wichtiger Art geltend — die Verarmung einzelner zünftiger Meister und die Erschwerung des lokalen Absatzes wegen großer Konkurrenz. Alle diese Umstände zusammen führen den Kaufmann als Kapitalbesitzer darauf, sich des Handwerkers zu bemächtigen und ihn von sich abhängig zu machen. Wie Schmoller es in der Geschichte der Straßburger Tucherzunft ausdrückt: „die Armut und Verkommenheit weiter Kreise des Handwerks einerseits, das Bedürfnis eines schwunghaften kaufmännischen Betriebs und die Macht des Kapitalbesitzes andererseits drängte, wie wir das schon an verschiedenen Stellen sahen, zu solch veränderten Unternehmungsformen, zunächst zu solch hausindustriellem Betrieb, wobei ein größerer Meister oder ein Kaufmann eine Anzahl kleiner Meister verlegte. Es war, wenn es gelang, die rechten Beziehungen zwischen den Parteien herzustellen, ein entschiedener Fortschritt und in der Regel das einzige Mittel, einen den Zeitverhältnissen entsprechenden Absatz im großen zu organisieren“[2]. Als einen Fortschritt sah man das neue System in zünftlerischen Kreisen damals freilich nicht an, bemühte sich vielmehr

---

[1] Schmoller a. a. O. Urk. 97, 115, 139, 128 Art. 1 u. 2; 158 Art. 1 u. 2; 170, 176 Art. 27; 183. — [2] a. a. O. S. 549.

allgemein demselben Widerstand entgegen zu bringen. Selbst die über den Parteien stehenden Obrigkeiten hielten es für das zweckmäßigste, wenn die alten Grundsätze der Beschränktheit in der Verwendung von Hülfskräften, des direkten Verkaufs seitens der Produzenten an die Konsumenten u. s. w. ungetrübt in Kraft blieben.

2. Im 17. und 18. Jahrhundert.

Der dreißigjährige Krieg mit seinen Handel und Gewerbe überhaupt lähmenden Ereignissen war der Einbürgerung des neuen Systems eher günstig als ungünstig. In der Zeit wilder Sittenlosigkeit und mangelhafter Gesetzeshandhabung wuchs die Neigung, die alten Zunftstatuten, die sich überlebt zu haben schienen, zu vernachlässigen, und drängte die Not dazu sich ihrer Herrschaft zu entziehen. Die Gewerbetreibenden mußten, nachdem endlich der Frieden hergestellt war, es jetzt mehr als je als ihren Vorteil ansehen, wenn der Kaufmann sicheren Absatz bot oder gar Vorschuß gewährte, der aus täglicher Drangsal befreite.

a. Die Ansichten der Theorie.

Becher. — v. Hörnigk. — Entdeckte Goldgrube. — v. Schröder. — J. H. G. v. Justi.

Nunmehr finden sich auch Schriftsteller, welche auf die neue Unternehmungsform aufmerksam machen, ihren Wert erwägen und die Berechtigung derselben, wenn sie sie auch nicht durchweg mit günstigem Auge ansehen, schließlich anerkennen. In Joh. Joachim Bechers Politischem Diskurs, der im Jahre 1668 in erster Auflage erschien, ist mehrfach von den „Verlegern" die Rede. Becher unterscheidet zwischen dem Monopolium und dem Polypolium[1]. Das erstere sieht er in den Zünften verkörpert, zu denen man so schwer Zutritt gewinnt, daß „also den Meistern, so bereits darinnen seynd, das Wesen und die Arbeit allein bleibe", während das Polypolium darin besteht, daß jeder die Hantierung ausüben darf, wie er will. „Dies zugelassene Polypolium in den Handwerken ist nun den Kauffleuten und Verlegern ein gemachtes Spiel." Die Handwerker werden bei diesem System in steter Armut und Arbeit erhalten. Da sie zahlreich sind, „lauffen sie der Arbeit nach", lassen sich wohlfeil beschäftigen und können „mit aller ihrer Mühe dennoch kaum ein Stückchen Brot verdienen". Beide Systeme sind nach Bechers Ansicht nicht gut. Holland, in welchem das

[1] Seite 114; ich citiere nach der 3. Aufl. von 1688.

letztere sehr verbreitet, täusche sich, wenn es glaube mit Hülfe desselben in die Höhe gekommen zu sein. Becher ist vielmehr der Meinung, „daß es eben dadurch einmal zu äußerstem Ruin kommen wird, nemlich, wann die Holländer einmal der fremden consumtion privirt und Menschenarm worden".

Gleichwohl verkennt er den volkswirtschaftlichen Nutzen des Verlagssystems nicht und erklärt die kümmerliche Lage der Spinnerinnen, Leinenweber und Spitzenmacher gerade aus dem Umstande, daß „der Verlag mangelt". Sie können eben ihre Waren nicht absetzen [1]. Die Vorschläge aber, die er schon einige Jahre vor dem Erscheinen seines Buches dem Kurfürsten von Bayern zur Hebung des Gewerbefleißes gemacht hatte, bestanden ausdrücklich darin, daß man eine Compagnie errichte, welche zum Wollenankauf im ganzen Lande privilegiert würde und diese Wolle dann durch inländische Meister verweben lassen könnte [2].

Auch in Hörnigks 1684 veröffentlichter Schrift „Österreich über alles, wenn es nur will" ist von den Verlegern die Rede, von denen freilich nicht viel Gutes gesagt wird. „Von unseren Kauff Leuten", sagt er, „erwarten wir die Hülfe vergebens." Sie verständen „von den Fabriquen der Manufacturen" zu wenig. Indes hat er den Nutzen, den sie für die Wirtschaft eines Landes haben können, begriffen — nämlich die Vermittelung des Absatzes, die sie übernehmen, und so sinnt er auch auf Maßregeln den Arbeitern und Verlegern über Absatzstockungen hinwegzuhelfen. Man soll staatliche Magazine zum Ankauf von Leinwand und Verkauf gegen Provision errichten und Handelscompagnieen einrichten. Selbst Einfuhrverbote gewisser Zeuge verabscheut er keineswegs, um dadurch den Verbrauch heimischer Woll- und Leinenstoffe zu vermehren [3].

In der 1685 zuerst ausgegebenen „Entdeckte Goldgrube in der Accise" [4] wird die hausindustrielle Unternehmungsform gerühmt, namentlich gegenüber dem Fabriksystem. „Wenn Fabricanten mit großen Kosten gantze große Häuser bauen, darinnen Sie die Wollen-Scheider, Wollen-Kämmer, die Spinnerin, die Weber, die Presser und wohl gar auch die Ferber beysammen unterhalten", so sei damit der Gesamtheit zu wenig gedient, weil diese Arbeiter solche geringe Löhne bekommen, daß sie mit ihnen kaum ihr Leben fristen können. Besser können sich Spinnerin, Weber, Kämmer, Färber, Presser u. s. w. ernähren, wenn sie in ihren eigenen Häusern oder Mietswohnungen für einen Verleger nach festen in Landesordnungen aufgestellten Lohnsätzen beschäftigt

---

[1] S. 129. — [2] S. 384. — [3] Ich kenne das Buch nur nach einer Mitteilung bei Zimmermann a. a. O. S. 15—17. — [4] Mir liegt eine Ausgabe von 1701 vor.

sind [1]. Der Verfasser dieser Schrift ist so überzeugt von den Vorteilen dieses Systems, daß er dazu rät, aus den durch die Accise eingehenden Geldern zur Hebung der Manufakturen Vorschüsse an Kaufleute zu gewähren, und weitläufig auseinandersetzt, daß die Besitzer von Landgütern und Vorwerken, die sie nicht selbst bewirtschaften können, am besten thäten dieselben zu verkaufen (statt zu verpachten) und mit dem gelösten Kapital ein derartiges sicheren Gewinn versprechendes Verlagsgeschäft zu beginnen. „Mein Gott, was solte nicht dadurch ein zehnfach größerer Nutzen als aus dem Vorwerk einem großen Herrn und dem gantzen Lande entstehen?“ [2].

Von einem anderen Gesichtspunkt wird das Verlagssystem in der zuerst 1686, nachher noch in 8 Auflagen erschienenen Schrift des Freiherrn von Schröder „Fürstliche Schatz- und Rentkammer“ beurteilt [3]. Zwar weiß von Schröder ganz gut, „das einige hindernis der neuen manufacturen im lande“ namhaft zu machen, nämlich den „Mangel des Verlags“, und betont, daß bei Beratungen über neu einzuführende Industrieen „dieses allezeit die erste frage, wo der verlag darzu herzunehmen“ [4]. Er erkennt die Wichtigkeit einer vernünftigen Organisation des Handels an; die Arbeiter müssen eben schnell Kaufleute finden, welche ihnen ihre Arbeit abkaufen, damit sie nicht mit derselben von Haus zu Haus zu gehen und ihre Zeit zu verlieren gezwungen sind. Nicht nur, daß in dieser Zeit ihre Werkstätte leer und die Produktion unterbrochen ist, so geben schließlich „mangels an Brod“ die Handwerker ihre Erzeugnisse „um halbes Geld an wuchernde Krämer“ [5]. Mit andern Worten: Schröder sieht sehr klar ein, daß auf den Absatz alles ankommt und Schritte geschehen müssen, diesen zu befördern, wenn die Gewerbe zur Blüte in einem Lande gebracht werden sollen. Sein Ideal ist nun aber weder der Verlag durch Großkaufleute (eigentliche Hausindustrie) noch der Verlag durch Regierungsinstitutionen, sondern „daß ein jeder handwerksmann und künstler sich selbsten verlegen kann“. Dem ersteren System sagt er nach, daß es eine zu große Abhängigkeit der Gewerbetreibenden bedinge [6] und nicht völlig zum Nutzen des Landes gereiche, da das Interesse der Verleger nicht dahin gehe, viele Arbeiter zu beschäftigen, „sondern in dem hohen wert der manufactur, die sie verkaufen, beruhet“. Daher „werden solche verleger die zahl der arbeiter zu vermindern suchen,

[1] S. 105—107. — [2] S. 108. — [3] Mir ist eine Ausgabe von 1752 zur Hand. Königsberg und Leipzig, J. H. Hartung. — [4] S. 359—360. — [5] a. a. O. S. 333. — [6] S. 246 „denn die ursach des untergangs aller handwerker ist, daß dieselben von denen dependiren, welche den verlag daran geben müssen“.

wodurch dem publico schaden geschiehet[1]". Privatpersonen durch Erteilung von Privilegien zur Verlegung von Manufakturen zu veranlassen, empfehle sich durchaus nicht, weil statt Vermehrung der Industrieen auf diesem Wege eine Beschränkung in der Ausbreitung derselben bewirkt werde. Überdies sei es schlimm, daß wenn dieser begünstigte Verleger sterbe, die Sache ein Ende hat, „dieweil gar ungewiß ist, ob seine nachkommen lust, verstand oder vermögen haben werden, solches zu continuiren"[2]. Was nun aber die Eröffnung von Manufakturen durch die Regierung anlangt, wenn z. B. „die Fürstliche Kammer den Verlag giebt", so setzt er auf einen derartigen Ausweg auch nicht die geringste Hoffnung. Die Kosten der Beaufsichtigung einer derartigen Regierungsanstalt würden zu groß, die Administration zu nachlässig sein[3]. Das einzige Richtige bleibt unter diesen Umständen dahin Vorkehrung zu treffen, daß jeder Gewerbsmann sich selbst verlegt, wodurch „solch handwerk im lande befestiget und estabiliret, als welches nicht ab alterius arbitrio dependiret"[4]. Da nun aber die hauptsächliche Schwierigkeit hierbei in den fehlenden oder geringen Geldmitteln liegt, so bringt er die Errichtung eines Landesfürstlichen Wechsels in Vorschlag, d. h. einer Bank, welche den Gewerbetreibenden Vorschüsse gewährt. Es würde uns viel zu weit führen, der Organisation dieses Instituts nachzugehen. Schröder weist in einem praktischen Beispiel rechnungsmäßig nach, wie er den Selbstverlag der Handwerker sich denkt[5], und kommt zu dem Ergebnis, daß ein „zeugmacher mit 15 fl. capital sein handwerk anfangen, continuiren und verlegen könne", während der Landesherr 10 Prozent „als einen tribut oder interesse" zu gewinnen hoffen dürfe. Es hat keinen Reiz, sich diese Berechnung zu vergegenwärtigen, — genug, daß wir Schröder als einen Gegner des uns hier interessierenden Hausindustriesystems kennen gelernt haben.

Auf demselben Standpunkt steht J. H. G. v. Justi in mehreren seiner Schriften, von denen „die Grundsätze der Policey-Wissenschaft" (1756)[6], „die vollständige Abhandlung von denen Manufacturen und Fabriken" (1758) und „die Grundfeste zu der Macht und Glückseeligkeit der Staaten" (1760)[7] hierher gehören. Er bekennt sich in allen drei Werken, die ja auch zeitlich nur wenig auseinanderliegen, zu den gleichen Grundsätzen, welche in der Abhandlung von den Manufakturen wohl die sachlichste und zutreffendste Darstellung gefunden haben.

Justi unterscheidet drei Arten von Unternehmern. Es kann nämlich 1. ein „einzelner Entrepreneur" eine große Menge von Arbeitern in einer

[1] S. 247. — [2] S. 361, 362. — [3] S. 360—361. — [4] S. 246. — [5] S. 261. — [6] § 150—190. — [7] § 496—539.

Manufaktur bezw. Fabrik unterhalten oder einzelne Meister verlegen; 2. kann eine Gesellschaft in dieser Weise eine Manufaktur oder Fabrik anlegen und 3. „können viele einzelne Meister in solchen Manufactur- und Fabriken arbeiten vorhanden seyn, die sich alle selbst verlegen, ohne von einem einzelnen Entreprenneur oder einer Gesellschaft abzuhängen". Justi hält demnach nur zwei Unternehmungsformen auseinander: einerseits Fabrik resp. Hausindustrie und andererseits Handwerk. Denn ob eine Fabrikunternehmung durch einen einzelnen oder von einer Compagnie resp. Aktiengesellschaft geleitet wird, ändert an dem Wesen der Form als solcher nichts. Es ist nur ein anderes Wirtschaftssubjekt, das an die Spitze tritt, und wir tragen diesem Momente heute Rechnung, indem wir Einzelunternehmungen und gesellschaftliche Unternehmungen auseinanderhalten.

Justi ist kein Freund des Fabriksystems. Allerdings giebt er zu, daß die Unterstützung einzelner Entrepreneurs durch die Regierung, vorausgesetzt daß sie klug, fleißig, kenntnisreich, fähig sind, der kürzeste Weg sei, um Industrieen in Gang und Blüte zu bringen. „Allein ich glaube dem ohngeachtet nicht", fährt er weiter fort, „daß dieser Weg sehr anzurathen ist, wenn es angehet auf denen beyden anderen Wegen zu eben diesem Endzwecke zu gelangen." Der Unternehmer wird leicht hochmütig, verschwendet die ihm gewährten Vorschüsse, verlangt nach Privilegien und mißt den Arbeitern nur knappen Lohn zu. Oft bereitet auch ein frühzeitiger Tod des Unternehmers der Fabrik, „weil sie blos auf die Person desselben gegründet ist", ein jähes Ende. In allen diesen Beziehungen findet er den Betrieb von Fabriken durch Gesellschaften, die aber aus nicht mehr als 6—8 Personen bestehen dürfen, vertrauenerweckender, will indes selbst ihn nicht ohne Einschränkung anraten und meint, daß es am dienlichsten sei, „viele einzelne Meister und Manufacturiers" zu unterstützen, „die sich selbst zu verlegen im Stande sind". Er befürwortet also die Entwicklung des Handwerks. Es ist zwar einerlei, sagt er, „ob hundert Tuchmacher jährlich 4000 Stück Tuch machen oder ob diese 4000 Stück Tuch in einer einzigen zusammenhangenden Anstalt gearbeitet werden. Weder in dem einen noch in dem anderen Falle kann die Arbeit mit größerem Vorteil, Bequemlichkeit und Erleichterung geschehen. Hundert Tuchmanufacturiers machen aber eine viel dauerhaftigere Gründung dieses Nahrungsgeschäftes aus als eine einzige große Tuchfabrik, die durch vielerlei Zufälle einen großen Stoß bekommen und zu Grunde gehen kann; dahingegen diese Befürchtung bey hundert Tuchmachern um hundertmal geringer ist." Als ein weiterer Vorzug für den Staat erscheint ihm dann der Wohlstand dieser hundert Familien, den er ohne weiteres voraussetzt, gegenüber Elend und Dürftigkeit, in welchen 100 Fabrikarbeiterfamilien schmachten würden [1]. Die Schwierigkeiten, die beim Selbstverlag mittelloser Handwerker auftauchen müssen, fallen ihm natürlich gleichfalls ein. Doch will er von dem Landesfürstlichen Wechsel Schröders, „der zwar sinnreich ist“, nichts wissen und befürwortet seinerseits die Errichtung eines Manufakturhauses und einer Warenniederlage, an welche die Manufakturiers ihre Erzeugnisse abliefern und wo die Kaufleute behufs weiteren Vertriebs sie einkaufen können [2].

Die Theoretiker jener Tage waren also, wie man sieht, über das neue unter ihren Augen gleichsam erwachsende System verschiedener Meinung. Traten Becher und der Verfasser der Goldgrube mit Entschiedenheit für dasselbe ein, so wissen Schröder und Justi, beide ihrer Zeit maßgebende Persönlichkeiten, mehr die Schattenseiten als die Lichtseiten desselben aufzudecken. Ihre eigenen Projekte sehen sie beide nur in strahlendem Glanze und lassen es sich im Traume nicht beikommen, daß die Ausführung derselben im praktischen Leben auf vielen Widerstand gestoßen wäre. So darf man gegen ihre ungünstige Beurteilung des Verlagssystems wohl auch etwas mißtrauisch sein. Beiden mußte daran liegen die bestehenden Verfassungen zu verwerfen, um auf den Trümmern des Alten die Originalität ihrer Neuerungen deutlicher hervortreten zu lassen. Nur in dem einen Punkte werden sie ohne Zweifel recht gehabt haben, nämlich in ihren Behauptungen über die niedrigen Lohnsätze, welche die Verleger bewilligten. Das ganze System knüpfte an die Notlage verarmter Handwerker an, und da wird es nur zu wahrscheinlich, daß die Kaufleute dieselbe ausnutzten und in der Regel weniger Lohn zahlten, als sie nach der Größe ihrer Gewinne hätten geben können. Dieser Fluch, der noch heute dem hausindustriellen System anklebt, — er hat dasselbe vermutlich von Anfang an begleitet.

b. Die Fortschritte in der Praxis.

Die Hausindustrie in der Mark Brandenburg. — Die Kalwer Zeughandlungs-Compagnie und die Hausindustrie in Württemberg. — Die Schwabacher Nadelindustrie. — Die Erlanger Strumpfwirkerei. — Die Apoldaische Strumpfwirkerei. — Die Vogtländische Gewebeindustrie.

Wie verschieden die Ansichten der gelehrten Kameralisten ausfielen, im alltäglichen Leben bürgerte sich mittlerweile die Hausindustrie mehr und mehr ein. Zwar gelang es ihr zunächst noch nicht in größerem Maßstabe festen Fuß zu fassen, denn die Gewerbefreiheit, welche sie voraus-

[1] Abhandl. v. Manufakturen Bd. 1. S. 20—26. — [2] ebenda S. 111—115.

setzte, stieß noch auf zu großen Widerstand. Aber immerhin begegnet man, insbesondere auf dem Gebiete der Textilindustrie, häufiger der neuen Unternehmungsform.

Auf Anfänge des Verlagssystems deutet es, wenn man aus den „churfürstlich-brandenburgischen Edicten" von 1581 und 1611 [1] erfährt, daß arme Tuchmacher von fremden Kaufleuten „zu zeiten eine ansehnliche Summe Gelds darauff empfangen, damit sie desto besser sich mit Wolle gefast machen und ihnen die Tücher liefern möchten". Kaufleute gewährten also ärmeren Webern Vorschüsse gegen das Versprechen derselben die fertigen Tücher nur ihnen anbieten zu wollen. Hierin sah man regierungsseitig einen Vorteil und wehrte daher den Aufkäufern von Wolle, die in habsüchtiger Weise sich des Wollhandels zu bemächtigen suchten, um die Weber in ihre Gewalt zu bekommen, ihr gemeinschädliches Treiben. Auch die Erneuerungen dieses Edikts aus den folgenden Jahren — 1629, 1641, 1660, 1678 — wiederholten diese Verbote der Aufkäuferei im Hinblick auf die eben berührten Verhältnisse, ohne daß man indes erfährt, ob der Modus um sich gegriffen hat oder nicht. Erst aus den Wolledikten von 1687, 1690 und 1695 [2] ergiebt sich mit unzweifelhafter Sicherheit das Bestehen einer anscheinend verbreiteten Hausindustrie.

Kaufleute, Krämer, Gewandschneider pflegten damals allgemein die Tuchmacher zu verlegen, d. h. ihnen die Wolle zu übergeben und den fertigen Stoff entgegenzunehmen [3]. Es stand ihnen dabei frei, jederzeit und überall Wolle einzukaufen, während sonst den Wollwebern und Tuchmachern bis 11 Uhr vormittags dieser Einkauf vorbehalten zu sein pflegte. Ganze Zünfte schlossen mit Militärbehörden und anderen Käufern Verträge auf Lieferung von Tuch ab [4]. Geldvorschüsse waren üblich. Die Wolle wurde den Tuchmachern meist sack- und partieenweise eingehändigt, so daß sie sie für die verschiedenen Gattungen Tuch selbst sortieren mußten [5].

Dieses System wurde nicht allen Tuchmachern gegenüber geübt, vielmehr waren es nur die ärmeren Weber, die darauf eingingen, diejenigen, welche „bey ihrem jetzigen schlechten Zustande des Vermögens nicht sind, daß sie die Nothdurfft an Wolle selbst einkaufen". Denjenigen Tuchmachern, „welche des Vermögens sind mit ihren selbst gemachten Tüchern die Messen und Jahrmärkte zu beziehen", blieb solcher Handel unverwehrt [6]. Wie groß

---

[1] Mylius, Corp. const. March. Pars V sectio II S. 206, 217, 218. — [2] Mylius a. a. O. P. V s. II S. 238, 259 Art. 2 und 10, S. 270 Art. 7. — [3] Edikt von 1687 Art. 2. — [4] ebenda Art. 15. — [5] ebenda Art. 18. — [6] Edikt von 1687 Art. 2.

die Zahl der selbständigen und die der hausindustriell verlegten Tuchmacher war, kann nicht bestimmt werden. Das Edikt von 1611 schätzt die Zahl aller Tuchmacher in den brandenburgischen Städten auf 3000—4000. Vermutlich war die Zahl der dürftigen Gewerbetreibenden keine unbeträchtliche, denn „der vor Augen liegende Untergang der Wollenweberey" wird unter anderem auch auf die bei diesem System vorkommenden Mißbräuche zurückgeführt, die aber doch nur dann sich in empfindlichem Maße bemerklich machen konnten, wenn man sie bei verhältnismäßig vielen Webern antraf.

Die Übelstände, auf die hier Bezug genommen ist, traten darin zu Tage, daß beide Parteien, Kaufmann und Weber, sich gegenseitig zu übervorteilen suchten. Der erstere wird angewiesen den armen Tuchmacher nicht zu drücken und keine wucherlichen Kontrakte mit demselben abzuschließen, den Handwerkern aber wird verboten sich untereinander zu verständigen, wenn der Kaufmann eine Partie Tücher bei ihnen bestellen wolle[1]. Scheint hiermit angedeutet, daß die Webermeister günstige Konjunkturen durch geschraubte Lohnforderungen auszubeuten suchten, so wird ihnen überdies eingeschärft in der Ausführung der Bestellung gewissenhaft zu sein. Sie sollen nicht wie bisher, wenn sie Wolle oder Geld empfangen haben, die erstere verkaufen oder das letztere mit Fressen und Saufen verprassen und ihre Verleger dadurch in die größte Ungelegenheit bringen[2].

Im übrigen lassen sich die Edikte angelegen sein das hausindustrielle Arbeitsverhältnis im allgemeinen durch Anordnungen zu regeln. Die von den Kaufleuten mit den Webern vereinbarten Verträge müssen der Obrigkeit mitgeteilt werden, damit diese durch „Visitatores" den Verlauf der Ausführung überwachen kann. Den Tuchmachern wird ans Herz gelegt „denen Kaufleuten die Tücher nach solcher Art Gespinnst, Güte, Farbe, Länge und Breite, wie sie solche zu Fortsetzung ihres Handels in- oder außerhalb Landes verlangen," zu verfertigen[3]. Bei Nichterfüllung der übernommenen Verpflichtungen traf den Weber Exekution oder Arrest, Verlust seines Meister- und Gilderechts, Hülfsmittel, die auch dann „unweigerlich" zur Anwendung kamen, wenn auswärtige Handelsleute oder Verleger die Tuchmacher beschäftigten. Die Kaufleute werden angehalten sich vor Abschluß des Kontrakts darnach zu erkundigen, ob der Tuchmacher schon von anderen verlegt sei und wie er dann seinen Vertrag ausgeführt. Tuchmachern, die bereits von anderen in Anspruch genommen seien, sollen sie nichts abkaufen[4].

---

[1] Art. 18. — [2] Art. 19. — [3] Art. 15. — [4] Edikt v. 1687 Art. 19.

Ein weiterer Mißbrauch des neuen Systems war, daß die Kaufleute unter dem Vorwande „Manufacturiers“ verlegen zu wollen, Wolle in großen Massen aufkauften und diese dann den Tuchmachern, welche ihrer geringen Mittel wegen beim Einkauf nicht hatten konkurrieren können, zu höheren Preisen überließen, indem sie gleichzeitig für die abzuliefernden Tücher verhältnismäßig niedrigere Preise bedangen. Sie gewannen auf diese Weise doppelt, an den hohen Wollpreisen und den niedrigen Löhnen. Gegen diesen Unfug zieht die Deklaration des Edikts vom 2. September 1717 zu Felde[1] und bestimmt, daß die Kaufleute, welche Wolle einzuhandeln beabsichtigen, „eine deutliche Specifikation der Wollarbeiter“, die sie verlegen, nebst Angabe der für einen jeden erforderlichen Menge Wolle dem Wollkommissarius des Orts einreichen sollten. Gleichwohl ließ man sich durch diese Mißbräuche an der Notwendigkeit die neue Unternehmungsform zu begünstigen nicht irre machen; vielmehr suchte man sie ausdrücklich zu verbreiten, und die Instruktionen für die Fabrikinspektoren der Neumark und Churmark von 1723 und 1724[2] schrieben denselben vor, „sich äußerst zu bemühen, daß die arme Tuchmacher in denen inländischen Städten gewisse Verleger bekommen mögen, welche ihnen die Wolle und ein billiges Arbeits-Lohn von Zeit zu Zeit vorschießen und selbige in beständiger Arbeit erhalten mögen“. Nach einer anderen Richtung ließ man sich auch angelegen sein die Verleger zu schützen, indem in zwei Edikten (von 1719 und 1727)[3] die Frage geregelt wurde, wie es mit den Vorschüssen im Falle des Konkurses von Tuchmachern zu halten sei.

Auf diese Weise entstanden zwei Arten von Webermeistern: die einen, welche auf ihre eigene Rechnung für sich arbeiteten, und die anderen, welche sich verlegen ließen. Mehrere der neuen Statuten aus der ersten Hälfte des 18. Jahrhunderts tragen dieser Unterscheidung Rechnung, so das „Reglement vor die in Wolle arbeitende Zeugmacher“ von 1724[4], das „General-Privilegium und Gülde Brief des Tuchmacher-Gewercks in der Chur- und Mark Brandenburg“ von 1734[5] und das „General-Privilegium des Zeug- und Raschmacher-Gewercks in Brandenburg“ von 1735[6], während die umfangreiche „Tuch- und Zeugmacher- auch Schauordnung vor die Chur- und Mark Brandenburg, Herzogthum Magdeburg und Pommern, auch Fürsten-

---

[1] Mylius a. a. O. S. 310. — [2] Mylius a. a. O. S. 470 Art. 12, S. 475 Art. 12. — [3] Mylius a. a. O. P. II s. II S. 101, 243. — [4] Mylius a. a. O. S. 359 Art. 15, 29, 32, 33, 35. — [5] Mylius a. a. O. S. 398—399 Art. 17. — [6] Mylius a. a. O. S. 429 Art. 16 u. 17.

thum Halberstadt" von 1723[1] gar keine Notiz von dem Verlagssystem nimmt, sondern vorzugsweise technische Vorschriften für die Wollindustrie enthält. Es war nach diesen Statuten nicht nur üblich sich durch Kaufleute verlegen zu lassen, sondern ebenfalls gebräuchlich, daß ein reicherer Meister, „der bey Mitteln ist", ärmere Mitmeister gegen Lohn beschäftigte. Die „vor andere arbeitende Meistere" wurden angewiesen ihre Kontrakte nicht zu brechen, in der gleichen Zeit keine Bestellungen von anderer Seite anzunehmen und ihre Verleger nicht zu „vervortheilen", sondern „tüchtige Waaren" zu machen.

Wie groß die Zahl der allmählich in der neuen Unternehmungsform beschäftigten Handwerksmeister wurde, ist leider nicht bekannt. Schmoller berechnet für das Herzogtum Magdeburg, daß es gegen das Jahr 1800 auf 12—14 000 handwerksmäßig beschäftigte Personen gegen 7—8000 Arbeiter in der Haus- und Fabrikindustrie, sowie in Bergwerken und Salinen gezählt habe[2]. Freilich ist diese summarische Schätzung nicht dazu angethan die Wichtigkeit gerade der hausindustriellen Unternehmungsform besonders hervorleuchten zu lassen. Aber die Hauptsache ist für uns der Nachweis, daß sie sich überhaupt einbürgert und daß sie sich hält.

Von Einfluß ist auf die ganze Bewegung die französische Einwanderung gewesen. Unter den Refugianten sind, sofern sie sich mit der Pflege der Gewerbe befaßten, zwei Klassen auseinanderzuhalten. Einmal waren sie einfache Handwerker, die sich der bestehenden Gewerbeverfassung anschlossen und teils eigene Zünfte bildeten, teils in die vorhandenen deutschen eintraten. Ganz zunftfrei hielten sich nur wenige derselben[3]. Durch das Edikt „von Beförderung der Tuch- und anderer Wollenen-Zeug-Manufacturen durch Aufrichtung derer Zünfte" vom Jahre 1709[4] sucht König Friedrich I die Franzosen ausdrücklich zum Anschluß an die bestehenden Handwerkerkorporationen oder zur Errichtung neuer zu veranlassen („so hat solches Se. Königl. Majestät bewogen, die Verfügung zu thun, daß bey Dero, aus Frankreich, der Religion halber, vertriebenen Unterthanen, sowohl als unter denen Teutschen, Zünfte oder Maitrisen aufgerichtet werden sollen"). Nach Erman bestanden ursprünglich französische Zünfte neben den deutschen Zünften, und nur nach und nach, besonders seit 1724, wurden die Zünfte beider Nationen vereinigt. Das ganze Verhältnis ist bis jetzt noch nicht genügend beleuchtet.

---

[1] Mylius a. a. O. S. 335. — [2] Jahrbuch für Gesetzgebung, Verwaltung ꝛc. Bd. XI S. 883. — [3] Tollin, Geschichte der französischen Kolonie von Magdeburg. 1. Bd. S. 412. — [4] Mylius a. a. O. S. 274.

Tollin versucht an dem Beispiel der Strumpfwirker zu zeigen, wie diese zünftlerische Acclimatisation vor sich ging.

Außer den Handwerkern aber finden sich unter den Refugianten Industrielle, die einem veränderten System im Gewerbebetrieb Eingang zu verschaffen sich angelegen sein lassen, — die sogenannten Manufakturiers [1] — und diese repräsentieren die moderne Großindustrie. Sie sind es, welche die kapitalistische Unternehmung bringen. Jeder französische Manufakturist war Kaufmann und fast jeder französische Kaufmann gleichzeitig Fabrikant. Der Manufakturist arbeitete auf Vorrat und bezog die Messen; der Kaufmann aber stand häufig im Compagniegeschäft mit dem Fabrikanten der von ihm feilgebotenen Ware. Teilweise errichteten sie geschlossene Etablissements, wie die Sammet-, Seide-, Bandfabriken, die Tapetenfabriken, Hutfabriken, Weiß- und Sammetfellgerbereien, Lohgerbereien, Tabacksfabriken u.s.w., die im Magdeburgischen ins Leben traten. Die „manufacture reunie", die Schmoller als „größere französische Unternehmung" [2] bezeichnet, ohne sie näher zu erklären, wird sicherlich sehr oft als eine Fabrik anzusehen sein. Teilweise aber beschäftigen die Manufakturisten direkt oder mit Hülfe des „Fakturier" die Kleinmeister in deren Werkstätten, d. h. sie führen das hausindustrielle System ein. So namentlich in der Strumpfwirkerei und in der Handschuhmacherei. Schmoller ist der Meinung, daß die gewerbetreibenden Refugianten überwiegend Hausindustrielle [3] waren, fügt aber an einem anderen Orte [4] einschränkend hinzu, daß z. B. bei der Magdeburger Strumpfindustrie über den Mangel an Verlegern geklagt wurde und die kleinen Meister vielfach direkt ans Publikum und auf den Messen verkauften. Sicher ist, daß in dem Edikt vom 19. Juli 1690 [5] der Kurfürst dem neuen Vorgehen insofern Anerkennung zu verschaffen sucht, als er das Institut der Meisterknechte (maîtres-compagnons werden sie im französischen Texte des Edikts genannt), unter welchen man die zu fabrikmäßigen Lohnarbeitern herabgesunkenen Zunftmeister als Gehülfen der Manufakturiers zu verstehen hat, billigt. Das Edikt ordnet an, daß die Meisterknechte,

[1] Vergl. Schmoller, Studien über die wirthschaftliche Politik Friedrich des Großen und Preußens überhaupt, in seinem Jahrbuche Bd. XI S. 805—830; ders., Das brandenburgisch-preußische Innungswesen von 1640—1806, in „Forschungen zur Brandenburgischen und Preuß. Geschichte" Bd. 1. S. 57—109, 325—383; Tollin a. a. O. Bd. 1. S. 405—440; Bd. 2. S. 409—454; M. Meyer, Geschichte der preußischen Handwerkspolitik Bd. 1. S. 122. — [2] Forschungen zur Brandenburgischen Geschichte Bd. 1. S. 100. — [3] ebenda Bd. 1. S. 376. — [4] Jahrbuch Bd. XI S. 807. — [5] Mylius a. a. O. S. 442. Nr. IV.

„welche sich gleichfalls vermöge gewissen Contracts denen Manufacturiers auf gewisse Zeit verbündlich gemacht haben, hiermit gnädigst und ernstlich, sich währender solcher Zeit, von ihren Meistern nicht weg zu begeben, besondern die vorgeschriebene Jahre richtig auszuhalten, bey Vermeydung durch gefängliche Hafft dazu angehalten werden". Neben den Meisterknechten aber werden „Ouvriers" — so auch im deutschen Wortlaute genannt — angeführt, die in „einer Manufacture engagiret" sind und nicht ohne Einwilligung des Manufakturiers aus einer Anstalt in die andere übergehen sollen. Der Gegensatz zwischen beiden Klassen von Arbeitern ist augenscheinlich hiernach der, daß die ersteren zu Hause, die letzteren in der Anstalt des Fabrikanten thätig waren.

Fehlt zur Zeit noch der Nachweis der angedeuteten Beeinflussung im einzelnen, so wird man kaum bestreiten können, daß dieselbe stattgefunden hat. Ohne Zweifel hat sie dazu beigetragen, das in seinen Anfängen bereits vorhandene hausindustrielle System weiter zu verbreiten.

Ein interessantes Beispiel einer rege entwickelten Hausindustrie bietet sich uns aus Süddeutschland — in der Färber- oder Zeughandlungscompagnie zu Kalw[1] in Württemberg, die in der ersten Hälfte des 17. Jahrhunderts errichtet wurde und etwa anderthalb Jahrhunderte hindurch eine bemerkenswerte Rolle gespielt hat. Schon um 1540 wurden viele Zeuge in Kalw und Umgegend angefertigt, und im Jahre 1595 wird die Zahl der Weber und Tuchmacher auf 300, im Jahre 1601 allerdings nur auf 200 angegeben. Durch die Bemühungen eines Italieners Julius Cäsar Crollalanza gelang es, das Krämpeln, Weben und Färben auf eine höhere Stufe zu bringen und dadurch den Fabrikaten Absatz im Auslande zu verschaffen. Die Weber verkauften ihre Stoffe nach einer Taxe, welche jedesmal von Vogt, Bürgermeister und Gericht bestimmt wurde, an Färber und Handelsleute, von denen die letzteren mit ihnen hausieren gingen. Im Jahre 1615 werden Kalwer Händler auf den Messen von Ulm, Augsburg, Nürnberg, im Jahre 1618 in Worms und Leipzig, 1622 in Naumburg und Zurzach genannt, ja selbst nach Italien, Österreich und Polen gingen Kalwer Webwaren.

Diese Händler auf der einen Seite schlossen nun mit den Zeugmachern oder, wie sie auch genannt wurden, Knappen auf der anderen Seite einen dahingehenden Vertrag ab, daß die letzteren, sowohl die von Kalw als von einer Reihe benachbarter Bezirke, ausschließlich ihnen ihre Erzeugnisse zum

---

[1] Vergl. Stälin, Geschichte der Stadt Kalw S. 56—72 u. Reyscher, Samml. württemberg. Gesetze Bd. 13 S. 615 Anmerkung 662.

Kaufe anzubieten hatten, die sie dann nach vorhergegangener Schau zu gewissen zuvor regulierten Preisen kauften. Die Händler und Färber bildeten zunächst noch keine Gesellschaft, sondern einzelne unterzeichneten den Vertrag mit ihren Namen, indem sie hinzufügten „und Consorten". Erst im Jahre 1626 kommt für die Genossenschaft der Händler und Färber die Bezeichnung „Färbercompagnie" auf, die seit 1648 allgemein üblich wird. So war denn auch der Vertrag in der ersten Zeit nicht ganz streng eingehalten und nicht früher als im Jahre 1650 wurde durch den Vergleich vom 2. September dem ganzen Verhältnis ein bestimmterer Charakter gegeben. An denselben schlossen sich eine neue Färberordnung und eine Veränderung des Statuts der Engelsaitweber an. Die Verfassung der Compagnie sowohl als auch die der Zeugmacher blieb dabei die zünftlerische. Die erstere hatte 2 Zunftmeister, 2 Ladenmeister u. s. w., streifte diese Äußerlichkeiten aber bald ab und erschien als eine Genossenschaft, bei welcher die einzelnen Mitglieder bestimmte Arbeiten übernahmen, z. B. als Wollenwäger, Schwarzfärber, Kaufhauskassier, Roher Wareneinkäufer, Sayenverwalter, Cadisverwalter, Buchhalter u. dgl. m. thätig waren. Die Zeugmacher wiederum teilten sich in einzelne Zunftladen (örtlich begrenzt) und hatten ihre eigenen selbstgewählten Obermeister und selbständige Zusammenkünfte. Die Waren, welche sie an die Gesellschaft ablieferten, kamen erst bei dieser zur Vollendung, indem sie nach der Ablieferung im Kaufhause in das Waschhaus, die Walkmühle, das Anwendhaus, das Färbhaus, das Ausrüsthaus u. s. w. kamen. Somit bot dieses System einen unleugbaren Fortschritt, denn nicht nur, daß die Güte der Fabrikate jetzt eine ganz andere, vollkommenere sein konnte, weil die mittellosen Weber nicht die in technischer Hinsicht mehr leistenden Färbapparate und sonstigen Werkzeuge anschaffen konnten, so hatten die Weber selbst einen Vorteil in der Sicherheit des Absatzes. Die Händler aber konnten das Risiko eines größeren Ankaufs getrost auf sich nehmen, weil bei der besseren Beschaffenheit die regelmäßige Abnahme der Waren im Auslande nicht in Zweifel zu ziehen war.

In Wirklichkeit zeigten sich auch hier neben den Lichtseiten des neuen Systems manche Schattenseiten. Nach dem Vertrage durften die Zeugmacher ihre verfertigten Waren weder roh noch gefärbt anderswohin als an die Gesellschaft verkaufen. Dem Meister, der gegen diese Abmachung verstieß, drohten Konfiskation seiner Waren, Ausstoßung aus der Zunft, Abbruch des Stuhles, sogar Freiheitsstrafen. Gleichwohl kam Verschleifung der Ware nach anderen Städten vor. Die Compagnie ihrerseits sollte die Waren nur von den Zeugmachern kaufen, nicht von Fremden; ob sie aber alle Waren anzunehmen habe, war Gegenstand vielfachen Streits. So gab es unausgesetzt Verdrießlichkeiten und Uneinigkeiten zwischen den Mitgliedern der Compagnie und den Zeugmachern, welche gelegentlich behaupteten, die Sklaven der ersteren zu sein. Der zu zahlende Preis wurde zwischen beiden Parteien vereinbart, und nur wenn die Einigung nicht gelang, wurde obrigkeitliche Vermittelung in Anspruch genommen.

Diese Umstände machten sich zeitweilig so fühlbar, daß die Zeugmacher im Jahre 1674 eine eigene Genossenschaft, das sogenannte Knappenhaus, errichteten, welches die Waren aufkaufte und sie nach und nach an die Compagnie absetzte. Doch war dasselbe aus unbekannten Gründen nicht von langem Bestande und schon im Jahre 1688 wieder eingegangen. Die Compagnie wiederum errichtete, weil die Weber es an Gelehrigkeit und Biegsamkeit in betreff der Angewöhnung an Neues mehrfach fehlen ließen, eine eigene Fabrik, in der die Waren von der ersten Verarbeitung der rohen Wolle an bis zur Vollendung hergestellt wurden. Namentlich fertigte man hier Stoffe an, für welche die Zeugmacher die Geschicklichkeit nicht besaßen.

Trotz dieser Abweichungen von der ursprünglichen Verfassung hielt die Compagnie sich bis zum Ende des vorigen Jahrhunderts und entwickelte eine für das Land höchst bedeutende Wirksamkeit. In den letzten Zeiten ihres Bestehens beschäftigte sie 933 Zeugmacher in der Moderation, d. h. nach dem ursprünglichen, Fremde ausschließenden Vertrage, und indirekt 3000—4000 Spinnerinnen und Kämmer, welche für die Zeugmacher arbeiteten. In der Fabrik waren 168 Wollkämmer, Weber, Zeugmacher u. s. w. beschäftigt, wozu 700 Spinnerinnen kamen, die auf Rechnung der Fabrik auswärts thätig waren. Die Ursachen, die schließlich zur Aufhebung der Compagnie am 5. Mai 1797 führten, lagen nicht nur in Mängeln des hausindustriellen Systems, sondern in allgemeinen ökonomischen Erscheinungen. Die italienischen Staaten erschwerten die Einfuhr, Österreich verbot sie; die sächsischen, vogtländischen, thüringischen Manufakturen kamen in die Höhe und bereiteten empfindliche Konkurrenz, man verlangte mehr nach Baumwollstoffen u. dgl. m. Diese und ähnliche Gründe untergruben die Fortdauer mindestens ebensosehr oder stärker als die Unzuverlässigkeit der Meister, die Konkurrenz der nicht zur Moderation gehörigen Zeugmacher, der Schleichhandel u. s. w. — kurz die Unebenheiten der hausindustriellen Verfassung. Einen völligen Übergang in den Fabrikbetrieb nimmt man hier nicht wahr, da das Wollzeuggeschäft sich überhaupt ganz auflöst. An seine Stelle traten später Tuchfabrikation und mechanische Wollspinnereien.

Merkwürdigerweise scheint das in Kalw praktizierte Verfahren im übrigen Württemberg keinen Anklang gefunden zu haben. In den zahl=

reichen Ordnungen, wie sie seit der Mitte des 16. Jahrhunderts für viele Handwerke zur einheitlichen Regelung ihrer Verhältnisse im ganzen Lande erlassen wurden, treten wenige Spuren entgegen, daß neben dem handwerksmäßigen Betrieb sich ein anderer, der hausindustrielle oder fabrikmäßige, entwickelt. An den Hauptpunkten, nämlich daß die Kundenarbeit das Wesentliche blieb und der Handwerker das Recht zum ausschließlichen Verkauf seiner Erzeugnisse am Orte seiner bürgerlichen Niederlassung hatte, der Kaufmann also abgesehen von einigen Ausnahmen mit inländischen Fabrikaten in der Regel nicht handelte, wurde nichts geändert. Allerdings fehlt es nicht an Versuchen, diese Vorrechte zu zertrümmern, aber stets läßt die Regierung es sich angelegen sein, dieselben ausdrücklich aufrechtzuerhalten. So war z. B. eine beliebte Umgehung geworden, daß die Kaufleute in von ihnen eröffneten Werkstätten Handwerksgesellen ansetzten, deren Erzeugnisse sie dann als aus ihren Händen hervorgegangene Ware verkauften. Daher untersagt die Landesordnung von 1536, daß jemand, „der selbs die wollen nit verarbeiten will und nit meister diß handtwerks ist", einen oder mehrere Knechte, um Tücher zu machen oder zu weben, beschäftige[1]. Von einem anderen Mißbrauch erfährt man aus der Landesordnung von 1552[2]. Ausländische Kaufleute liehen nämlich bedürftigen Tuchmachern Geld und bedangen sich die Abtragung der Schuld in fertigen Tuchen statt in barem Gelde aus. Da in solchen Fällen es die Gläubiger waren, welche die Preise machten, läßt sich leicht denken, daß die Handwerker bei solchen Geschäften mehr einbüßten als gewannen. Charakteristischerweise aber war man zu dieser Zeit in Regierungskreisen doch schon davon überzeugt, daß die Notlage der Gewerbetreibenden zum Abschluß derartiger Leihgeschäfte drängte, und gestattete dieselben daher, wenn sie mit inländischen Kapitalisten abgeschlossen wurden. In den Landesordnungen von 1567[3] und 1621[4] kehren diese Bestimmungen wieder, und in der letzteren wird zum erstenmal für das neue zwischen Kaufmann oder Kapitalisten einerseits und Tuchmacher oder Wollenweber andererseits sich anspinnende Verhältnis der Ausdruck „verlegen" gebraucht. Den Inländern, welche solche Geschäfte mit den Handwerkern machen, wird gleichzeitig anempfohlen, die letzteren nicht zu drücken.

War auf diese Weise in die Grundsätze der alten Zunftverfassung Bresche geschossen und den Kaufleuten einerseits zugestanden worden, mit inländischen Fabrikaten Handel zu treiben, den Handwerkern andererseits

---

[1] Reyscher a. a. O. Bd. 12 S. 110. — [2] Reyscher a. a. O. Bd. 12 S. 210. — [3] Reyscher a. a. O. Bd. 12 S. 344. — [4] Reyscher a. a. O. Bd. 12 S. 810—811.

erlaubt, nicht nur für den Konsumenten, sondern auch für den Zwischenhändler thätig zu sein, mit anderen Worten also dem Eindringen der Hausindustrie der Weg geebnet, so hat sich doch keine Nachricht erhalten, daß die neue Unternehmungsform während des 17. Jahrhunderts größeren Umfang gewann oder wenigstens in der Tuchmacherei und Weberei allgemein einbürgerte. Aus dem Generalreskript von 1670 über die Beschränkung des Tuch- und Zeugmachergewerbes[1] erfährt man von unerquicklichen Zuständen. Der Absatz stockt, Überproduktion ist schon eingetreten oder droht, und jedem Meister wird nur einen Stuhl in Bewegung zu setzen gestattet, während der zweite solange, bis die Zeiten sich gebessert haben, von den Ortsbeamten aufzubewahren ist („in Sequestrum genommen werden"). Eine Ausnahme wird nur zu Gunsten der für die Kalwer Compagnie arbeitenden Knappen gemacht, denen, „wenn der Färbercompagnie die Waren wohl abgehen und er (nämlich der Knappe) den Verlag hat", die Inbetriebsetzung eines zweiten Stuhles zugestanden wird. Die Zeugmacherordnung von 1686[2] kennt zwar die für das Kalwer Knappenhaus angeordnete Moderation, aber sie scheint mehr für die „außer der Moderation begriffenen Zeugmacher" berechnet. Ob die Unterscheidung, welche die Leineweberordnung von 1720[3] zwischen Kauff- und Kundenarbeit macht, als Hausindustrie und Handwerk aufzufassen ist, bleibt fraglich, da der Kauf- oder Stückweber höchstens drei Stühle in Gang setzen durfte und es ihm verboten war, einem anderen Meister ein Stück „auszuwürcken zu geben, es sei denn, daß er einen solchen Meister zu sich in seine Werkstatt nehme und weben lasse". Vielleicht bedeutete hier die Kaufarbeit nur eine Arbeit auf Vorrat, zum beliebigen Verkaufe im Gegensatz zur Arbeit auf Bestellung (Kundenarbeit). Auch die Tuchmacherordnung von 1724[4] war der Hausindustrie nicht günstig, indem sie die alte Bestimmung aus der Landesordnung von 1536 wieder belebte, daß jemand, der kein Tuchmacher sei, keine Gesellen ins Haus setzen und auf den Kauf Tücher machen dürfe, wodurch der drohenden Abhängigkeit vom Kaufmanne ein Riegel vorgeschoben wurde. Denn der Schluß, daß es den Kaufleuten nicht erlaubt war, Weber in ihrem Hause, wohl aber in den Behausungen der Handwerker selbst zu beschäftigen, wird nicht ohne weiteres erlaubt sein.

Trotz der sichtlichen Erfolge also der Kalwer Compagnie, die reichen Absatz hatte, zog man es vor, an der althergebrachten Verfassung, bei der

[1] Reyscher a. a. O. Bd. 13 N. 506. — [2] Reyscher a. a. O. Bd. 13 S. 627 bis 628 Art. 18. — [3] Reyscher a. a. O. Bd. 13 S. 1187, 1209—11. — [4] Reyscher a. a. O. Bd. 13 S. 1260 Art. 5.

jeder für sich und die Obrigkeit für alle sorgen mußte, durch ausführliche Gesetze und Statuten fest hängen zu bleiben. Nicht früher als in der Mitte des vorigen Jahrhunderts tritt uns bei einem Gewerbe, das anderswo mehrfach hausindustriell organisiert war, die offiziell anerkannte Einbürgerung des neuen Systems entgegen, nämlich in der Strumpfwirkerordnung von 1750 [1]. Erst diese läßt deutlich erkennen, daß das hausindustrielle System Eingang gefunden hatte, indem sie die à façon arbeitenden Meister (die eigentlichen Hausindustriellen) von den gewöhnlichen Meistern und den Verlegmeistern unterscheidet. Selbst jetzt aber bewegte sich die Neuerung noch in alt verrosteten Angeln, da nur die Meister sich gegenseitig verlegen durften und es als Mißbrauch angesehen wurde, daß „für andere Leuthe, welche gar nicht zünftig", gearbeitet worden war. Dieses wurde „in das künftige gänzlich verbotten" und die Verlegmeister angehalten, ihre Nebenmeister zu fördern und die Arbeit nicht außer Landes zu geben.

Offenbar herrschte demnach während des 17. und 18. Jahrhunderts in Württemberg der handwerksmäßige Betrieb vor. Nur vereinzelt erscheint die hausindustrielle Form, häufiger jedenfalls erst seit der Mitte des vorigen Jahrhunderts. Um so bemerkenswerter ist die Begründung der Kalwer Zeugcompagnie, die im Anfang lediglich auf der Hausindustrie basierte.

Gleichfalls in die Mitte des 18. Jahrhunderts fällt der Sieg der neuen Unternehmungsform bei einem anderen süddeutschen Gewerbe, bei der Schwabacher Nadelindustrie [2]. Nach der Ordnung der Schwabacher Nadler vom 24. Oktober 1651 [3] erscheint das erst seit 18 Jahren daselbst eingeführte Nadelgewerbe vollständig in handwerksmäßiger Gestalt. Die Verfassung ist die zünftlerische und der Absatz erfolgte wohl in der Weise, daß kleinere Mengen Stecknadeln oder Nähnadeln an die darnach Bedarf habenden Personen verkauft oder etwa schon an Läden zum Weiterverkauf abgegeben werden. Die Zunft umfaßte anfangs nur wenige Mitglieder, aber im Jahre 1725 waren bereits 27 Meister mit ebensoviel Gesellen vorhanden, und nach Verlauf eines Jahrhunderts wurden 100 Werkstätten gezählt. In dem gleichen Verhältnis stieg natürlich die Produktion — 1787 z. B. 190 bis 200 Millionen Nadeln —, die nun nicht mehr in nächster Nähe, geschweige denn am Orte selbst verkauft und verbraucht werden konnte. Damit aber war von selbst das Aufkommen

[1] Reyscher a. a. O. Bd. 14 S. 345 Art. 9. — [2] G. Schanz, Zur Geschichte der Kolonisation und Industrie in Franken. T. 1 S. 300—308, 329. Vergl. auch Schmollers Besprechung dieses Buches in seinem Jahrbuch Bd. 11 S. 373—375. — [3] Schanz a. a. O. T. 2 S. 330—335.

eines neuen Elementes bedingt, des Verlegers, dem die Nadelarbeiter ihre Ware übergaben oder in dessen Auftrag sie thätig waren und der auf sein Risiko den Vertrieb der Nadeln übernahm. Die Zunftordnung von 1759[1] spricht in ihren Artikeln 34 und 35 bereits von den Verlegern und bezeugt damit, daß diese allgemein bekannte Persönlichkeiten geworden sind. Zwar ist noch immer die Zunftverfassung die herrschende, sind Lehrlings- und Gesellenwesen, Mutjahr, Meisterstück u. s. w. in bekannter Manier angeordnet und werden die vier Geschworenen (Art. 28) aus den Kreisen der Verleger und der Meister zu gleichen Teilen gewählt, wobei vorgesehen war, daß die Verleger aus dem Stande der Heimarbeiter hervorwachsen sollten. Der Art. 45 verfügt, daß die Meister an niemanden, „der nicht des Nadlerhandwerks ist", ihre Nadeln verkaufen dürfen, und im Art. 46 ist ausdrücklich von „Meister- und Verlegerrecht" die Rede, sowie es auch heißt, daß ein Meister, „der die erforderlichen Eigenschaften eines Verlegers hat, welches billig ober- und amtlicher Erkanntniß überlassen bleibt", sich ein bestimmtes Zeichen wählen und dieses in das Zeichenbuch eintragen lassen muß. Gleichwohl läßt sich bei alledem der Gegensatz zwischen den beiden social bald voneinander sehr verschiedenen Klassen nicht mehr verkennen. Die kleine Zahl der Verleger erhält den gleichen Anteil an der Verwaltung wie die große Schar der Heimarbeiter, und es deutet auf kein gutes Verhältnis, wenn im 34. Artikel von vornherein in Aussicht genommen ist, die „widerspenstigen Verleger" mit Sperrung der Arbeit weich machen zu wollen und den heimarbeitenden Meistern und Gesellen mit einem Verbot der Benutzung der Schleif- und Schormühle gedroht wird, um sie „bei ihrem Verleger und Meister zur Raison zu bringen". Auch das Verbot für beide Klassen, heimliche Zusammenkünfte von wenig oder viel Meistern zu veranlassen (Art. 35), ist augenscheinlich in der Absicht ergangen, das schwer drohende Übergewicht der Verleger nicht noch mehr zu stärken und zugleich den Heimarbeitern auf der anderen Seite die Möglichkeit zu nehmen, mit Gegendruck gegen die Verleger aufzustehen.

Die Übergriffe, die seitens der Verleger drohten, lagen darin, daß dieselben Arbeit an auswärtige Meister gaben, wodurch die Schwabacher Heimarbeiter natürlich gedrückt wurden. Ferner fürchtete man, daß Nichthandwerker sich das Verlagsgeschäft anmaßen könnten, insbesondere Juden, an denen in Schwabach kein Mangel war. Daher durften unausgemachte Nadeln an Leute, die nicht zum Handwerk gehörten, nicht verkauft werden.

---

[1] Abgedruckt bei Schanz a. a. O. T. 2 S. 340—353.

Im übrigen war das Verhältnis zwischen Verleger und Heimarbeiter derart, daß letzterer die halbfertige Nadel (bis zur Härte) ablieferte und dem ersteren die letzten Prozesse, wie das Härten, das An- und Ablassen, das Polieren oder Scheuern, das Sortieren der Nadeln, das Packen u. a. m., zufielen. Hierin sowie in dem gemeinsamen Besitz der Schleif- und Poliermühle, auf welcher alle Meister arbeiten konnten, lag es, daß wenigstens in der älteren Zeit der Unterschied zwischen Verlegern und Meistern keine ungebührliche Ausdehnung gewann. Erst als die Meister aufhörten selbst zu schleifen und diese Thätigkeit den professionellen Schleifern überließen, indem sie den bereits zugespitzten Draht zu Hause in ihrer Werkstätte verarbeiteten, entstand immer größere Abhängigkeit vom Verleger. Der vermögende Meister kaufte zunächst den Draht selbst, ließ ihn zerschneiden, zuspitzen und fügte dann seine Arbeit hinzu. Der ärmere Meister dagegen ließ sich den zugespitzten Draht vom Verleger geben, und allmählich ahmte ihm der wohlhabendere nach, weil hierbei alles Risiko, das sonst in der Anschaffung lag, auf die Schultern eines andern gewälzt wurde. „Damit war aber dann der reine Heimarbeiter" vollendet.

Die hausindustrielle Verfassung hat sich in Schwabach bis zum Beginn der 70er Jahre gehalten, wobei freilich die Meister immer mehr und mehr zu Klagen Veranlassung hatten[1]. Durch die Fortschritte, welche die Nadelindustrie am Rhein und in England machte, wo große Fabriken mit Maschinenbetrieb eingerichtet wurden, unterlag sie, und das Gewerbe konnte für Schwabach nur gerettet werden, indem es gleichfalls zum Großbetrieb überging.

Hausindustrieller Betrieb tritt uns ferner in der Erlanger Strumpfwirkerei des 18. Jahrhunderts entgegen. Auch bei diesem Gewerbe waren zunächst die altbekannten zünftlerischen Einrichtungen vorhanden. Wer Meister werden wollte, mußte unbescholtene Vergangenheit nachweisen, Geburts- und Lehrbrief vorzeigen, Bürgerrecht erwerben, ein Meisterstück machen u. s. w., und in der Strumpfwirkerordnung von 1709 mit den Abänderungen von 1714[2] zeigt sich noch nicht, daß die Selbständigkeit des Handwerks aufgegeben ist. Ja, es findet sich sogar in ihr die Bestimmung, die gewiß dazu ausersehen war, dem aufkeimenden Übergewicht eines reicheren Meisters zu begegnen, nämlich daß ein Strumpffabrikant höchstens drei Stühle in Thätigkeit versetzen dürfe (Art. 12). Ebenso ist die Ordnung von 1725[3] bemüht, die Stellung des Handwerks zu wahren und dasselbe

[1] Schanz a. a. O. T. 1 S. 329–405, bes. S. 343. — [2] Schanz a. a. O. T. 2 S. 222–240. — [3] Schanz a. a. O. T. 2 S. 258–272.

gegen das Eindrängen von Nichthandwerkern zu schützen. Den Meistern, „so umb den Lohn arbeiten“, wird nämlich verboten, für andere als für die, „so noch würklich Meister seyn“, Strümpfe oder Hauben zum Verkauf anzufertigen. Indes thut sich der Gegensatz hierin doch schon kund. Ärmere Meister, die nicht „für ihr Conto zu arbeiten“ im stande waren, übernahmen die Herstellung der Ware für ihre behäbigeren Mitmeister, die nicht mehr selbstthätig sein wollten, „welche sich ihrer Strumpfwürk-Stühl, dabey aber nicht des Meister-Rechts begeben haben“ (Art. 20.). Es kam mithin nur darauf an, daß die den Vertrieb besorgenden Personen einstige Strumpfwirker waren und von hier aus war es dann nur noch ein Schritt zum reinen Verlegerstande, dessen Mitglieder das Gewerbe nie ausgeübt hatten.

Bereits im Jahre 1699 war ein Projekt laut geworden, das einige Jahre später festere Formen annahm und die Einführung des hausindustriellen Systems beabsichtigte. Verschiedene Kaufleute wollten einen Fonds von 12 000 Thalern zusammenschießen, mit dessen Hülfe sie alle Strümpfe, die in Erlangen, Schwabach und Wilhelmsdorf fabriziert würden, zu einem festen Preis gegen bare Zahlung aufkaufen wollten. Zur Erleichterung des Absatzes sollten in Erlangen und in den großen Meßstädten Niederlagen errichtet werden, von welcher Neuerung man sich allseitig Erfolg versprach. Die Waren würden besser werden, weil ihre Produktion unter einheitlicher Kontrolle stehen und sie schließlich alle in einer Hand zusammenlaufen würden. Die Meister seien dem Konkurrenzdruck entrückt und erfreuten sich der Barzahlung statt des mehrmonatlichen Kredits. Die Gesellschaft aber habe Aussicht auf ein vorteilhaftes Geschäft, da sie den ganzen Markt beherrsche. Gleichwohl trat der kühne Plan noch nicht ins Leben, und man versuchte, sich mit den erwähnten Ordnungen zu helfen. Da jedoch der Preis der Strümpfe immer tiefer herunterging, ein Strumpfwirker nach dem anderen Bankerott machte und 1727 die Handwerker erklärten, daß kein Meister mit seiner Familie bestehen könne, mußte ein Wandel eintreten. Dementsprechend verlangte die Regierungsverordnung vom 14. Oktober 1727 zur Aufrechterhaltung der Strumpffabrikation[1], daß jeder Meister sich im Februar eines jeden Jahres entscheiden solle, ob er für eigene Rechnung oder als Hausindustrieller thätig sein wolle — „ob er das folgende Jahr über für sich oder à façon arbeiten wolle“ (Art. 3). Die ersteren sollten soviel Vermögen nachweisen, daß sie zwanzig Dutzend Paar Strümpfe von einer Messe zur andern vorrätig halten konnten, ohne dieselben aus

[1] Schanz a. a. O. T. 2 S. 272—274.

Not verkaufen zu müssen. Was aber die letzteren anlangte, so trat eine aus verschiedenen Meistern der Zunft gebildete Compagnie ins Leben, die sie verlegen wollte. Das Kapital derselben kam durch Einzahlung von $12^1/_2$ Gulden seitens eines jeden Mitgliedes zusammen und nur zünftige Meister konnten sich an ihr beteiligen[1]. Drei Jahre später wurde diese Einrichtung durch eine neue amtshauptmannschaftliche Verordnung[2] befestigt, die gleichfalls festhielt, daß die „sogenannten Verlegere zugleich Meistere des Strumpfwürcker-Handwerks" sein mußten, und die Façonmeister oder Hausindustriellen insofern besonders in Schutz nahm, als sie bestimmte, daß „ein Verleger, so einen Meister auf Façon zu arbeiten angenommen, denselben ohne erheblicher und von denen geschwornen vorhero zu untersuchender Ursache unter Jahr und Tag nicht abdancken" dürfe (Art. 3—5). Ausdrücklich wurde schließlich (Art. 6) eingeschärft, daß kein Strumpfwirker für einen Kaufmann oder jemand anders als für die Verleger arbeite und von ersteren keine Wolle, Garn oder andere Waren nehme, um dafür Strümpfe und Hauben zu liefern. Die Juden sollten ihrerseits an die Strumpfstricker Wolle, Garn und andere Waren nur gegen Bargeld verkaufen, mit Strümpfen und Hauben in Erlangen überhaupt nicht handeln oder hausieren.

Die Anordnungen scheinen sich bewährt zu haben, denn das Gewerbe entwickelte sich bis zum Ende des Jahrhunderts sehr stark. Im Jahre 1698 hatten 97 Wirkstühle gearbeitet; im Jahre 1775 zählte man ihrer 580. 350 Meister mit 180 Gesellen und 82 Lehrlingen waren im stande 420000 Paar Strümpfe zu fertigen und im Jahre 1792 wurde der Umsatz auf 293475 fl. geschätzt. Aber ziemlich unmittelbar an die Blüte knüpfte der Verfall an. Die einheimischen Verleger und Strumpfwarenhändler machten sich gegenseitig scharfe Konkurrenz und drückten die Preise, für deren Niedrigkeit sie sich dann an den den Handwerkern gezahlten Löhnen entschädigten. Ein furchtbares Trucksystem griff um sich, gegen das die Heimarbeiter sich, aus Furcht die Verdienste ganz zu verlieren, nicht einmal auflehnen konnten. Dazu kamen bedeutende Verbesserungen in der Technik der Strumpfwirkerei und ihrer Hülfsgewerbe, die auswärts überall eingeführt wurden, aber in Erlangen nicht so schnell Eingang fanden — kurz aus der blühenden Industrie wurde eine elende. Wie das während des 19. Jahrhunderts vor sich ging, gehört nicht mehr hierher. Nur soviel sei bemerkt, daß wir in der Erlanger Strumpfwirkerei keine Industrie vor

[1] Art. 5. Um die à façon arbeitenden Meister zuverlässig verlegen und den Preis der Strümpfe und Hauben möglichst wieder erhöhen zu können, haben sich verschiedene Meister resolvieret in Compagnie zu treten u. s. w. — [2] Schanz a. a. O. T. 2 S. 280—282.

uns haben, die von dem Großbetrieb aufgesogen wird, sondern eine solche, die zu Grunde geht, weil sie nicht mit der Zeit fortgeschritten ist[1].

Gleichen Alters wie die Erlanger Strumpfwirkerei ist die von Apolda, welches den Hauptsitz der weimarischen Industrie bildet[2]. Doch tritt hier das hausindustrielle System schon früher auf, hat sich bis auf die Gegenwart erhalten und glänzend bewährt, ein Beweis dafür, daß die Lebensfähigkeit einer Industrie nicht von der Verfassung allein abhängig, sondern durch eine ganze Reihe von Umständen bedingt ist. Die Handstrumpfstrickerei bildete schon während des 16. und 17. Jahrhunderts in Apolda einen ausgedehnten Industriezweig, aus dem seit 1700 mit großer Schnelligkeit die neue auf Stühlen arbeitende und über ganz Weimar sich erstreckende Wirkerei hervorwuchs. Das erste später mehrfach geänderte Manufakturreglement von 1713 führt uns bereits die völlige Entwickelung des hausindustriellen Verhältnisses vor Augen. Die Strumpfwirker, welche vor ihrer Niederlassung nachweisen mußten, daß sie ihr Gewerbe richtig erlernt hatten, durften ihre Ware nur an die Verleger verkaufen, die Messen dabei aber unter der Bedingung selbst besuchen, daß sie von Messe zu Messe je 30 bis 40 Dutzend Strümpfe aufzubringen im stande waren. In den Verlegerstand durften die Strumpfwirker nur dann übertreten, wenn sie ohne andere Beihülfe 12 Stühle beständig beschäftigten. Sie bildeten in Weimar und in den anderen Städten je ein Kollegium mit Beitrittszwang für alle. Die Zusammenkünfte derselben mußten aber von den Verlegern besucht werden, die gleichzeitig eine Überwachung über das ganze Gewerbe führten.

War hiernach der Verlegerstand bevorzugt, so gab es doch auch für diesen gewisse Vorschriften. Kein Verleger durfte im In- oder Auslande hausieren geben, sondern nur Engroshandel treiben. Sie sollten ferner nicht außer Landes arbeiten lassen und bei der Abreise auf die Messen sich vorher über einen gleichmäßigen von allen einzuhaltenden Preis geeinigt haben. Ungeregelt scheint dagegen merkwürdigerweise die Bestimmung der Löhne geblieben zu sein, welche sie den Strumpfwirkern zu zahlen hatten[3].

Früh schon begann die Hausindustrie im sächsischen Vogtlande und zwar zuerst in der Stadt Plauen sich zu zeigen[4], wo sie gleichzeitig mit der Einführung der Verarbeitung von Baumwolle aufkam. Ledige Mädchen, die sogenannten Wirkerinnen, waren es, welche seit 1560 im Auftrage von Nürnberger Kaufleuten mit der Anfertigung der Schlöre oder Schleier

[1] Vergl. zu dem Vorstehenden Schanz a. a. O. T. 1 S. 72—82, 89, 107—188. — [2] Schanz a. a. O. T. 2 S. 188—193. — [3] Mir liegt das Reglement selbst nicht vor. — [4] Vergl. zu dem Nachstehenden Beins Industrie des sächsischen Voigtlandes 2. Teil.

beschäftigt waren. In Plauen ansässige Faktore vermittelten den Verkehr zwischen den Kaufleuten und den Mädchen, die mit Geld und Baumwolle ausgelohnt wurden. Bis zu dem Jahre 1600 hatten diese Beziehungen so starke Ausdehnung gewonnen, daß der Stadtrat am 22. Dezember den Erlaß einer „Schleierordnung" für gut befand, die interessanterweise das Zusammentreten der Schleierhändler, aber nun nicht mehr Nürnberger, zu einer eigenen Innung erkennen läßt. Die Händler regelten in derselben ihren gegenseitigen Wettbewerb, sie bestimmten die für Schau und Stempelung der Waren zu zahlenden Abgaben, verpflichteten sich keine ausländischen Schleier zu führen, jeder nicht mehr als 40 Schock Schlöre jährlich zum Verkauf zu stellen u. s. w. Die Höhe der den Wirkerinnen zu entrichtenden Löhne wird auch hier mit Stillschweigen übergangen. Man suchte die letzteren nur insofern zu schützen, als man auswärtigen Arbeiterinnen, Nichtbürgerstöchtern die Niederlassung erschwerte, indem man von ihnen zwei Gulden Einschreibgeld verlangte. Schon nach 17 Jahren war eine neue Ordnung erforderlich, weil die Mittelspersonen, die Faktore, obwohl ihrer nur drei waren, zu große Gewinne einstrichen. Indes setzte dieselbe die Provision, welche jene beanspruchen konnten, nicht fest, sondern begnügte sich, ihnen den Schleierhandel zu verbieten. Im übrigen läßt sie sich angelegen sein die Schleierfabrikation der Stadt Plauen zu erhalten und den Schleierhandel selbst zu reglementieren. Diesen Standpunkt bewahrte auch die dritte Schleierordnung von 1663, welche ganz im Geiste der damaligen Zunftverfassung die Aufnahmegebühren in die Händlerinnung steigerte, den Nachweis eines gewissen Vermögens verlangte, Angehörige der Innungsmitglieder vor Fremden bevorzugte, Ausländern überhaupt nicht gestattete in Plauen Faktore zu etablieren u. dgl. m. Es kommt auf diese Einzelheiten hier nicht an, sondern nur darauf, festzuhalten, daß ein ansehnliches Gewerbe vollständig in hausindustrieller Weise betrieben wurde. Die Innung zählte im Jahre 1687 schon 52 Mitglieder und die Produktion eines sechsmonatlichen Zeitraums, von Jubilate bis Michaelis 1683, belief sich auf 198 Schock Flöre und $275^1/_4$ Schock Schleier und Halstücher. Sie beschäftigte unzünftige Handwerker, Wirker und Wirkerinnen, denen sie vermutlich das Halbfabrikat, nämlich das Garn, geliefert haben wird.

Im Verlauf von einigen 70 Jahren entwickelte sich auf dieser Grundlage die Fabrikation baumwollener Stoffe derart, daß sie nicht nur im Plauener Bezirk, sondern auch in Schöneck, Adorf, Falkenstein und Ölsnitz Verbreitung fand, wodurch die Plauener Schleierhändler zu dem Gesuche veranlaßt wurden, das bisher nur für das Amt Plauen geltende Reglement auch auf jene Städte auszudehnen. Zum Erlaß desselben, welches die Verhältnisse der Spinner, Wirker und Händler bis ins kleinste regelte [1], kam es in der That im Jahre 1764. Nunmehr handelte es sich nicht mehr um Schleier allein, sondern das Hauptfabrikat war Musseline. Demgemäß bezeichnete die Association sich nicht mehr als „Schleyerhändler-Innung", sondern legte sich die weitergefaßte Bezeichnung „Baumwollen-waarenhändler-Innung" bei. Gleichzeitig fand die Erweiterung der bisher bloß Plauen umfassenden Gesellschaft zu einer allgemeinen vogtländischen statt. Als die Berufsthätigkeit der Mitglieder aber wurde hingestellt, „daß sie Baumwolle um einen gewissen Lohn zu spinnen ausgeben oder auch gesponnenes Garn einhandeln", dieses Garn dann zu verschiedenen Warengattungen in verschiedener Länge und Breite „wirken lassen", die Fabrikate auf die Bleiche schaffen und, „wenn sie gehörig zugerichtet, damit Handel treiben" [2].

Spinner und Wirker im ganzen vogtländischen Kreise wurden in dieser Verordnung angewiesen nur für die Verleger, welche Mitglieder der Innung waren, zu arbeiten. Selbst die Spinner, welche eigene Wolle verspannen, durften das Gespinst nicht „außer Landes oder an einen inländischen Faktor, der von einem der Innungsverwandten nicht gehörig autorisiert", verkaufen. Dafür verpflichteten sich die Verleger alle tüchtigen Gespinste und alle fertigen tüchtig befundenen Waren von den selbständig Arbeitenden zu jeder Zeit anzunehmen und die Spinner, „die sich Baumwolle selbst anzuschaffen nicht im stande, damit von Zeit zu Zeit hinlänglich zu versehen". Von den Lohnsätzen ist auffallenderweise nur bei den Spinnern die Rede. Wohl ist den Wirkern gegenüber die Möglichkeit der Lohnabzüge bei ungenügender Arbeit offengehalten, aber nach welchen Grundsätzen der Lohn selbst bemessen war, ergiebt sich nicht, so daß die Vermutung entsteht, daß für jene Verpflichtung alles entgegenzunehmen die Verleger sich durch niedrige Preise jeweilig entschädigt haben könnten. Der Handel mit den baumwollenen Waren war ebenfalls den „ordentlich recipirten Innungsverwandten" vorbehalten und in bestimmter Weise geregelt. Mit weniger als 6 Schock baumwollener Waren sollte keiner auf die Messe ziehen, sich des Hausierens enthalten und auf der Messe „nicht unter $^1/_2$ Dutzend" verkaufen. Dies alles, „weil hiernächst die Innungsverwandten unter die Großhändler zu rechnen".

Im übrigen deuten verschiedene Maßregeln an, daß hier nicht anders wie in der brandenburgischen Tuchmacherei zwischen den Verlegern und den Hausarbeitern trotz der Neuheit des Systems bereits manche Un-

---

[1] Abgedruckt bei Bein a. a. O. 2. T. S. 536—556. — [2] a. a. O. Art. 1.

zuträglichkeiten sich einzuschleichen drohten, deren Überhandnehmen man beizeiten vorbeugen wollte. Die Spinner werden ermahnt alle Betrügereien in Vertauschung der Wolle und sonst zu unterlassen, nur mit kleinen Kartätschen die Wolle zu bearbeiten und das Gespinst in vorgeschriebener Länge, Gänge und Faden zu liefern. Den Wirkern wiederum wird die Menge des übergebenen Garnes in ein besonderes Büchel eingetragen, das allemal, wenn die Ware zur Schau kommt, mitgebracht werden muß, und wenn sie Wolle und Zettel vertauscht oder auf andere Weise „Parthiererei" getrieben haben, mit harten Strafen gedroht. Auch ist ihnen nicht gestattet jederzeit das Arbeitsverhältnis zu lösen, sondern sie müssen den übernommenen Zettel vorher abarbeiten. Die Verleger ihrerseits sollen zur Erleichterung der Spinner, damit diese nicht auf dem weiten Wege zur Stadt ihre Zeit verlieren, auf dem Lande Faktore bestellen, wobei es aber den Spinnern anheimgegeben bleibt, ob sie lieber mit jenen oder mit den Fabrikanten sich einlassen wollen. Die Wolle muß den Spinnern je nach der Güte, als gut, mittlere, schlechte und weiße, für jeden Zettel in bestimmter Menge gereicht und ebenso den Wirkern das Garn in solcher Güte, als die Vorschrift anzeigt, verabfolgt werden. Die Bezahlung muß stets in barem Gelde vor sich gehen — kurz, das Reglement läßt sich angelegen sein beide Parteien in Schutz zu nehmen.

Man darf sich bei dieser Organisation, von der hier nur in Kürze die Rede sein kann, nicht vorstellen, als ob jede gewerbliche Thätigkeit in diesem Zweige außerhalb der Innung aufhörte. Vielmehr war das Spinnen wie das Wirken eine völlig freie Beschäftigung für jedermann, gleichviel ob Mann oder Frau, Bauer oder Städter, zünftig oder nicht, und es war nur eine Vorsichtsmaßregel, um größere Stetigkeit der Produktion zu gewährleisten, wenn die sämtlichen Wirker und Wirkerinnen in Plauen und außerhalb, welche Arbeit übernehmen wollten, sich bei der Innung unter Entrichtung gewisser Gebühren anschreiben lassen mußten. Vermutlich werden sich manche nicht dazu verstanden haben, obgleich in dem Maße, als das neue System allen Vorteile und Gewinn bot, die Zahl der Innungsverwandten wuchs. Um das Jahr 1764 zählte die Innung 80—90 Mitglieder, für deren Rechnung etwa 1000 Stühle in Betrieb waren[1].

Auf der Leipziger Ostermesse genannten Jahres umfaßte der Umsatz der Händler 6000 Stück Ware, welche einen Wert von etwa 36—40000 Thalern repräsentierten. Einige 20 Jahr später — 1786/87 — umfaßte die Innung 172 bis 180 Baumwollwarenhändler, welche 14000—18000

[1] Bein a. a. O. 2. T. S. 76.

Spinner, 4—5000 Wirker, sowie 13 Bleicher, 20 Appreteurs, 21 Garnfaktore und 2 Spinnereiaufseher beschäftigten. Außerdem waren noch 3 700 zünftige Weber thätig, deren Erzeugnisse teilweise auch von den Händlern vertrieben wurden, so daß im ganzen vogtländischen Kreise rund 24 000 Personen als von der Baumwollenmanufaktur ernährt angenommen werden können [1]. Das war denn in der That ein großartiger Aufschwung der Gewerbsthätigkeit, der aber doch wohl nur dadurch hatte erreicht werden können, daß der kleine selbständige Unternehmerstand der zünftigen Webermeister mehr und mehr einging und an dessen Stelle eine stetig an Macht gewinnende Zahl von Handelsherren trat, die dem Verlagssystem Bahn brachen.

An jenem Reglement von 1764 fand sich immer noch einiges auszusetzen und den in dieser Beziehung verlautbarten Wünschen trug die Regierung Rechnung, indem sie im August 1774 einen Ausschuß beauftragte, die Verhältnisse an Ort und Stelle zu prüfen, und auf dessen Vorschläge ein neues Reglement — das sechste in der Reihe — erließ [2]. Wir können es uns versagen auf dasselbe näher einzugehen, da an dem Charakter der hausindustriellen Verfassung nichts geändert wurde und es sich eigentlich nur um eine Wiederholung der Verordnung von 1764 in größerer Ausführlichkeit handelte. Eine Neuerung ging z. B. dahin, daß die Faktore, welche für den ihnen zugeteilten Bezirk die Spinner mit Baumwolle zu versorgen und die Garne wieder einzusammeln hatten, Bücher führen mußten, durch welche sie ihren Auftraggebern den Nachweis über die Verwendung der ihnen anvertrauten Baumwolle führen sollten. Dadurch wurde das hausindustrielle System weiter nicht berührt; es war nur eine Maßregel im Interesse der Händler, die ängstlich darüber wachten, daß kein Gespinst über die Grenze ins Ausland ging.

Dieses Reglement blieb bis zur Auflösung der Innung der Baumwollwarenhändler im Jahre 1843 unverändert in Kraft. Zwar erfuhr es zu Beginn dieses Jahrhunderts manche Angriffe und wurden seine Bestimmungen für durchaus überlebt erklärt; auch wurde es am 4. Juni 1825 auf 5 Jahre aufgehoben, aber es dauerte doch noch viele Jahre, im Einklang mit den überall sich geltend machenden zünftlerischen Traditionen, bis der Handel mit Baumwollwaren im vogtländischen Kreise von der Zugehörigkeit zu einer Innung unabhängig wurde und es allen Einwohnern unbenommen blieb, Baumwollenwaren für eigene Rechnung durch zünftige oder unzünftige Arbeiter zu fertigen und zurichten zu lassen. Schon seit dem Ende des vorigen Jahrhunderts war das hausindustrielle System, dem jenes Regle-

[1] Bein a. a. O. S. 108. — [2] Bein a. a. O. 2. T. S. 79 u. Beil. VIII.

ment zu Grunde lag, Erschütterungen ausgesetzt gewesen. Die englische Maschinenspinnerei verfehlte ihre Wirkung auf die vogtländische Industrie nicht, und nachdem bereits seit dem Jahre 1790/91 neu konstruierte Maschinen in Größe von 10—20 Spulen nach englischem System in Gang gebracht worden waren, machte man im Jahre 1800 weitere Fortschritte, indem man die Wasserkraft als Motor benutzen lernte. Wenige Jahre darauf ließ sich dann der Kurfürst Friedrich August III durch das Reskript von 1807 die Beförderung der Maschinenspinnerei besonders angelegen sein und setzte für jede in Gang gebrachte Feinspindel eine Prämie von einem Thaler aus. Dadurch verbreitete sich die Maschinenspinnerei so schnell, daß im Jahre 1813 bereits 22 Etablissements mit 107 283 Spindeln thätig waren. Damit aber war von 1806—7 an das Schicksal der Hausspinnerei besiegelt. Mit einer Fabrikanlage, wie eine Maschinenspinnerei sie darstellt, konnte sie nicht wetteifern, sondern mußte eingehen. Nur wenig länger hielten sich die Weber. Nach Auflösung der Manufakturverfassung im Jahre 1843 trachteten die zünftigen Weber zuerst darnach die Rolle der Verleger zu übernehmen, aber sie konnten den Fabrikanten, welche die Fortschritte der Technik sich zu eigen machten, nicht erfolgreich auf die Dauer entgegentreten, und dem ersten im Jahre 1861 im Vogtlande mit Dampfkraft eingerichteten geschlossenen Etablissement folgten in rascher Aufeinanderfolge andere, so daß schon am Ende des Jahres 251 mechanische Stühle in Thätigkeit waren. Allerdings hatte man seit den 30er Jahren mitunter eine größere Anzahl von Webstühlen in einem gemeinschaftlichen Raume vereinigt finden können, aber das war doch im Vergleich zu dem, was nun kam, ganz unbedeutend gewesen. Blieben auch zunächst die komplizierteren Gewebe der Handweberei vorbehalten und ist auch jetzt noch ein Teil der Weißwarenindustrie hausindustriell organisiert, — bei dem größeren Teil der bisherigen Produktion trug die Maschinen- und Dampfkraft den Sieg über die Menschenkraft davon und trat die mechanische Weberei in der Fabrik an die Stelle der hausindustriellen Weberei.

§ 4. Schlußbetrachtung.

Die vorstehend erzählten Schicksale einzelner deutschen Industrieen werden die Behauptung rechtfertigen, daß die Gewerbeverfassung seit Beginn des vorigen Jahrhunderts in einem Wandlungsprozeß begriffen war. Es regte sich in Nord- und Süddeutschland, in der Mark Brandenburg und in Württemberg, in Ansbach, Bayreuth und Sachsen. Man war mit den bestehenden Verhältnissen nicht zufrieden und trachtete nach Besserem. Vermutlich wird die Bewegung sich nicht auf die genannten Länder und Gegenden beschränkt haben, aber bei dem heutigen Stande der Forschung läßt sich das gezeichnete Bild kaum vergrößern. Hoffentlich wird aus den zu erwartenden gutachtlichen Berichten sich mehr Material ergeben, um die Bedingungen zu beleuchten, aus denen die neue Unternehmungsform hervorwuchs.

Der Hauptübelstand der älteren Zunftverfassung war, daß sie die Produktion erschwerte und nichts für die Erleichterung des Absatzes that. Im herkömmlichen Einerlei — so heute wie gestern — ging die Erzeugung der Waren vor sich und jede Abweichung von der Vorschrift wurde streng geahndet. Nicht einmal soviel, als der einzelne schaffen konnte oder wollte, durfte er fertig machen oder auf den Markt bringen; aber trotz der engen Grenzen, die gezogen waren, scheint doch zu viel produziert worden zu sein. Alle die weitläufigen Bestimmungen, die mit dem Verfall des Zunftwesens sich in die Rollen einschlichen, die Wanderzeit, das Mutjahr, die lange Lehrlingszeit, die hohen Gebühren beim Eintritt in die Zunft, die wiederholten Gesuche um die Zulassung, die Beschränkung auf eine gewisse Zahl Meisterstellen ꝛc. ꝛc. — sie erklären sich lediglich daraus, daß man den zukünftigen Konkurrenten sich möglichst lange auf gute Art vom Halse halten wollte. Man fürchtete aber den zukünftigen Wettbewerb, weil dann der Absatz noch mehr ins Stocken zu geraten drohte, noch mehr Produzenten sich in die verhältnißmäßig kleine Nachfrage teilen mußten. Die Zunft sorgte eben nicht für Erweiterung des Absatzes, sondern bannte den einzelnen an seinen Laden oder seinen Platz auf dem Markte, untersagte das Hausieren, das Angebot von gewerblichen Leistungen — der Handwerker mußte die Hände in den Schoß legen und warten, bis der Kunde kam.

Unter solchen Umständen hätte ein System, das nach dieser Richtung hin Luft schaffte, sehr willkommen sein müssen. Wenn man den Absatz nicht in der Stadt allein suchen, nicht auf Bestellung und Lohn lange warten mußte, sondern frisch und fröhlich gegen wenn auch geringen, aber sicheren Vergelt losarbeiten konnte, dann schien die Not ein Ende zu haben. War der Absatz garantiert, verdiente man genug, dann wären vielleicht von selbst die häßlichen Anordnungen wieder ausgemerzt worden, welche der Selbsterhaltungstrieb diktiert hatte.

Doch manches stand der Einbürgerung des neuen Systems im Wege. Nur diejenigen Industrieen konnten Ersprießliches von ihm erhoffen, deren Erzeugnisse bei relativ kleinem Gewichte hohen Wert besaßen, die so transportabel waren, daß sie ihre Abnehmer in weiter Entfernung vom Produktionsorte bequem aufsuchen konnten. Daher taucht die Hausindustrie zunächst bei der Gewebeindustrie auf. Das einzige Beispiel für ein anderes Gewerbe bietet die Schwabacher Nadelindustrie, deren Produkte aber jedenfalls auch bequem versendbar waren. Ferner riefen die Zunftstatuten dem Verkehr mit Nichtzünftigen ein Halt zu. Man hatte seinen Beruf vorschriftsmäßig erlernt, war Mitglied der Zunft geworden und diese gestattete nicht zu anderen als den Kunden für jeden einzelnen Fall in geschäftliche Beziehung zu treten. Daher die ausdrückliche Bestimmung in den Ordnungen der Gewerbe, welche sich der Hausindustrie erschlossen, daß der Meister wohl den Meister verlegen dürfe, aber keineswegs dem nicht zünftigen Kaufmann diese Vergünstigung zustehe. So die Strumpfweber in Württemberg und in Erlangen. Wohl nur deshalb halten es die sächsischen Baumwollwarenhändler für das Klügste, sich den zunftmäßigen Zuschnitt anzulegen, und bildeten gleichfalls eine Innung. Erst allmählich ließ man von dem Grundsatze ab, daß die Verleger Zünftige sein mußten, und wandte sich dem reinen System zu. Endlich läßt die Notlage, in welcher der Handwerker sich befand, von vornherein einen Übelstand groß werden, der bis auf den heutigen Tag der Hausindustrie anklebt. Er verkauft seine Arbeit gegen niedrigen Lohn, und nicht zufrieden mit dem Gewinn, den er dadurch macht, beutet der Unternehmer den Schwächeren im Trucksystem, das uralt ist, soviel als möglich aus. Der Gewerbetreibende rächt sich gewissermaßen dafür, indem er unzuverlässig und ungetreu arbeitet, wozu er um so leichter kommt, als er kurz vor Einführung der neuen Unternehmungsform nur unregelmäßig thätig gewesen war. So muß die Regierung, wie es in Brandenburg der Fall war, nach dieser Richtung ein wachsames Auge haben.

Die Regierungen thun im allgemeinen nicht viel für die Verbreitung der Hausindustrie, und es ist sehr zu fürchten, daß bei der widerspruchsvollen Auffassung in der Litteratur man in den meisten deutschen Ländern zu einer unbefangenen Würdigung der Tragweite der neuen Erscheinung nicht durchgedrungen sein wird. Wohl erlassen viele Regierungen langatmige ausführliche Reglements und Schauordnungen. Doch kommen diese der Tendenz auf Freiheit nicht entgegen, sondern schnüren den Gewerbetreibenden in dieselben spanischen Stiefel, welche das lokale Zunftstatut ihm hinzuhalten pflegte. Die Reglements, wie sie in Preußen z. B. erlassen wurden, (auch die sächsischen und Erlanger Ordnungen nicht vollständig), beabsichtigen eigentlich nicht der Hausindustrie Vorschub zu leisten. Sie wollen allerdings den Absatz in die Ferne, aber sie scheinen zu glauben, daß dieser von selbst sich macht, wenn Länge, Breite, Güte 2c. der Ware jedesmal gleich ausfallen. Machen die Fabrikate nach dieser Richtung sich im Auslande einen Namen, so werden die Vertreter desselben schon kommen, um sie zu holen, — das ist etwa ihr Gedankengang. Sie sind meist technischen Inhalts, halten an den alten zunftmäßigen Einrichtungen fest und lassen der individuellen Freiheit nur geringen Spielraum. Gerade diese aber hatte die Hausindustrie nötig, wenn sie emporkommen wollte.

Immerhin war natürlich, wo die Hausindustrie Platz griff, ein merkbarer Fortschritt wahrnehmbar. In Kalw, in Schwabach, in Erlangen, zum Teil doch auch in Brandenburg und Schlesien, erzielte sie ansehnliche Resultate. Wenn es bei denselben auf die Dauer nicht blieb, so war vielleicht weniger die hausindustrielle Verfassung als mancher andere Umstand daran schuld. Sie konnte übrigens, „nachdem ihre Zeit erfüllet war", auch wieder schwinden, da mit Einführung des Dampfes die Bedingungen für einen erfolgreichen Betrieb gewerblicher Unternehmungen völlig andere wurden.

So lehrt uns denn die Betrachtung über die Entstehung der Hausindustrie, daß jede ökonomische Erscheinung ihre Zeit hat. Sowenig freilich, als das Handwerk je ganz von der Hausindustrie hat in den Schatten gestellt werden können, sowenig wird sie ihrerseits durch die Fabrikunternehmung völlig verdrängt werden. Aber die hauptsächlichste Aufgabe, die sie zu lösen hatte, wird wohl darin gesehen werden müssen, daß sie auf das Zeitalter der Fabriken vorbereitete.

Pierer'sche Hofbuchdruckerei. Stephan Geibel & Co. in Altenburg.